I0643857

Kohlhammer

Peter Wick/Malte Cramer (Hrsg.)

Allein die Schrift?

Neue Perspektiven auf eine Hermeneutik für Kirche und Gesellschaft

Verlag W. Kohlhammer

1. Auflage 2019

Gesamtherstellung: W. Kohlhammer GmbH, Stuttgart

Print:
ISBN 978-3-17-037046-3

E-Book-Format:
pdf: ISBN 978-3-17-037047-0

Inhaltsverzeichnis

Diskussionsbeiträge

Response

Vorwort

Peter Wick / Malte Cramer

Wie können und wie sollen wir die biblischen Texte verstehen und adäquat auslegen? Welche Hermeneutik und welche Methoden sind notwendig, um die Ergebnisse neutestamentliche Exegese für Theologie und Kirche in der Gegenwart (wieder) anschlussfähig und relevant zu machen?

Alle Beiträge dieses Bandes verbindet das Interesse an diesen grundlegenden Fragen hermeneutischer und fundamentalexegetischer Provenienz. Die Beiträge sind zum einen das Produkt intensiver Auseinandersetzung in Forschung und Lehre über die vergangenen zwei Jahrzehnte durch Peter Wick und präsentieren in vier Aufsätzen seine Gedanken zu diesen Themen. Zum anderen dokumentieren die weiteren Beiträge des Bandes die Ergebnisse einer Tagung vom 16. Juli 2018 in Bochum, bei der Peter Wick seine Überlegungen und Thesen zu einer praxisbezogenen Hermeneutik für Theologie, Kirche und Gesellschaft dargelegt und zur Diskussion gestellt hat.

Die Idee zu dieser Tagung und zur Publikation eines Sammelbandes, welcher die Aufsätze von Peter Wick gemeinsam mit den Beiträgen der Referentinnen und Referenten präsentiert, entstand auf Initiative von Malte Cramer, der sich hauptverantwortlich um die Organisation und Durchführung der Tagung sowie um die Betreuung der Publikation kümmerte.

Ein herzliches Dankeschön gilt allen Autorinnen und Autoren, die sich dazu bereit erklärt haben, ihre Referate auf der Tagung in Bochum vorzustellen und an der Publikation dieses Bandes mitzuwirken. Sehr herzlich danken wir dem Kohlhammer-Verlag für die Realisierung dieses Buchprojekts sowie besonders Dr. Sebastian Weigert für die ausgezeichnete Begleitung und die vertrauensvolle Zusammenarbeit. Lisa Stiller-Neumann und Natascha Otte sei ausdrücklich für ihre Korrekturarbeiten gedankt.

Die Aufsätze von Peter Wick entsprechen inhaltlich ihrer Erstveröffentlichung. In formaler Hinsicht wurden sie mit Blick auf den Abdruck in diesem Band überarbeitet.

Die Präzedenz[1] der Schrift

Zur Positionierung der biblischen Schriften in Theologie und Kirche

Malte Cramer

1. Die Schrift als Zentrum und Ausgangspunkt – exegetische Beobachtungen zu Apg 8,26–40

„Verstehst du auch, was du liest?“ (Apg 8,30) Kein anderer biblischer Satz erfreut sich so breiter Rezeption, wenn es um die Frage biblischer Hermeneutik geht, wie diese Worte des Philippus. Seine Frage an den Kämmerer der Kandake kann bereits angesichts der Vielzahl an Publikationen, die sich explizit auf diesen Bibelvers beziehen, als *locus classicus* biblischer Hermeneutik gelten.[2] Rudolf Pesch spricht in seinem Kommentar sogar von der „Grundfrage biblischer Hermeneutik.“[3] Keine andere Erzählung der Bibel rückt das Verstehen der Heiligen Schriften auf so prominente Weise in den Fokus wie die des Philippus und des äthiopischen Kämmerers. Aufgrund des paradigmatischen Charakters der Erzählung stehen zu Beginn dieser Einleitung in den vorliegenden Sammelband einige exegetische Beobachtungen zu Apg 8,26–40.

---

1 Der Begriff der Präzedenz findet seine wissenschaftliche Anwendung nicht nur in der Jurisprudenz, wenn es um *Präzedenzfälle* geht, sondern vor allem in der Mathematik und der Informatik, wenn es um die Auswertungsreihenfolge von Operatoren geht.

2 Vgl. u. a. Eberle, Jürgen, Verstehst du auch, was du liest? Biblische Hermeneutik und Spiritualität, in: kb 114 (2013), 250–258; Janowski, Bernd, „Verstehst du auch, was du liest?“ Reflexionen auf die Leserichtung der christlichen Bibel, in: Härle, Wilfried u. a. (Hg.), Befreiende Wahrheit. FS für Eilert Herms zum 60. Geburtstag, MThSt 60, Marburg 2000, 1–21; Luttenberger, Joram, „Verstehst du auch, was du liest?“ Hans-Georg Gadamers Beitrag zur Diskussion um die historisch-kritische Bibelauslegung, in: ThBeitr 47 (2016), 374–391; Moltmann, Jürgen, „Verstehst Du auch, was Du liest?“ Neutestamentliche Wissenschaft und die hermeneutische Frage der Theologie. Ein Zwischenruf, in: EvTh 71 (2011), 405–414; Seidel, Aline, „Verstehst du auch, was du liest?“ Biblische Texte als heilige Schrift und/oder ‚Bible as Literatur‘ seit der Moderne, in: Almog, Yael u. a. (Hg.), Heilige Texte in der Moderne. Lektüren, Praktiken, Adaptionen, Interjekte 11, Berlin 2017, 96–100; u.v.m.

3 Pesch, Rudolf, Die Apostelgeschichte. Apg 1–12, EKK 5,1, Neukirchen-Vluyn ^{2}1994, 295.

1.1 *Auslegungen zwischen Ekklesiologie und Hermeneutik*

Ein beliebter methodischer Zugriff in der Auslegung der Erzählung von Philippus und dem äthiopischen Kämmerer liegt in der Analyse der Texttypik. Über die Zuordnung zur Gattung der Missionserzählung[4] wird der hermeneutische Code der Geschichte dechiffriert und somit einer Auslegung der Weg bereitet, die ganz im Zeichen der Ekklesiologie steht. Diese Auslegungen aus einer ekklesiologischen Perspektive richten ihren Fokus i. d. R. zum einen auf den Beispielcharakter, dass die Bekehrung zu Jesus Christus zur Taufe führt, und zum anderen auf die damit zusammenhängende erzähltechnische Positionierung der Perikope innerhalb der Gesamtstruktur der Apostelgeschichte.[5] Denn unter ekklesiologischer Perspektive betrachtet, besitzt die Frage nach dem religiösen Status des Kämmerers einen hervorgehobenen Stellenwert und wird in den Kommentaren ausführlich diskutiert. Ist er ein Diasporajude, ein Proselyt, ein Gottesfürchtiger oder ein Heide?[6] Diese Frage ist nicht nur von Belang, wenn es um die Klärung der Bezeichnung εὐνοῦχος geht, sondern sie besitzt auch eine Relevanz für die narrativ-theologische Entfaltung der einzelnen Etappen der Apostelgeschichte bis zur Heidenmission. Dies zeigt z. B. Jacob Jervell, wenn er in seinem Kommentar darlegt, dass es sich bei dem Kämmerer sowohl aus religionshistorischen als auch aus erzähltechnischen Gründen um einen Proselyten handeln muss.[7] Denn im Erzählfaden der Apostelgeschichte ist Kornelius (Apg 10) der erste Heide, der sich bekehrt und taufen lässt. „Eine Erzählung aber über die Bekehrung eines Proselyten fehlt, und eben die gibt uns Lukas hier."[8]

Die Fokussierung auf das ekklesiologische bzw. baptismale Motiv des Textes hat sich auch wirkungsgeschichtlich verfestigt. Dies lässt sich beispielhaft daran beobachten, dass die Perikopenordnung der EKD und der VELKD Apg 8,26–39 als Predigttext für den sechsten Sonntag nach Trinitatis in der sechsten Predigtreihe vorsieht. Der sechste Sonntag nach Trinitatis steht liturgisch ganz im Zeichen der Taufe und der Tauferinnerung. Der Text aus Apg 8,26–39 steht in der Perikopenordnung somit unmittelbar neben Predigttexten wie Mt 28,16–20 oder Röm 6,3–8(9–11), die als paradigmatische Texte neutestamentlicher Tauftheologie gelten können.

---

4 Vgl. z. B. Pesch, Apostelgeschichte, 287; Schille, Gottfried, Die Apostelgeschichte des Lukas, THNT 5, Berlin ³1989, 213; Weiser, Alfons, Die Apostelgeschichte. Kapitel 1–12, ÖTK 5,1, Gütersloh 1981, 260.

5 So z. B. Pesch, Apostelgeschichte, 295: „Für Lukas ist die Taufe des Hofbeamten aus Äthiopien eine wichtige Zwischenstation der mit der Vertreibung der Hellenisten einsetzenden, den Umkreis Jerusalems überschreitenden Mission, die über die Samaria-Mission zur Heiden-Mission führt."

6 Vgl. ausführlich Jervell, Jacob, Die Apostelgeschichte, KEK 3, Göttingen 1998, 271.

7 Vgl. ebd.

8 Ebd.

Neben den ekklesiologisch orientierten Auslegungen des Textes, die sich freilich nicht auf die genannten Aspekte beschränken, sondern beliebig ergänzen ließen[9], liegt ein zweiter Schwerpunkt auf der Auslegung des Textes unter dem Vorzeichen der hermeneutischen Frage. Bei diesen Interpretationen wird nach den „Bedingung(en) des Verstehens der Bibel"[10] gefragt. Insbesondere die Parallelen zur Emmaus-Erzählung (Lk 24) und das die beiden Geschichten verbindende Motiv des Weges wird dabei häufig in den Blick genommen.[11] Verstehen wird beschrieben als Prozess, der sich auf dem Weg und als Weg ereignet.[12] Darüber hinaus begegnen Auslegungen, die dafür plädieren, dass die Erzählung aus Apg 8 vor Augen führt, dass zunächst die eigene Unfähigkeit anerkannt werden muss, die biblischen Texte „ohne eine Anleitung, die ... deren wahren Sinn erschlösse, verstehen zu können," da nämlich „ein wirkliches Verstehen der Schrift allein von deren Erfüllung in Christus her möglich ist."[13] Dafür braucht es das *verbum externum* eines Kundigen, der – ebenso wie Philippus – vom Heiligen Geist geleitet ist und dem Unkundigen die Schrift deuten kann.[14] Und schließlich wird auch darauf aufmerksam gemacht, dass dem Verstehen von Texten das richtige Fragen vorausgeht. Ebenso wie der Kämmerer beispielhaft die Frage stellt, von wem der Prophet Jesaja in dem gelesenen Text redet (V. 34).

---

9 So z. B. die aktueller denn je klingende Auslegung von Gottfried Schille, der eine Kernaussage des Textes darin sieht, dass dieser als Appell an die Kirche „von morgen" zu lesen sei und über sie aussagt: „Sie ist bereit, auf die Straße zu hinauszugehen. Sie ist fähig, anderen eine wegweisende Auslegung zu vermitteln. Sie hat die innere Freiheit, Grenzen des religiösen Vorurteils (ein Eunuch), der Rasse (ein Nubier), des Volkes (ein Afrikaner), der Religion (ein Heide), des Raumes (weit jenseits alles Gewohnten) usw. zu überschreiten." (Schille, Apostelgeschichte, 217)

10 Ebd.

11 Vgl. Weiser, Alfons, Die Apostelgeschichte, Leipzig 1989, 126. Mit Blick auf die Zusammenschau der beiden Texte liegt für Rudolf Pesch die hermeneutische Quintessenz des Textes bspw. darin, dass „Unser Text" (Vgl. zu dieser Formulierung die Ausführungen von Annette Kurschus, „Daß Wort sie sollen lassen stahn..." Überlegungen zu Schrift und Schriftgebrauch, in diesem Buch, 166f.) dazu auffordert, „die Geschichtstheologie für die Kirche zurückzugewinnen." (Pesch, Apostelgeschichte, 296)

12 Vgl. Pesch, Apostelgeschichte, 295.

13 Roloff, Jürgen, Die Apostelgeschichte, NTD 5, Göttingen 1981, 140f.

14 Über die hermeneutische Fragestellung hinausgehend kann hier z. B. nach den didaktischen und religionspädagogischen Aussagen des Textes gefragt werden. Vgl. Dressler, Bernhard, „Verstehst du, was du liest?" Die „Emmaus-Jünger" (Lk 24,1–35) und der „Kämmerer aus dem Morgenland" (Apg 8,26–39) als religionsdidaktische Anstöße, in: Standhartinger, Angela, Kunst der Deutung – Deutung der Kunst. Beiträge zu Bibel, Antike und Gegenwartsliteratur, Berlin/Münster 2007, 277–182; Gradl, Hans-Georg, Philippus und der äthiopische Kämmerer (Apg 8,26–40). Von der Bibel lernen, Lehrer zu sein, TThZ 126 (2017), 83–96.

Viele dieser ekklesiologischen und hermeneutischen Beobachtungen ließen sich kontrovers diskutieren und zahlreiche weitere ließen sich problemlos hinzufügen.[15] Dieses kurze Exposé gängiger Auslegungen der Erzählung von Philippus und dem Kämmerer soll jedoch genügen, um zu illustrieren, wo das – durchaus berechtigte und gut begründete! – *Achtergewicht* der exegetischen Beobachtungen zu Apg 8,26–40 liegt; jedoch auch, um gleichzeitig aufzuzeigen, woran der Blick vieler Auslegungen vorbeigeht. Denn allzu selten wird auf die kunstvolle Komposition der Erzählung selbst geachtet, bevor ihr Inhalt oder bestimmte Motive des Textes Gegenstand der Interpretation und der Deutung werden.

1.2 Die Schrift im Zentrum - kompositionskritische Beobachtungen zu Apg 8,26–40

Die Verse 26–27 bilden die Einleitung der Erzählung. Die Erzählung beginnt damit, dass die beiden zentralen Akteure eingeführt werden und der Ort der Handlung beschrieben wird. In den Versen 28–29 wird die Handlung weiterentwickelt und das geistgewirkte Zusammentreffen der Akteure vorbereitet. In den Versen 30–31 beginnt, ausgelöst durch eine Frage des Philippus, ein Gespräch zwischen den Akteuren, welches durch die Hinführung in Vers 32a zu dem Schriftzitat in den Versen 32b–33 überleitet. Ausgehend von diesem Schriftzitat wird das Gespräch in den Versen 34–35 durch eine Frage des Kämmerers fortgeführt und mündet in der Verkündigung des Philippus. Verse 36 und 38 berichten anschließend von der Taufe des Kämmerers, bevor Verse 39–40 eine Ausleitung der Erzählung bieten, welche die Trennung der Akteure und ihr darauffolgendes Handeln schildert.

Diese genannten linguistischen und narratologischen Beobachtungen genügen, um hinsichtlich der Struktur der Erzählung zu entdecken: Die Perikope lässt sich in sieben Abschnitte gliedern. In konzentrischer Struktur angelegt, legen sich jeweils drei sich entsprechende Abschnitte A/A′ (26–27/39–40: Ein- und Ausleitung der Erzählung, Einführung und Trennung der

15 Dies gilt ebenso für weitere exegetische Fragen, denen sich die Kommentare i. d. R. widmen. So gilt etwa das Interesse häufig der Ortsangabe κατὰ μεσημβρίαν und der Frage, ob es „zur Mittagszeit" oder „nach Süden" heißt und ob daraus vielleicht der genaue Ort der Erzählung abzuleiten ist. (Vgl. z. B. Dinkler, Erich, Philippus und der ANHP AIΘIOΨ (Apg 8,26–40. Historische und geographische Bemerkungen zum Missionsablauf nach Lukas, in: Ellis, Edward Earl (Hg.), Jesus und Paulus. Festschrift für Werner Georg Kümmel zum 70. Geburtstag, Göttingen 1975, 85–95.) Oder für die Frage, ob es sich um Philippus den Diakon oder den Jünger handele. Und nicht zuletzt gilt der Fokus einzelner Auslegung insbesondere dem Geistwirken und dem von Gott geführten Handeln in der Geschichte.

Akteure), B/B′ (28–29/36.38[16]: Die durch den Geist geleitete Begegnung und die Taufe des Kämmerers) und C/C′ (30–31/34–35: Gespräch über den Text und Auslegung des Textes) um die Textmitte D (32–33: Das Schriftzitat aus Jes 53).[17] Die Textmitte der 14 Verse langen Perikope bilden somit Worte aus der Schriftrolle des Propheten Jesaja.

Doch nicht genug damit, dass die anhand der Einzelverse dargelegte Gliederung das Schriftzitat im Zentrum der Erzählung positioniert. Zählt man die Worte des Textes und wertet diese hinsichtlich der herausgearbeiteten Struktur der Perikope aus, kommt man zu einem verblüffenden Ergebnis. Die Erzählung aus Apg 8,26–40 besteht nach dem griechischen Text des *Novum Testamentum Graece (28. Auflage)* aus insgesamt 279 Wörtern. Von diesen umfasst das Schriftzitat in den Versen 32b–33 exakt 40 Wörter. Die drei vorangehenden Abschnitte A, B und C – inklusive der Einleitung in das Schriftzitat in Vers 32a – umfassen zusammengenommen exakt 120 Wörter. Und schließlich umfassen die drei auf das Schriftzitat folgenden Abschnitte A′, B′und C′ insgesamt 119 Wörter.

Diese Beobachtungen hinsichtlich der Komposition und der Struktur des Textes aus Apg 8,26–40 lassen sich schematisch wie folgt abbilden:

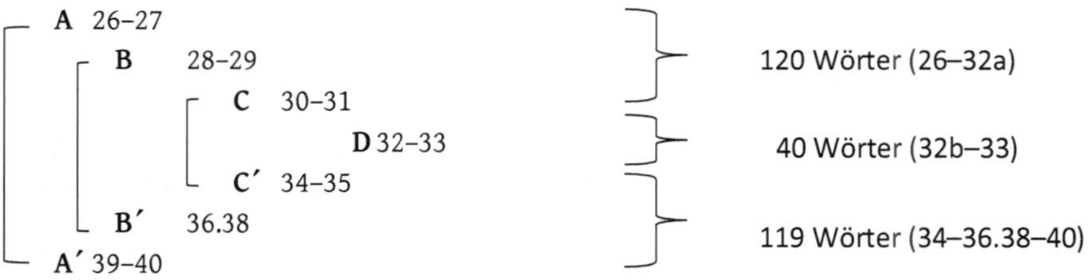

Die sprachlich und narrativ kunstvoll angelegte Komposition der Erzählung führt vor Augen: Genau im Zentrum der Perikope, die wie kaum eine andere der Frage nach dem rechten Verstehen der Heiligen Schriften nachgeht,

---

16 Der Vers 37 ist eine spätere Hinzufügung und findet sich nur in wenigen Handschriften. Er ist daher kein Bestandteil des griechischen Textes des Novum Testamentum Graece und wird nicht im Fließtext der gängigen deutschen Bibelübersetzungen abgedruckt.

17 Diese Beobachtung einer konzentrischen Struktur findet sich nur in wenigen Kommentaren. Eine Ausnahme bildet die Auslegung von Rudolf Pesch (Pesch, die Apostelgeschichte, 290). Er stellt die Komposition der Erzählung in ähnlicher Weise dar, wertet diese jedoch nicht hinsichtlich der dem Text inhärenten Pragmatik aus, sondern interpretiert sie ausgehend von der Gattung der Missionslegende und benennt als Zentrum der Erzählung die Schriftauslegung und die Taufe, da diese die paradigmatischen Themen einer Missionslegende sind. Zunächst ist die Beobachtung der kunstvollen Komposition des Textes durch Pesch sehr zu würdigen, seine Auswertung liegt jedoch insofern schief, als dass das Zentrum der Erzählung weder die Schrift*auslegung* noch die Taufe sind, sondern das Schrift*zitat* selbst.

steht die Schrift selbst. Sie ist der Ausgangspunkt sowohl des Fragens nach der richtigen Interpretation des Prophetentextes durch den Kämmerer als auch der christologischen Interpretation des Philippus.[18] Diese exegetische Beobachtung hat sowohl für die ekklesiologische als auch für die hermeneutische Interpretation des Textes maßgebliche Konsequenzen. Denn sie gibt Aufschluss über die Stellung und Positionierung der Schrift in der Erzählung. Sie zeigt die Relevanz auf, welche der Schrift in dieser Perikope bereits alleine aufgrund der kunstvoll komponierten Struktur des Textes zukommt: Die Schrift ist *Zentrum* und *Ausgangspunkt.*

2. Einführung ins Thema – Eine Dekade der schrifthermeneutischen Diskussion

Zahlreiche Publikationen der vergangenen Jahre haben die Frage nach einer angemessenen Hermeneutik biblischer Texte wieder verstärkt in den Fokus gerückt.[19] Maßgeblich dazu beigetragen hat auf protestantischer Seite selbstverständlich auch das 500-jährige Reformationsjubiläum im Jahr 2017

---

18 Man beachte insbesondere die Formulierung ἀρξάμενος ἀπὸ τῆς γραφῆς (V.35).

19 Ohne die Vielzahl an Einzelbeiträgen und Zeitschriftenartikeln zu berücksichtigen, seien exemplarisch nur einige Buchpublikationen genannt, die seit 2007 erschienen sind: Reiser, Marius, Bibelkritik und Auslegung der Heiligen Schrift. Beiträge zur Geschichte der biblischen Exegese und Hermeneutik, Tübingen, 2007; Wischmeyer, Oda u. a. (Hg.), Lexikon der Bibelhermeneutik. Begriffe - Methoden - Theorien - Konzepte, Berlin 2009; Finsterbusch, Karin / Tilly, Michael (Hg.), Verstehen, was man liest. Zur Notwendigkeit historisch-kritischer Bibellektüre, Göttingen 2010; Voderholzer, Rudolf, Offenbarung, Tradition und Schriftauslegung. Bausteine zu einer christlichen Bibelhermeneutik, Regensburg 2013; Hausammann, Susanne, Gottes Wort und unsere Wörter. Der Umgang mit dem Wort Gottes in den Kirchen östlicher und westlicher Tradition, Neukirchen-Vluyn 2013; Becker, Eve-Marie / Scholz, Stefan (Hg.), Auf dem Weg zur neutestamentlichen Hermeneutik. Festgabe für Oda Wischmeyer zum 70. Geburtstag, Tübingen 2014; Theißen, Gerd, Polyphones Verstehen. Entwürfe zur Bibelhermeneutik, Münster 2014; Nüssel, Friederike (Hg.), Schriftauslegung, Tübingen 2014; Luz, Ulrich, Theologische Hermeneutik des Neuen Testaments, Neukirchen- Vluyn 2014; Luther, Susanne / Zimmermann, Ruben (Hg.), Studienbuch Hermeneutik. Bibelauslegung durch die Jahrhunderte als Lernfeld der Textinterpretation. Portraits – Modelle – Quellentexte, Gütersloh 2014; Körtner, Ulrich H. J., Arbeit am Kanon. Studien zur Bibelhermeneutik, Leipzig 2015; Landmesser, Christof / Popkes, Enno Edzard (Hg.), Verbindlichkeit und Pluralität. Die Schrift in der Praxis des Glaubens, Leipzig 2015; Wischemeyer, Oda u. a. (Hg.), Handbuch der Bibelhermeneutiken. Von Origenes bis zur Gegenwart, Berlin/Boston 2016; Wilckens, Ulrich, Theologie des Neuen Testaments. Band Ill: Historische Kritik der historisch-kritischen Exegese. Von der Aufklärung bis zur Gegenwart, Neukirchen-Vluyn 2017; Dalferth, Ingolf, Wirkendes Wort. Bibel, Schrift und Evangelium im Leben der Kirche und im Denken der Theologie, Leipzig 2018.

und die vorangegangene Reformationsdekade der EKD. Denn kaum ein Thema reformatorischer Theologie und Kirchengeschichte ist während dieser Zeit nicht zum Gegenstand ausführlicher wissenschaftlicher Untersuchung geworden. Dies gilt allzumal für die vier *solae* als Eckpfeiler reformatorischer Theologie: *sola gratia, sola fide, solus christus* und – für die biblische Hermeneutik protestantischer Theologie von entscheidender Bedeutung – *sola scriptura.*[20]

Doch auch auf katholischer Seite gab es im Jahr 2015 durch das 50-jährige Jubiläum der *Dogmatischen Konstitution über die göttliche Offenbarung „Dei Verbum"*, die am 18. November 1965 durch das Zweite Vatikanische Konzil verabschiedet wurde, erneuten Anlass zur hermeneutischen Diskussion.[21]

Aus unterschiedlichsten Perspektiven haben die zahlreichen Publikationen der vergangenen Jahre immer wieder neu Aspekte von Einheit und Vielfalt, Polyphonie und Disharmonie, Pluralität und Autorität, Diversität und Verbindlichkeit der biblischen Schriften analysiert, diskutiert oder grundsätzliche methodische Fragen der Exegese und Hermeneutik der biblischen Schriften bearbeitet.[22] Angesichts der kaum zu überblickenden Vielfalt an Publikationen der vergangenen Jahre kann mit Fug und Recht von einer Dekade der schrifthermeneutischen Diskussion gesprochen werden.

In seinem Literaturbericht zu den Beiträgen und Entwürfen zur neutestamentlichen Hermeneutik der Jahre 2007–2017 urteilt Wilfried Eisele: „Aufs Ganze gesehen, ist zu begrüßen, dass die biblischen Texte selbst, um deren Auslegung und Verstehen es geht, wieder stärker in den Fokus der exegetischen Bemühungen rücken. Anstatt nur nach der Geschichte hinter den Texten zu fragen oder die Leser vor den Texten zu befragen, sind es die Texte als Texte mit ihren intra- und intertextuellen Bezügen, die durch kanonische und literaturwissenschaftliche Zugänge vermehrte Aufmerksamkeit erfahren."[23]

Trotz der hohen Wertschätzung einer größeren Methodenpluralität in der neutestamentlichen Exegese, insbesondere derjenigen Methoden, die durch ihren synchronen Zugriff zahlreiche neue Perspektiven auf die Texte

---

[20] So widmete bspw. die ZNT anlässlich des Reformationsjubiläums eine Doppelausgabe dem Thema *Sola Scriptura.* Vgl. ZNT 39/40 (2017), Themenheft: Sola Scriptura, mit Beiträgen von Stefan Alkier, Eve-Marie Becker, Claire Clivaz, Jan Dochhorn, Kristina Dronsch, Matthias Klinghardt, Matthias Konradt, Karl-Wilhelm Niebuhr, Petr Pokorný, Eckart Reinmuth, Günter Röhser, Gerd Theißen, Peter Wick, Oda Wischmeyer, Manuel Vogel.

[21] Vgl. dazu Lehmann, Karl / Rothenbusch, Ralf (Hg.), Gottes Wort im Menschenwort. Die eine Bibel als Fundament der Theologie, QD 266, Freiburg 2014.

[22] Besprechungen einer Vielzahl der oben erwähnten Publikationen finden sich bei Eisele, Wilfried, Die „ferne, dritte Stimme". Beiträge und Entwürfe zur neutestamentlichen Hermeneutik, in: ThRv 115 (2019), 3–20. Und Schwier, Helmut, Literaturbericht Liturgik. Das Neue Testament erkunden und verstehen. Hermeneutik – Kanon – Schrift – Theologie – NT allgemein, in: JLH 56 (2017), 72–80.

[23] Eisele, Stimme, 20.

eröffnen, mahnt Eisele zugleich zur Vorsicht. Denn die Legitimität solcher methodischer Zugänge endet dort, wo der „Weltbezug der Texte geleugnet oder für irrelevant erklärt wird.“[24] Denn letztendlich hat Gott sich schließlich nicht in den biblischen Texten, sondern in dieser Welt offenbart. Die Auslegungen biblischer Texte haben somit auch den Weltbezug der Texte offen zu legen, ihren historischen *und* ihren gegenwärtigen. Das Fazit von Wilfried Eisele zur Entwicklung in der neutestamentlichen Hermeneutik fällt insgesamt positiv aus und schließt mit einem Appell an die neutestamentliche Wissenschaft, ihre Arbeit stets dahingehend zu überprüfen, ob sie Gehör findet im gegenwärtigen theologischen Diskurs und von Theologie und Kirche als relevant empfunden wird: „Die biblische Exegese ist in Bewegung geraten. Sie streitet nicht nur über die richtigen Methoden und Ergebnisse, sondern unterzieht auch die zugrunde liegenden Hermeneutiken einer Revision. Das Schlimmste, was ihr dabei passieren könnte, wäre, wenn ihre Schriftlektüre wie die läutenden Glocken bei Kästner wahrgenommen würden: ‚Wenn in Rom die Glocken läuten, / kann das vielerlei bedeuten. / Erstens: daß ein Festtag ist. / Dann: daß du geboren bist. / Drittens: daß dich jemand liebt. / Viertens: daß dich's nicht mehr gibt. / Kurz und gut, das Glockenläuten / hat nur wenig zu bedeuten.'“[25]

3. Zur Anlage des Bandes

Über die vergangenen anderthalb Jahrzehnte hinweg hat sich auch der Bochumer Neutestamentler Peter Wick in Forschung und Lehre an der hermeneutischen Diskussion der Bibelwissenschaften beteiligt. Dabei teilt er u. a. zentrale Prämissen wie die von Gerd Theißen, dass die Polyphonie der Bibel „nur durch eine Pluralität von Methoden und Ansätzen zum Klingen gebracht werden“[26] kann oder auch mit Jörg Frey „die hermeneutische Überzeugung, dass das Neue Testament als ‚verbindliches Zeugnis‘ nach wie vor Entscheidendes für die Theologie, die Kirche und das eigene Leben zu sagen hat.“[27]

Insbesondere diese Anschlussfähigkeit neutestamentlicher Exegese für die kirchliche Praxis mit ihren gegenwärtigen theologischen, gesellschaftlichen und ethischen Herausforderungen ist Peter Wick ein zentrales Anliegen. Wie kann das Neue Testament durch Exegese und Theologie für die unterschiedlichen Arbeitsbereiche und Handlungsfelder kirchlicher Praxis

---

24 Ebd.

25 Ebd.

26 Theißen, Verstehen, 3.

27 Frey, Jörg, Von Jesus zur neutestamentlichen Theologie. Kleine Schriften II, hg. v. Benjamin Schliesser, WUNT 368, Tübingen 2016, VI.

(Homiletik, Katechese, Schulunterricht, Erwachsenenbildung, u.v.m.) fruchtbar gemacht werden? Welche Hermeneutik gilt es zu entwickeln, um einerseits die einzelnen Texte mit ihren Besonderheiten immer genauer wahrzunehmen und die Vielstimmigkeit des biblischen Zeugnisses in seiner Pluralität von Auslegungen klingen zu lassen, und zugleich die Relevanz der neutestamentlichen Exegese (auch der alttestamentlichen) für den innertheologischen Diskurs und für die Kirche deutlich herauszuarbeiten?

Auf einer Tagung am 16. Juli 2018 an der Ruhr-Universität Bochum hat Peter Wick seine Thesen zu diesen Fragen neutestamentlicher Hermeneutik in gebündelter Form präsentiert und zur Diskussion gestellt. Referentinnen und Referenten aus unterschiedlichen theologischen Fachrichtungen haben auf dieser Tagung einerseits kritisch Stellung bezogen zu den Thesen von Peter Wick und andererseits ihre eigenen Gedanken zur hermeneutischen Diskussion dargelegt. Grundlage der Diskussionen waren insbesondere vier Aufsätze von Peter Wick, die den Referentinnen und Referenten im Vorfeld zukamen und als Bezugspunkt ihrer Ausführungen dienten.

Der vorliegende Sammelband präsentiert in einem ersten Teil diese vier Aufsätze von Peter Wick, die im Zeitraum zwischen 2002 und 2017 entstanden sind, sowie zehn Thesen, in denen er seine hermeneutischen Überlegungen in kompakter Form darlegt. In einem zweiten Teil des Sammelbandes finden sich die Beiträge von Stefan Alkier, Traugott Jähnichen, Annette Kurschus und Hanna Roose, welche auf der Tagung präsentiert wurden. Den Abschluss des Buches bietet eine kurze Response von Peter Wick.

4. Die Einzelbeiträge

Die vier Aufsätze von Peter Wick, die den Beiträgen der Referentinnen und Referenten vorangehen, sind in chronologischer Reihenfolge ihrer Erstveröffentlichung abgedruckt. Der erste Beitrag *Ein Text, viele Auslegungen. Zukunftsperspektiven für den kirchlichen Umgang mit den Heiligen Schriften* versteht sich als Plädoyer die grundsätzliche Auslegungsvielfalt, welche in den biblischen Texten selbst angelegt ist, wertschätzend aufzunehmen und gleichzeitig wahrzunehmen, dass jede Auslegung eines Schriftverses „immer weniger [ist] als der Schriftvers selbst, denn sie beschränkt den potenziellen Textsinn.“ (28)[28] Er wendet sich gegen solche hermeneutischen und exegetischen Zugänge, die durch ihre aufgelegten Grundannahmen versuchen „die biblische Vielfalt hin auf ein Eines zu verstehen“ (36) und somit der Vielfalt an Auslegungen entgegenwirken.

---

[28] Die Angaben in den Klammern beziehen sich auf die Seitenzahl in diesem Buch.

Die Impulse dieses ersten Beitrags hat Peter Wick in seinem Aufsatz *Exegese und Realität. Über das Wirklichkeitsverständnis eines multimethodischen Ansatzes* aufgenommen und weiterentwickelt. Er geht darauf ein, dass die Interpretation biblischer Texte grundsätzlich kein Ende hat, sondern immer weiter fortgeführt werden muss. Denn „sie hat kein einzelnes Ziel, das irgendwann mal erreicht und damit abgehakt werden könnte." (47) Vielmehr stellt sie einen unabschließbaren Prozess dar, der ins Leben hinausgreift, „um nur noch tiefer in den Text eindringen zu können, um wiederum mit noch mehr Vollmacht ins Leben zu wirken." (47) In einem Dialog zwischen biblischen und (post)modernen Weltbildern zeigt er auf, dass ein multiperspektivischer Weltzugang, wie die biblischen Texte ihn bieten und wie die Postmoderne ihn fordert, immer wieder durch sein „Erkennen auf das nicht begreifbare Geheimnis [stößt], das in allem Leben und in der ganzen Schöpfung ist." (50) Die Theologie könnte die grundlegende Erkenntnis der Postmoderne, „dass es keine große die Welt umfassende Metaerzählung geben kann ... insofern verstärken, dass weder die Welt noch Gott mit einer Metaerzählung zu begreifen sind." (58)

Mit einem zeitlichen Abstand von über zehn Jahren ist der dritte in diesem Band abgedruckte Beitrag von Peter Wick erschienen. Ausführlich geht er in diesem auf seine bereits in den ersten beiden Aufsätzen verwendete Forderung ein, das *sola scriptura* durch ein „Prä" der Heiligen Schrift zu ersetzen. Er will zeigen, dass „die Rede vom Vorrang der Schrift oder vom ‚Prä' der Schrift der Schrift selbst angemessener ist" (63) als das reformatorische *sola scriptura*. Seine Überlegungen diesbezüglich ergänzt Peter Wick, indem er exegetisch darlegt, dass neben das „Prä" der Schrift biblisch auch das „Prä" des Gebets tritt: „Es sieht wohl so aus, als ob die Verfasser der neutestamentlichen Schriften zwischen den beiden Alternativen gewählt haben. Entweder sie fangen mit einer expliziten Rückkopplung an die Heiligen Schriften an, oder sie beginnen mit einem Gebet." (67) Im „Prä" der Schrift sieht Peter Wick die Chance gegenüber der exklusiven „Allein"-Stellung der Schrift einen deutlich bescheideneren und gleichzeitig praktikableren hermeneutischen Zugang zu wählen, der „zum Gebet, zum Heiligen Geist, zur Tat und zur Anfechtung führen will, um so Schrift und Erfahrung im Menschen, der Theologie und der Kirche immer wieder und immer tiefer zu verbinden." (74)

Der vierte und jüngste Aufsatz von Peter Wick *Wie beeinflussen traditionelle (mentale) Bilder die Lektüre biblischer Texte? Überlegungen aus exegetischer Sicht* fragt danach, wie innere Repräsentationen und gedanklich vorgefestigte Präsuppositionen unser Verstehen biblischer Texte steuern, unser Wirklichkeitsverständnis prägen und zu bereits vorgebildeten Interpretationen leiten. Um der Gefahr entgegenzuwirken, dass aufgrund der bestehenden mentalen Bilder eine unabhängige Textwahrnehmung nicht mehr möglich ist, plädiert Peter Wick für eine „Hermeneutik der Differenz. Bibelleser und Bibelleserinnen müssen die Kunst lernen, das Unpassende, Sperrige,

Fragwürde, Widerspenstige in einem Text zu entdecken." (89) Denn die „höchste Kunst der Exegese" (ebd.), so Peter Wick, sei die Fähigkeit immer wieder neu in einem Text zu *stolpern*.

Den Abschluss des ersten Teils bilden zehn Thesen von Peter Wick, die seine Überlegungen zu einer praxisorientierten Hermeneutik des Neuen Testaments zusammenfassen und kompakt präsentieren.

Den zweiten Teil des Buches eröffnet Stefan Alkier, Professor für Neues Testament und Geschichte der Alten Kirche in Frankfurt am Main, mit seinem Beitrag *Hermeneutik und Methodik im Zeichen von Sola Scriptura heute. Ein Weg aus der Krise historisch-kritischer Exegese und Theologie*. Alkier tritt dafür ein, dass eine kritische Rückbesinnung auf das reformatorische *sola scriptura* das Potenzial besitzt, auch in der gegenwärtigen pluralistischen Situation Impulsgeber für das bibelwissenschaftliche Arbeiten zu sein, welches „der Diastase zwischen universitärer Unverbindlichkeit im Zeichen eines individualistischen und beliebigen Methodenpluralismus und verbindlicher gottes-dienstlicher Verkündigung der Heiligen Schrift als Wort Gottes entgegenwirken muss." (103) Darüber hinaus plädiert Alkier für die unhintergehbare Notwendigkeit der Schriftauslegung, die sich jedoch nie an die Stelle der Schrift selbst setzen darf. Denn „alle interpretieren, alle müssen interpretieren, alle sind Interpreten der Schrift – und keiner ihrer Interpreten kann die Stelle der Schrift ausfüllen." (105) Dieses Anliegen mit Peter Wick teilend, kritisiert er jedoch dessen vorschnelle Aufgabe des reformatorischen *sola scriptura* zugunsten eines „Präs" der Schrift. Der Aufsatz schließt mit 20 Thesen, in denen Alkier *sola scriptura* als ein epistomologische, hermeneutische, methodologische und theologische Konzeption verstanden wissen will.

Im darauffolgenden Beitrag bietet Traugott Jähnichen, Professor für christliche Gesellschaftslehre in Bochum, mit seinen Ausführungen zu *Sola Scriptura: Eine reformatorische Lösung, ihre Problemkonstellation und ihre wegweisenden Perspektiven* eine systematisch-theologische Perspektive auf das Thema. Darin zeigt er auf, wie voraussetzungsreich und problematisch die Rede vom Schrift-„Prinzip" ist, welche zentrale Stellung der Schrift durch die Reformatoren zugeordnet wurde und welche Verstehensbedingungen und Grenzen die Formel *sola scriptura* in sich trägt. Er stellt dabei u. a. heraus, dass es auch für Martin Luther „um den unbedingten Vorrang der Schrift" (127) ging und der Schrift sowohl zeitlich als auch sachlich eine uneinholbare Vorrangstellung zukommt. Denn „sie ist der Maßstab für alle Aussagen des Glaubens." (ebd.) Er führt jedoch zugleich deutlich vor Augen, dass diese Vorrangstellung der Heiligen Schriften immer schon theologische und historische Bewertungsmaßstäbe inhäriert. Deswegen ist es nach Jähnichen notwendig, mit Blick auf die Autorität einzelner Schriften von einer transparenten „Hierarchisierung" der Schriften zu sprechen, die „Ausdruck eines theologisch reflektierten und sachgemäßen Umgangs mit der Bibel" (132) ist. Aus seiner Perspektive als systematischer Theologe begrüßt er abschließend noch einmal ausdrücklich die sich heute durchsetzende exegetische Methodenvielfalt, welche vielfach eine stärkere und nicht zuletzt praktischer orientierte Anschlussfähigkeit exegetischer Erkenntnisse ermöglicht.

Aus religionspädagogischer Perspektive fragt Hanna Roose, Professorin für Religionspädagogik in Bochum: *Was für eine Hermeneutik braucht die Bibeldidaktik?* In ihrem Beitrag geht sie auf Beobachtungen ein, wie im Schulunterricht mit biblischen Texten umgegangen wird und skizziert Chancen und Grenzen der hermeneutischen Überlegungen von Peter Wick hinsichtlich bibeldidaktischer Herausforderungen. Einen möglichen Anschluss sieht sie u. a. in der aus den Literaturwissenschaften stammenden Unterrichtsmethode des *literarischen Gesprächs*. Denn, so Hanna Roose, „die hermeneutische Modellierung von Verstehen im Sinne eines gesprächsförmigen Prozesses, der prinzipiell sprachlich und letztlich unabschließbar ist, scheint mir ... in hohem Grade anschlussfähig zu sein an die hermeneutischen Überlegungen von Peter Wick." (148) Die Impulse von Peter Wick aufnehmend, zeigt sie zugleich auf, in welche Richtung es seine hermeneutischen Thesen weiterzuentwickeln gilt, um sie für die Bibeldidaktik praktikabel zu machen.

Der Beitrag von Dr. h. c. Annette Kurschus, Präses der Evangelischen Landeskirche von Westfalen, Aufsichtsratsvorsitzende der Deutschen Bibelgesellschaft und stellvertretende EKD-Ratsvorsitzende, *„Das Wort sie sollen lassen stahn ..." Überlegungen zu Schrift und Schriftgebrauch in der kirchlichen Praxis* beschließt den zweiten Teil des Sammelbandes. Sie versteht Peter Wicks Plädoyer für ein „Prä" der Schrift als einen „Ruf, die Schrift aus ihren dogmatischen und ekklesialen Vereinnahmungen und Vereindeutigungen zu entlassen und somit ihrer Befremdungskraft neu ansichtig zu werden." (158) In ihrem Beitrag fragt sie aus der Perspektive gottesdienstlich-liturgischer Praxis, was das konkret heißen und wie dies gelingen kann. Durchaus selbstkritisch hinterfragt sie dabei den kirchlichen und liturgischen Umgang mit den biblischen Schriften heutzutage und mahnt davor, die biblischen Texten allzu schnell zu vereinnahmen und zu vereindeutigen. Vielmehr brauche es, so ihr Votum, ein wertschätzendes Wahrnehmen und Vertrauen in die grundsätzliche „Fremdheit des Wortes als verbum externum bzw. verbum alienum." (160) Eine zentrale Aufgabe der Kirche und der Theologie sieht sie darin „Wort-Wirk-Räume und Wort-Freiräume" (166) für die Wirkung und Entfaltung dieses *verbum alienum* zu eröffnen.

Den Abschluss des Sammelbandes bildet eine kurze Response von Peter Wick. Er geht darin auf die Kritik und die Würdigung der Referentinnen und Referenten ein und nimmt deren Impulse für eine praxisbezogene Hermeneutik für Kirche, Theologie und Gesellschaft auf, um seine eigenen Gedanken und Thesen konstruktiv weiterzuentwickeln.

5. Die Präzedenz Schrift – oder: „*Scripture first!*“

Das Ringen um eine angemessene Hermeneutik biblischer Texte ist immer auch ein Streit um die Positionierung und die Relevanz biblischer Schriften in Theologie und Kirche. Peter Wick hat dazu einige Ideen vorgelegt, die aus unterschiedlichen theologischen Fachrichtungen kritisch reflektiert und durch die Überlegungen der Referentinnen und Referenten ergänzt wurden. Die Beiträge haben dabei die Chancen und die Grenzen seiner Gedanken dargelegt und darauf aufmerksam gemacht, wo Herausforderungen und Probleme begegnen, die mit seinen hermeneutischen Thesen einhergehen.

Die Beiträge in diesem Buch vereint das Anliegen eine Hermeneutik zu entwickeln und zu praktizieren, durch welche die biblischen Texte selbst ins *Zentrum* theologischen Denkens und kirchlichen Handelns rücken und immer wieder neu deren *Ausgangspunkt* markieren. In Anlehnung an – freilich höchstproblematische – gegenwärtige politische Parolen[29], ließe sich dieses Anliegen programmatisch unter dem Motto *Scripture first!* vereinen. Dieses steht jedoch in Opposition zu den populistischen Parolen, welche durch das *first* eine Exklusivität anzeigen wollen, die sich durch strikte Abgrenzung, Abschottung und rücksichtslose Selbstbezogenheit auszeichnet. Es geht im Schriftgebrauch von Kirche und Theologie eben nicht darum, Mauern um ein abgeschottetes und in sich selbst abgeschlossenes Prinzip zu erbauen. Ganz im Gegenteil geht es darum, dass Kirche und Theologie immer wieder neu bei der Schrift anzusetzen haben, um von dort ausgehend nicht nur sich selbst, sondern auch die gegenwärtige Gesellschaft zu prägen, zu erneuern und lebendig zu gestalten. Dabei steht die Schrift immer auch in Relation zu den ihr beigeordneten Theologumena, der Gnade, dem Glauben, der Erfahrung, dem Gebet und dem einen Wort Gottes, Christus. *Scripture first!* im Sinne einer *Präzedenz der Schrift*, welche die Operatorenrangfolge theologischen Denkens und kirchlichen Handelns festlegt, markiert den Ausgangspunkt, von dem aus Theologie getrieben werden soll, den Bezugspunkt, auf den hin Theologie sich auszurichten hat und das kritische Korrektiv, von dem her Theologie sich immer wieder neu regulieren und kontrollieren lassen muss.

Die biblischen Texte lassen sich auf diese Weise als Erkenntnisquelle von Theologie und Kirche beschreiben.[30] „Wer diese Erkenntnisquelle verstellen oder gar verstopfen würde, der würde die Lebensquelle der Kirche verfehlen

---

[29] Zu denken ist hier freilich an die Wahlkampagne des aktuellen amerikanischen Präsidenten, der seinen Wählerinnen und Wählern eine Regierung ganz unter dem Motto „America first“ versprochen hat.

[30] Vgl. Großhans, Hans-Peter, Sola Scriptura – Kirchenreform aus der Treue zum Evangelium, in: Klasvogt Peter u. a. (Hg.), Reform oder Reformation? Kirchen in der Pflicht, Leipzig 2014, 118–144, 126.

und zum Versiegen bringen."[31] Theologie und Kirche dürfen daher nicht aus dem Blick verlieren, regelmäßig aus dieser Erkenntnis- und Lebensquelle zu trinken, um neue Kraft zu schöpfen und Wirkung zu entfalten.

Literaturverzeichnis

Becker, Eve-Marie / Scholz, Stefan (Hg.), Auf dem Weg zur neutestamentlichen Hermeneutik. Festgabe für Oda Wischmeyer zum 70. Geburtstag, Tübingen 2014.

Dalferth, Ingolf, Wirkendes Wort. Bibel, Schrift und Evangelium im Leben der Kirche und im Denken der Theologie, Leipzig 2018.

Dinkler, Erich, Philippus und der ANHP ΑΙΘΙΟΨ (Apg 8,26–40. Historische und geographische Bemerkungen zum Missionsablauf nach Lukas, in: Ellis, Edward Earl (Hg.), Jesus und Paulus. Festschrift für Werner Georg Kümmel zum 70. Geburtstag, Göttingen 1975, 85–95.

Dressler, Bernhard, „Verstehst du, was du liest?" Die „Emmaus-Jünger" (Lk 24,1–35) und der „Kämmerer aus dem Morgenland" (Apg 8,26–39) als religionsdidaktische Anstöße, in: Standhartinger, Angela, Kunst der Deutung – Deutung der Kunst. Beiträge zu Bibel, Antike und Gegenwartsliteratur, Berlin/Münster 2007, 277–182.

Eberle, Jürgen, Verstehst du auch, was du liest? Biblische Hermeneutik und Spiritualität, in: kb 114 (2013), 250–258.

Eisele, Wilfried, Die „ferne, dritte Stimme". Beiträge und Entwürfe zur neutestamentlichen Hermeneutik, in: ThRv 115 (2019), 3–20.

Finsterbusch, Karin / Tilly, Michael (Hg.), Verstehen, was man liest. Zur Notwendigkeit historisch-kritischer Bibellektüre, Göttingen 2010.

Frey, Jörg, Von Jesus zur neutestamentlichen Theologie. Kleine Schriften II, hg. v. Benjamin Schliesser, WUNT 368, Tübingen 2016.

Gradl, Hans-Georg, Philippus und der äthiopische Kämmerer (Apg 8,26–40). Von der Bibel lernen, Lehrer zu sein, TThZ 126 (2017), 83–96.

Großhans, Hans-Peter, Sola Scriptura – Kirchenreform aus der Treue zum Evangelium, in: Klasvogt Peter u. a. (Hg.), Reform oder Reformation? Kirchen in der Pflicht, Leipzig 2014, 118–144.

Hausammann, Susanne, Gottes Wort und unsere Wörter. Der Umgang mit dem Wort Gottes in den Kirchen östlicher und westlicher Tradition, Neukirchen-Vluyn 2013.

Janowski, Bernd, „Verstehst du auch, was du liest?" Reflexionen auf die Leserichtung der christlichen Bibel, in: Härle, Wilfried u. a. (Hg.), Befreiende Wahrheit. FS für Eilert Herms zum 60. Geburtstag, MThSt 60, Marburg 2000, 1–21.

Jervell, Jacob, Die Apostelgeschichte, KEK 3, Göttingen 1998.

Körtner, Ulrich H. J., Arbeit am Kanon. Studien zur Bibelhermeneutik, Leipzig 2015.

Landmesser, Christof / Popkes, Enno Edzard (Hg.), Verbindlichkeit und Pluralität. Die Schrift in der Praxis des Glaubens, Leipzig 2015.

Lehmann, Karl / Rothenbusch, Ralf (Hg.), Gottes Wort im Menschenwort. Die eine Bibel als Fundament der Theologie, QD 266, Freiburg 2014.

Luther, Susanne / Zimmermann, Ruben (Hg.), Studienbuch Hermeneutik. Bibelauslegung durch die Jahrhunderte als Lernfeld der Textinterpretation. Portraits – Modelle – Quellentexte, Gütersloh 2014.

[31] Ebd.

Luttenberger, Joram, „Verstehst du auch, was du liest?“ Hans-Georg Gadamers Beitrag zur Diskussion um die historisch-kritische Bibelauslegung, in: ThBeitr 47 (2016), 374–391.

Luz, Ulrich, Theologische Hermeneutik des Neuen Testaments, Neukirchen-Vluyn 2014.

Moltmann, Jürgen, „Verstehst Du auch, was Du liest?“ Neutestamentliche Wissenschaft und die hermeneutische Frage der Theologie. Ein Zwischenruf, in: EvTh 71 (2011), 405–414.

Nüssel, Friederike (Hg.), Schriftauslegung, Tübingen 2014.

Pesch, Rudolf, Die Apostelgeschichte. Apg 1–12, EKK 5,1, Neukirchen-Vluyn [2]1994.

Schille, Gottfried, Die Apostelgeschichte des Lukas, THNT 5, Berlin [3]1989.

Seidel, Aline, „Verstehst du auch, was du liest?“ Biblische Texte als heilige Schrift und/oder ‚Bible as Literatur‘ seit der Moderne, in: Almog, Yael u. a. (Hg.), Heilige Texte in der Moderne. Lektüren, Praktiken, Adaptionen, Interjekte 11, Berlin 2017, 96–100.

Schwier, Helmut, Literaturbericht Liturgik. Das Neue Testament erkunden und verstehen. Hermeneutik - Kanon - Schrift - Theologie - NT allgemein, in: JLH 56 (2017), 72–80.

Theißen, Gerd, Polyphones Verstehen. Entwürfe zur Bibelhermeneutik, Münster 2014.

Reiser, Marius, Bibelkritik und Auslegung der Heiligen Schrift. Beiträge zur Geschichte der biblischen Exegese und Hermeneutik, Tübingen, 2007.

Roloff, Jürgen, Die Apostelgeschichte, NTD 5, Göttingen 1981.

Voderholzer, Rudolf, Offenbarung, Tradition und Schriftauslegung. Bausteine zu einer christlichen Bibelhermeneutik, Regensburg 2013.

Weiser, Alfons, Die Apostelgeschichte. Kapitel 1–12, ÖTK 5,1, Gütersloh 1981.

Weiser, Alfons, Die Apostelgeschichte, Leipzig 1989.

Wilckens, Ulrich, Theologie des Neuen Testaments. Band Ill: Historische Kritik der historisch-kritischen Exegese. Von der Aufklärung bis zur Gegenwart, Neukirchen-Vluyn 2017.

Wischemeyer, Oda u. a. (Hg.), Handbuch der Bibelhermeneutiken. Von Origenes bis zur Gegenwart, Berlin/Boston 2016.

Wischmeyer, Oda u. a. (Hg.), Lexikon der Bibelhermeneutik. Begriffe - Methoden - Theorien - Konzepte, Berlin 2009.

Ein Text, viele Auslegungen

Zukunftsperspektiven für den kirchlichen Umgang mit den Heiligen Schriften[1]

Peter Wick

I. Auslegung als Wirklichkeits- und Sinnstiftung zwischen Wort und Tat

Im Rahmen der Ringvorlesung sollen hier Zukunftsperspektiven zum kirchlichen Umgang mit den Heiligen Schriften aufgezeigt werden. Aussagen über die Zukunft sind immer ein Wagnis. Doch solche Wagnisse lohnen sich, insofern sie neue Zugänge zum Verstehen der Gegenwart eröffnen. Im Rahmen dieser Veranstaltung kann dieses Thema nur in sehr groben Zügen behandelt werden, was immer auch unbefriedigend bleibt. Andererseits bietet sich hier doch die Gelegenheit, einen neuen und zugleich alten Auslegungsweg neben anderen ausgetretenen Wegen zu skizzieren und damit zur Diskussion zu stellen. Wer etwas zur Zukunft sagen will, ist gut beraten, wenn er den Blick zuerst dorthin wendet, von wo er kommt. Deshalb möchte ich den Blick zuerst ganz zurück auf den Anfang richten, nämlich auf einen neutestamentlichen Anfang. Der expliziteste „Anfang" im Neuen Testament steht am Anfang des Markusevangeliums. Das Markusevangelium beginnt nämlich mit dem Wort Anfang (archḗ).

> Anfang des Evangeliums Jesu Christi, des Sohnes Gottes! (Mk 1,1)

Dieser Nominalsatz hat die Funktion eines Buchtitels oder einer Überschrift.[2]

> Wie *(kathṓs)* geschrieben steht in Jesaja, dem Propheten:

---

[1] Erstveröffentlichung in: Grözinger, Albrecht / Stegemann, Ekkehard W. (Hg.), Das Christentum an der Schwelle zum 3. Jahrtausend. Erfahrungsgehalte der jüdisch-christlichen Tradition angesichts von Schwellensituationen und Jahrtausendwechseln, Stuttgart 2002, 77–90.

[2] So z. B. Pesch, Rudolf, Das Markusevangelium, I. Teil, HThK 2, Freiburg u. a. 1976, 74f.

Ganz am Anfang des Evangeliums von Jesus Christus steht die Heilige Schrift. Die Heiligen Schriften des sogenannten Alten Testaments sind der Jesusgeschichte des Evangeliums vorgeordnet.

> Siehe, ich sende meinen Boten (ángelos) vor deinem Angesicht her, der deinen Weg bereiten wird.

Doch dieser Vers steht nicht bei Jesaja, sondern beim Propheten Maleachi (Mal 3,1): Der wegbereitende Angelos, der Sendbote oder Engel wird in der Zukunft vor der Ankunft des Herrn auftreten. Zugleich ist diese Zukunftsansage eine Aussage über die Vergangenheit. Denn in Ex 23,20 steht:

> Siehe, ich sende einen Boten/Engel vor dir her, damit er dich auf dem Weg bewahrt. Höre auf seine Stimme.

Gott verheißt dem Volk in der Wüste, dass ein Engel ihm vorangeht und es bewahrt auf seinem Weg. Dieses Wort hat sich in der gnädigen Fürsorge Gottes gegenüber Israel auf dessen langer Wanderschaft durch die Wüste erfüllt. Doch die Deckung dieses Wortes durch die vorausgehende biblische Erfüllungsgeschichte spielt hier keine Rolle. Nicht weil Gott schon einmal einen Angelos zum Volk gesandt hat, wird er das nun wieder tun. Nein, weil es geschrieben steht, obschon in der Vergangenheit erfüllt und für die Zukunft prophezeit, erfüllt sich die Schrift in der Gegenwart. Nun erst kommt die angekündigte Jesajaschrift:

> Stimme eines Rufenden in der Wüste: Bereitet den Weg des Herrn, macht seine Pfade gerade!

In Jes 40 geht es um den Anbruch der messianischen Heilszeit, in der Israel wiederhergestellt und getröstet wird. Diese Verse werden nicht willkürlich miteinander verknüpft, sondern nach Regeln, wie wir sie von den als Midrasch bezeichneten rabbinischen Interpretationstechniken her kennen. Unterschiedlichste biblische Texte werden aufgrund von gleichen Wörtern miteinander so verknüpft, dass eine neue Interpretation entsteht.[3] Ex 23,20

[3] Joseph Heinemann definierte den Midrasch sehr weit als „schöpferische Geschichtsschreibung". Eine Erzählung wird geschaffen durch die Aneinanderreihung von Bibelzitaten und biblischen Motiven. Nach Stemberger, Günter, Midrasch. Vom Umgang der Rabbinen mit der Bibel, München 1989, 24. Ein Midrasch liegt nach der streng formalen Definition von Arnold Goldberg dann vor, wenn ein Schriftzitat nicht nur mit anderen Worten wiedergegeben, sondern weiterführend erklärt, beziehungsweise ihm neu Ausdruck gegeben wird (Goldberg, Arnold, Midraschsatz. Vorschläge für die descriptive Terminologie der Formanalyse rabbinischer Texte,

wird über die Wörter „Siehe, ich sende einen Boten" und mit dem Wort „Weg" mit Mal 3,1 verknüpft.[4] Dieses Mischzitat wird über das gemeinsame Wort „Weg" mit Jes 40,3 verbunden: So werden der Sache nach der Bote und die Stimme eines Rufenden eins.

Die interpretierende Verknüpfung dieser Verse mit ihrem jeweiligen Kontext und ihrer grundlegenden Aussage schafft folgende neue Aussage: Gott schickt einen Sendboten, der zugleich die Stimme eines Rufenden ist, um den Weg des Herrn vorzubereiten. Dieser Weg aber wird gerade dadurch vorbereitet, dass das Volk durch Umkehr auf den richtigen Weg geführt wird:[5] Der Herr und das Volk treffen sich nach dieser midraschischen „Sinnkonstruktion" gewissermaßen auf demselben Weg. Die messianische Heilszeit bricht an.

> (Wie geschrieben steht, ...) trat Johannes auf, indem er in der Wüste taufte *(egéneto Iōhánnēs [ho] baptízōn en tḗ erḗmō)* und verkündete eine Umkehrtaufe zur Vergebung der Sünden.

Die Schrift erfüllt sich in und durch Johannes. Denn er ist jetzt zugleich sowohl der Angelos, der nach Maleachi den Weg des Herrn bereitet, als auch derjenige, der nach Exodus das Volk durch die Umkehrtaufe auf den richtigen Weg führt. Was geschieht, realisiert sich so, wie es in der auf diese Weise durch die Schrift interpretierten Schrift steht. Je nach Übersetzung wird dieser Aspekt der sich geschöpflich realisierenden Schrift noch verstärkt. Denn *kathṓs* (wie) kann am Satzanfang auch einen begründenden Sinn haben: „Da ja geschrieben steht".[6] Das mit „auftreten" übersetzte Verb *gínomai (egéneto)* kann mit seiner Grundbedeutung „zum Dasein gelangen" mit „werden" übersetzt werden:[7]

FJS 17 (1989), 45–56. Ders., Die funktionale Form Midrasch, FJS 10 (1982), 1–45, 15). Vgl. Teugels, Lieve, Midrasch in the Bible or Midrasch on the Bible? Critical Remarks about the Uncritical Use of a Term, in: Bodendorfer, Gerhard u. a. (Hg.), Bibel und Midrasch. Zur Bedeutung der rabbinischen Exegese für die Bibelwissenschaft, Tübingen 1998, 43–63. In diesem Sinne gehört zum Wesen eines Midrasches immer auch ein kreatives, fantasievolles Element.

4 Belege für die Verknüpfung dieser beiden Verse bei den Rabbinen s. Strack, Hermann L. und Billerbeck, Paul, Kommentar zum Neuen Testament aus Talmud und Midrasch, Teilbd. 1, München 1922, 597.

5 Gnilka, Joachim, Das Evangelium nach Markus. Mk 1–8,26, EKK 2,1, Zürich u. a. 1978, 44f. formuliert knapp, aber treffend: „Die von Johannes geleistete Wegbereitung bestand darin, dass er angesichts des drohenden Endes das Volk zur Umkehr rief."

6 Hier zwar formelhaft: „wie geschrieben steht". Dennoch steht diese Formel im NT nur hier am Satzanfang.

7 Pesch, Markusevangelium, 74 übersetzt: „Wie geschrieben steht, (so) geschah es ...".

> Da (ja) geschrieben steht, [...] wurde Johannes ein Taufender in der Wüste und ein eine Umkehrtaufe zur Vergebung der Sünden Verkündender.

Der Evangelist bleibt nicht beim „Prä“ der Schrift am Anfang seines Evangeliums stehen, sondern die Schrift erfüllt sich, indem sie die Wirklichkeit, die sie ansagt, zugleich ins Leben ruft. Wie geschrieben steht, so wird ... . Diese Vorordnung der Schrift ist ein wichtiges Axiom des rabbinischen Schriftgebrauchs. Die Schrift, beziehungsweise die Tora ist schon vor der Erschaffung der Welt.[8] Mit ihr als Werkzeug, beziehungsweise als Plan oder sogar als Baumeister hat Gott alles geschaffen.[9] Im ersten Schöpfungsbericht spricht Gott neunmal und neunmal wird oder „materialisiert sich“ das, was er spricht. In der Septuaginta heißt es:

> ... und Gott sprach: Es werde Licht! Und es wurde *(egéneto)* Licht. (Gen 1,3)

Das Wort „konkretisierte“ und „realisierte“ sich. Am Anfang des Markusevangeliums kommt ebenfalls – wie gezeigt – die Schrift zu Wort und wie in der Schrift geschrieben steht, wurde *(egéneto)* Johannes ein Taufender. Das Wort realisierte sich. Da die Tora für die Rabbinen schon vor der Zeit war, fallen in ihr Vergangenheit, Gegenwart und Zukunft zusammen. Das heißt zugleich aber, dass die Tora sich immer weiter realisiert, indem sie Wirklichkeit gestaltet. Diese davor-gesetzte Schrift/Tora muss nun aber ausgelegt werden. Erst mit diesem Schritt fängt die Tora an, für diejenigen, die sie lesen, konkret zu werden. Doch die Auslegung ist immer das Zweite, das Sekundäre, das dem Text Nach-geordnete. So heißt es im bSanh 34a:

> ‚Und wie ein Hammer Felsen zersplittert‘ (Jer 23,29). Wie der [Stein durch den] Hammer in viele Splitter zerteilt wird, ebenso verfällt der Schriftvers durch die Interpretation in viele Darlegungen.[10]

Die Auslegung eines Schriftverses ist daher immer weniger als der Schriftvers selbst, denn sie beschränkt den potenziellen Textsinn. Aber jede Auslegung partizipiert am Schriftwort, denn sie ist ein Splitter davon. Es gibt nur einen Text, aber viele Auslegungen desselben. Das Handeln nach der ausgelegten Schrift ist das Tertiäre: Die Realisierung und sogar die Personalisierung des Schriftwortes in einer konkreten, geschichtlichen, leiblich gebundenen Situation. Durch Tat oder Personifizierung wird das ewige Wort auf

---

8 Rabbinische Belege für die Präexistenz der Tora bei Strack/Billerbeck, Teilbd. 2, 353–355, 356f.

9 Siehe Strack/Billerbeck, Teilbd. 2, 356f.

10 Übersetzungen der rabbinischen Schriften nach Lukas Kundert (unveröffentlicht).

einen einzigen Raum und Moment hin aktualisiert, konkretisiert und in diesem Sinne auch reduziert. Gemäß Lukas predigt Jesus nach der Prophetenlesung in der Synagoge von Nazareth, indem er diese Lesung auf seine Person, auf diese konkrete Synagoge und auf diesen Zeitpunkt hinauslegt:

> Heute ist diese Schrift vor euren Ohren erfüllt. (Lk 4,21)

Doch was ist wichtiger: Die vorgeordnete Schrift, die Auslegung der Tora oder das Tun der interpretierten Tora? Die Rabbinen diskutieren kontrovers. Selbstverständlich ist immer wieder die Schrift am wichtigsten. Doch gilt auch, dass sie erst durch die Auslegung zur Vollendung gelangt. Zum Verhältnis von Schriftauslegung und Tat heißt es:

> Nicht der Midrasch ist das eigentliche, sondern die Tat" (mAvot 1,17).

Die Auslegung wird der Tat, die diese realisiert, untergeordnet. In der Tosephta wird dieselbe Frage bei einer Lehrdiskussion gegenteilig entschieden:

> Wer ist größer, die Lehre (Talmud als interpretierte Schrift) oder die Tat? R. Tarphon sprach: Die Tat ist größer. R. Aqiba spricht: Die Lehre ist größer. Es antworteten alle zusammen und sprachen: Die Lehre ist größer, denn die Lehre bringt einen zur Tat. (SifDev 41)

Im Neuen Testament wird der Akzent eher auf die Tat gesetzt, ohne dass die Spannung zwischen Wort, Auslegung und Tat aufgelöst würde. „Im Anfang war das Wort" heißt es zu Beginn des Johannesevangeliums (Joh 1,1). „Alles ist durch dasselbe geworden". Das „Prä" des Wortes wird explizit bekannt. Das Wort wurde Fleisch (Joh 1,14). Die „Tat„ der Menschwerdung Jesu Christi ist nach Johannes die Konkretisierung der Schrift schlechthin. Zugleich scheint die Fleischwerdung in diesem Sinne die größte „Reduktion" des Sinnpotenzials der Schrift zu sein, denn in einer einzigen leibhaften, geschichtlichen Person aktualisiert sich die ganze Schrift, indem Jesus sie zur Erfüllung bringt (19,28),[11] indem er der von der Schrift Bezeugte (1,45; 12,41)[12] und mehr als diese ist (1,17; 6,32; 8,58). Er ist durch die Inkarnation nicht nur das hörbare, sondern auch das sichtbare und betastbare Wort geworden (vgl. 1 Joh 1,1).

---

11 Zum johanneischen Schriftgebrauch siehe Kraus, Wolfgang, Johannes und das Alte Testament. Überlegungen zum Umgang mit der Schrift im Johannesevangelium im Horizont biblischer Theologie, in: ZNW 88 (1997), 1–24, 8ff. Besonders ausführlich Obermann, Andreas, Die christologische Erfüllung der Schrift im Johannesevangelium, WUNT II/83, Tübingen 1996, 218ff.

12 Kraus, Johannes, 3ff.

Der Anfang des Evangeliums Jesu Christi ist in Mk das Schriftwort aus Jesaja. Doch dieses Schriftwort ist schon interpretiert durch die Verknüpfung mit anderen Schriftworten aus dem Pentateuch und aus Maleachi. Denn eine solche Verknüpfung ist eine spezifische Auslegungsmöglichkeit der Schrift. Theoretisch wären viele andere Verknüpfungen von Jes 40,3 mit anderen Schriftstellen über das Wort „Weg“ vorstellbar. Diese ausgelegte Schrift realisiert sich nun geschöpflich: Johannes der Täufer, eine geschichtliche Person tritt an einem konkreten Ort auf. Durch die geschöpfliche Realisierung dieser Auslegung wird die Schrift sicht- und fassbar: Die Erfüllung der so ausgelegten, vorangestellten Schrift geschieht zu einer genau bestimmten, einzigen Zeit an einem einzigen, begrenzten Ort in der Wüste Judas.

II. Auslegung als Weg zur Wahrheit hinter dem Schriftsinn

Ein ganz anderer Umgang mit den Heiligen Schriften lässt sich im ersten Jahrhundert n. Chr. an Philo v. Alexandrien beobachten. In Quod Omn Prob 81f. lesen wir zum jüdischen Umgang mit der Heiligen Schrift:

> 81 In diesen Dingen (vgl. 80: Allmacht Gottes, Schöpfung und vor allem Ethik) werden sie zwar auch zur anderen Zeit belehrt, an dem siebten Tag aber besonders. ... 82 Dann nimmt irgendeiner die Bücher und liest daraus vor. Ein anderer, besonders Kundiger kommt herbei und lehrt, was nicht verständlich ist. Denn das Meiste bei ihren alten Traditionen deuten sie eifrig mit philosophischen Allegorien.

Bei Philo werden die Bücher vorgelesen (82), die die väterlichen Gesetze (80) enthalten. Die Bücher sind nicht die Tora, sondern sie enthalten sie lediglich. Es gibt kein „Prä“ dieser Schriften mehr. Axiomatisch ist festgelegt, um was es in diesen Büchern geht: Um die Allmacht Gottes, die Schöpfung und vor allem um die Ethik. Der hohe Stellenwert der Ethik entspricht jüdischem Denken. Doch die konkreten Gebote sind nicht mehr Resultat der Auslegung der vorgeordneten Tora, sondern die Ethik selbst ist vorgeordnet, und das muss heißen, ein bestimmtes Verständnis von Ethik, bei Philo eine Art von jüdisch-platonischer Ethik. Die Schrift wird zum Sekundären gegenüber dieser Vorordnung und muss dieser nun dienen. Das kann sie aber nicht aus sich selbst heraus, sondern dafür bedarf es einer ganz bestimmten, festgelegten Hermeneutik: Philo nennt „seine“ Methode „philosophische Allegorien“. Seine allegorische Hermeneutik will die Wahrheit der Schrift, die nicht im Wortsinn, sondern dahinter in einer höheren, geistigen Einheit –

dem Logos – beziehungsweise einer Theologie der Schrift liegt, ans Licht bringen (vgl. Philo Vit Cont 78).[13] Allerdings verachtet Philo den Wortsinn nicht, sondern dieser bildet gewissermaßen den Ausgangspunkt, um unter der Führung des Logos zum tieferen Sinn vorzustoßen.

> Unter der Führung des Logos wird der tiefere Sinn der griechischen Bibel erkannt, und so wird die Bibel zur Illustration eines höheren Wissens. In der illustrativen Allegorie wird die Auslegung durch ein Wissen gelenkt, das vor der Lektüre der Texte vorhanden ist. Nicht die Texte sind es, die Wahrheit erschließen, sondern die Allegorie ist es, welche die Texte erschließt.[14]

Eine solche Hermeneutik wird zum „Hermes", zum „Götterboten", beziehungsweise zum Interpretament, das verkündet, was die große Wahrheit hinter aller Unverständlichkeit der alten Traditionen sei, und was davon wirklich göttlich und was nur menschlich sei, und das zugleich das Vorwissen, um was es wirklich gehe, nämlich hier um eine bestimmte Art der Weltdeutung und Ethik, wach hält. Auslegung ist so die Kunst, dasjenige möglichst genau auszusagen, was der Text nur ungenau, beziehungsweise verhüllt zu sagen vermag, oder sogar die ewige, einzige Wahrheit, die hinter der Bedingtheit des Buchstabens liegt, zur Sprache zu bringen. Auslegung macht die absolute Wahrheit eines Textes hörbar. In diesem Sinne will sie die Wahrheit selbst sein. Hier gilt nicht: Ein Text, viele Auslegungen, sondern: Ein Text, und dahinter die eine große Auslegung, die eine große Wahrheit, oder – postmoderner gesagt – die eine große „Meta-Erzählung".[15]

Garstiger Graben des Alters, Spannungen, Doppeldeutigkeiten, Widersprüchlichkeiten des Textes, inhaltliche Ärgernisse, Gegensätze zwischen Gott und „schriftlichem Wort Gottes" können mit einer solch „großen Erzählung" überwunden werden, indem jeder Vers auf sie hin und von ihr her interpretiert wird. Das Problem ist, dass solch „große Erzählungen" und die Interpretationsmuster, durch die sie immer wieder bestätigt werden, etwas Textexternes sind, das dem Text bei- und vorgeordnet werden muss – oder dogmatischer gesagt: Sie sind eine Ergänzung zum „sola scriptura". Die

---

[13] Vgl. Runia, David T., Philo. Alexandrian and Jew, in: Ders., Exegesis and Philosophy: Studies on Philo of Alexandria, CStS 332, Hampshire 1990, 1–18, 8: „Allegoria is a grammatical term that simply means, saying something else than you actually mean. The truth is not located on the surface; the reader has to exert himself in order to discover it." Sellin, Gerhard, Eine vorchristliche Christologie. Der Beitrag des alexandrinischen Juden Philon zur Theologie im Neuen Testament, in: ZNT 4 (1999), 12–21, 14–16: Philo ist nicht der erste, der die biblischen Schriften allegorisch ausgelegt hat, aber der erste, der so „eine ‚Theologie ' der Schrift geschaffen hat."

[14] Weder, Hans, Abschied von der Welt und Ausdehnung des Ichs. Die Allegorese bei Philo und die Schriftauslegung der Gnosis, Vortrag gehalten in Zürich am 15.01.2000 (unveröffentlicht).

[15] Zu diesem Begriff siehe Lyotard, Jean-Francois, Das postmoderne Wissen. Ein Bericht, Graz/Wien 1986, z. B. 14.

Stärke solcher „großen Erzählungen" ist, dass sie eine umfassende Schau der Bibel, Gottes, der Welt und des Menschen bieten können. Doch mit diesem Dringen auf das Ganze, das Eine beziehungsweise die Totalität ist die größte Gefahr solcher Systeme schon bezeichnet: Beim Griff nach dem Totalen schleicht sich leicht das Totalitäre ein.

Der philonische Schriftumgang wurde durch das rabbinische Judentum nicht rezipiert.[16] Doch seit dem zweiten Jahrhundert trat er seinen Siegeszug im Christentum an.[17] Die Rezeption dieses hermeneutischen Ansatzes korrelierte mit entsprechenden theologischen, philosophischen und politischen Systemen und einer entsprechenden Ekklesiologie. Die großen und teilweise auch großartigen Systeme, die geschaffen wurden, trugen latent die Gefahr in sich, vom „Totalen" in das „Totalitäre„ abzugleiten. Seit der Erhöhung der una sancta ecclesia zur einen großen abendländischen und später auch weltweiten, umfassenden „Erzählung" zeigte die Kirche immer wieder eine totalitäre Fratze vor allem in der grausamen physischen Elimination von Andersdenkenden, aber auch in der freundlichen Usurpation der ganzen Menschheit, indem diese implizit oder sogar explizit in ein christliches Weltbild integriert wurde.

III. Anmerkungen zu Karl Barth, Johann Arndt und der Frage nach dem sogenannten *historischen Jesus*

In Karl Barth's „Einführung in die evangelische Theologie"[18] werden Konturen eines philonisch-platonisch beeinflussten Umgangs mit der Schrift deutlich. Für ihn geht es in der Theologie primär nicht um die Heiligen Schriften, sondern um das eine Wort Gottes, um den Logos, der Jesus Christus ist. Die Heiligen Schriften sind nicht mit diesem allem vorgeordneten Wort gleichzusetzen, sondern nur „Spiegel und Echo" davon.[19] Die Bibel ist von den primären Zeugen dieses Wortes geschrieben. Weil die Theologie aber nun von Theologen getrieben wird, die keine primären Zeugen sind, „wird sich [die

---

16 Wie stark der Einfluss des philonischen Gedankengutes im NT ist, bleibt umstritten; Runia, Philo in Early Christian Literature, 63–83 rechnet eher mit geringem, Sellin, 1999, 17–20, eher mit starkem Einfluss. Für unsere Frage ist wichtig, dass im NT jegliche Art von philonischem System fehlt.

17 Runia, David T., Philo in Early Christian Literature: A Survey, CRI, Section 3, Vol. 3, Assen 1993, besonders 335–342.

18 Der Umfang dieses Aufsatzes erlaubt nur, das Schriftverständnis Barth's anhand dieser Schrift kurz zu streifen. Dazu umfassend und weiterführend Rothen, Bernhard, Die Klarheit der Schrift, Teil 2: Karl Barth. Eine Kritik, Göttingen 1990.

19 Barth, Karl, Einführung in die evangelische Theologie, Zürich ^{3}1985, 39.

Theologie] wohl oder übel an diese Literatur ... halten müssen".[20] Folgerichtig stellt Barth zur Bibel fest:

> Dass und inwiefern sie in ihrer ganzen Menschlichkeit Spiegel und Echo des Wortes Gottes ist, das ist ja nirgends schon bekannt, das will ja immer wieder gesehen und gehört sein, muss immer neu ans Licht kommen. Mit der offenen, redlichen Frage danach tritt die Theologie der Bibel gegenüber: mit allen anderen Fragen nur, indem sie sie dieser Frage zu- und unterordnet, nur zur technischen Erleichterung ihrer Beantwortung.[21]

Theologie fragt nicht nach irgendwelchen Aussagen der Bibel, sondern letztlich immer nur nach dem Einen, der nicht in der Bibel ist, sondern von dem die Bibel nur zeugt, dem Logos Gottes. Ziel der Theologie und als Teil von ihr der Exegese ist nicht die Vielfalt der Auslegungen, sondern das Eine hinter den vielfältigen Bezeugungen. Die Bibel hat demnach ein trügerisches Potenzial. Sie genügt in sich selbst nicht. Es braucht neben ihr ein Wissen um das Wort Gottes, das klärt, was in der Bibel steht und wie es Zeugnis vom wahren Wort Gottes ist. Doch woher kommt ein solches Wissen? Welcher „Hermes" deutet es? Barth deutet in dieser Schrift eine solche Deuteinstanz nur an. Er sagt,

> ... dass das von der Bibel bezeugte Wort Gottes in keinem Kapitel oder Vers auch nur einer jener Schriften einfach auf der Hand liegt und also gemächlich vorauszusetzen wäre, sondern dass eben nach ihm mit allen Mitteln ... und nicht zuletzt unter Aufgebot aller hoffentlich auch vorhandenen divinatorischen Phantasie gefragt werden muß.[22]

Schriftauslegung braucht als Deuteinstanz divinatorische Fantasie, um in und hinter der Schrift das wahre Wort zu erkennen.[23] Andernorts redet Barth davon, dass beim theologischen Arbeiten das Oberlicht zu Gott offen sein muss. Ohne diese Verbindung nach oben kann Theologie und damit auch die Auslegung nicht gelingen.[24] Barth folgert daraus, dass die Bibel und deren Auslegung nicht das „Prä" des theologischen Schaffens beanspruchen kann, sondern zuerst kommt das Bemühen darum, dass das Oberlicht offen ist. Mittel dieses Bemühens aber ist das Gebet:

---

20 A.a.O., 40.
21 A.a.O., 43.
22 A.a.O., 44.
23 Solche theologische Forschung wird zum Mittler des wahren Wortes (44 unten). Gelingt es dem theologischen Forschen zum einen Wort vorzudringen, kommt dieses Ringen zum Leuchten (178).
24 Ebd.

> Der erste und grundlegende Akt theologischer Arbeit ... ist aber das Gebet.[25]

Theologen brauchen also neben allen wissenschaftlichen Methoden auch divinatorische Fantasie und Gebet als Mittel, um durch das Schriftstudium zum einen Wort Gottes dahinter vorzustoßen.

In der Leben-Jesu-Forschung des 19. Jahrhunderts lässt sich ein ähnliches Muster mit ganz anderen Komponenten feststellen. Ziel dieses exegetischen und theologischen Ringens war, hinter dem Jesus Christus der dogmatisch fixierten Schrift den historischen Jesus zu erreichen. Dieser sei der wahre Jesus, der gerade als historische Person lebendig in die Gegenwart hineingestellt werden müsse. Als Deuteinstanz wurden die historisch-kritischen Methoden als möglichst zuverlässige und allgemeingültige Kriterien teils von anderen biblischen Disziplinen übernommen, teils selbst erarbeitet, um den Auslegern zu ermöglichen, hinter den historisch fragwürdigen Schriften die wahre Geschichte und Autorität dieses Mannes zu finden. Albert Schweitzer zeigt in seiner „Geschichte der Leben-Jesu-Forschung", dass letztlich doch religiöse Motive die historische Forschung steuerten und von den Forschern immer wieder ein je eigenes, zeitgenössisches Bild in den historischen Jesus hineinprojiziert wurde.[26] Er schreibt die berühmten Worte:

> Es ist der Leben-Jesu-Forschung merkwürdig ergangen. Sie zog aus, um den historischen Jesus zu finden, und meinte, sie könnte ihn dann, wie er ist, als Lehrer und Heiland in unsere Zeit hineinstellen. Sie löste die Bande, mit denen er seit Jahrhunderten an den Felsen der Kirchenlehre gefesselt war, und freute sich, als wieder Leben und Bewegung in die Gestalt kam und sie den historischen Menschen Jesus auf sich zukommen sah. Aber er blieb nicht stehen, sondern ging an unserer Zeit vorüber und kehrte in die seinige zurück.[27]

In der gegenwärtigen Debatte um den historischen Jesus, die unter der Bezeichnung „The Third Quest" geführt wird, divergieren die Deutungen wiederum beträchtlich und stehen mitunter im Widerspruch zueinander. Der historische Jesus wird unter anderem als jüdischer Magier[28], als galiläischer Chassid und Wundertäter[29], als Prophet und Apokalyptiker[30], oder als jüdischen Kyniker[31] dargestellt. Die mystischen Traditionen sind vielleicht der

---

25 A.a.O., 176; vgl. 178f.

26 Siehe von Scheliha, Arnulf, Kyniker, Prophet, Revolutionär oder Sohn Gottes? Die ‚dritte Runde' der Frage nach dem historischen Jesus und ihre christologische Bedeutung, in: ZNT 4 (1999), 22–31, 22f.

27 Schweitzer, Albert, Geschichte der Leben-Jesu-Forschung, Tübingen ²1921, 631f.

28 Smith, Morton, Jesus der Magier, München 1981, besonders 257–261.

29 Vermes, Geza, Jesus der Jude. Ein Historiker liest die Evangelien, Neukirchen-Vluyn 1993.

30 Sanders, Ed Parish, Sohn Gottes. Eine historische Biographie Jesu, Stuttgart 1996.

31 Crossan, John Dominic, Jesus. Ein revolutionäres Leben, München 1996.

wichtigste und konsequenteste Versuch in der Kirchengeschichte, hinter den Text zu der allem vorgeordneten Vereinigung mit Christus zu gelangen. Eines der wichtigsten Werke evangelischer Mystik ist Johann Arndt's „Wahres Christentum". Dieses Buch erschien 1606 und übte einen unvergleichlichen Einfluss auf den Pietismus aus.[32] Schon mit dem ersten Satz dieses Buches wird das System definiert, nach dem dann Text um Text ausgelegt wird:

> Das Bild Gottes im Menschen ist die Gleichförmigkeit der menschlichen Seele, des Verstandes[33].

Gegen den Text der hebräischen Bibel ist bei Arndt nicht der ganze Mensch nach dem Bild Gottes geschaffen, sondern er trägt dieses Bild in seinem Innern. Schon in der Schöpfung findet Arndt das Ziel des Menschen:

> Letztlich sollte der Mensch aus dem Bilde Gottes sich also erkennen, dass er dadurch mit Gott vereinigt wäre ...[34] ... Also, dass der Mensch seinen eigenen Willen nicht thue, sondern sein Wille sollte Gottes Wille seyn.[35]

Auch dies sind Postulate, die gewissen Aussagen des ersten und zweiten Schöpfungsberichts widersprechen. Adam muss den Tieren nicht je den Namen geben, der Gottes Willen entsprach, sondern die Namen, die er selber wollte. Es heißt in den Schöpfungsberichten nirgends, dass der Mensch für die Einheit mit Gott erschaffen wurde, sondern obwohl Gott beim paradiesischen Menschen feststellt, dass es nicht gut ist, dass der Mensch allein sei, kommt er nicht auf die Idee, für Adam das Problem des „Allein-Seins" durch die Vereinigung mit ihm selbst zu lösen. Eine leidenschaftliche Bibelfrömmigkeit paart sich hier mit einem ganz bestimmten, strengen Auslegungssystem, das jeder biblischen Aussage vorgeordnet werden kann. Das „innere Wort" der Schrift wird vom „äußeren Wort" getrennt. Das konkrete Schriftwort wird zum bloßen Instrument, um zum inneren Sinn der Schrift zu gelangen.[36] Das Ziel jeglicher Exegese ist schon vorgegeben, bevor die Schrift

---

32 Schmidt, Martin, Pietismus, Stuttgart u. a. ^{3}1983, 19–22.

33 Arndt, Johann, Sechs Bücher vom wahren Christenthum, nebst dem Paradies-Gärtlein, Neue Stereotyp-Ausgabe, Stuttgart o. J. (bei Steinkopf), 1.1.2.

34 A.a.O., 1.1.10.

35 A.a.O., 1.1.6.

36 Matthias, Markus, ‚Enthusiaistische' Hermeneutik des Pietismus, dargestellt an Johanna Eleonora Petersens „Gespräche des Hertzens mit Gott" (1689), in: PuN 17, Göttingen 1991, 36–61, 59: „Bei Arndt ist es das innere Wort, auf das alles ankommt, dem das äußere Wort formal ähnlich ist bei alter wesensmäßigen Unähnlichkeit. Die instrumentale Wirkung des Geistes wird analysiert, Wort und Heiliger Geist getrennt und beide gesondert betrachtet. Ein Weg ist hier betreten, bei dem aus dem äußeren Wort als Instrument und Werkzeug nur noch eine Hülle und formales Kriterium für das relativ selbständige Wirken des Geistes wird. Der unter dem Wort wirkende Geist

in die Hand genommen wird, nämlich die „unio mystica" der christlichen Seele mit Gott durch den Geist. Arndt's Umgang mit der Schrift kann als „enthusiastische Hermeneutik" bezeichnet werden.[37]

Die imposante, „große Erzählung" des christlichen Mittelalters zeigte ihre totalitären Tendenzen in Judenpogromen, Inquisition und Hexenverfolgungen. Die Reformation zerstörte diese „Erzählung", um sogleich in die neue „große Erzählung" der Orthodoxie zu münden. Der Kampf um die einzig richtige „Erzählung" war ein wichtiger Grund für den Ausbruch des Dreißigjährigen Krieges. Die Aufklärung versuchte deshalb, eine noch größere „Erzählung" zu schaffen. Höhepunkte dieses Bemühens waren die deutsch-idealistischen Systeme des 19. Jahrhunderts.[38] Auf dem Nährboden des deutschen Idealismus entwickelten sich teilweise direkt, teilweise indirekt, die totalitärsten politischen Systeme des 20. Jahrhunderts. Der mit dem Entwicklungsgedanken verbundene Nationalismus, Herrenmenschentum und Marxismus führten in ihrer geschichtlichen Konkretisierung zu Verbrechen an der Menschheit, die Inquisition und Dreißigjährigen Krieg in den Schatten stellten. Gerade auch aufgrund dieser Erfahrungen sind heute alle „großen Erzählungen" und Systeme verdächtig geworden. Jean-Francois Lyotard schreibt:

> In äußerster Vereinfachung kann man sagen: ‚Postmoderne' bedeutet, dass man den Meta-Erzählungen keinen Glauben mehr schenkt.[39]

IV. Ein Text, viele Auslegungen

Die „Versuchung", sich „Meta-Erzählungen" zu konstruieren, wird allerdings weiterhin bestehen bleiben. Deshalb gilt es, aktiv einen anderen Weg zu suchen. Ein solcher Weg ist für die Kirche der interpretierende Umgang mit ihren heiligen Texten, weg von der Versuchung, die biblische Vielfalt hin auf ein Eines zu verstehen, hin zum Bemühen darum, von den axiomatisch prä-gesetzten Heiligen Schriften schon den kleinsten Vers hin zur Vielfältigkeit des Lebens kreativ zu interpretieren.

---

wird zugleich zum selbständigen Gegenstand der Erkenntnis. Ihn, den Geist, in dem die biblischen Bücher geschrieben sind, zu erfassen, wird zur eigentlichen Aufgabe."

37 Matthias, Hermeneutik, 37: „Eine Hermeneutik wäre in diesem Sinne ‚enthusiastisch' zu nennen, wenn der Gegenstand ihres Verstehens nicht das Schriftwort (oder sein Sinn) an sich, sondern der Geist ist, aus dem heraus die Worte der Bibel gesprochen wurden und der in irgendeiner Weise in der Person des Auslegers Platz greift."

38 Vgl. die Kritik des Einheitsdenkens bei Welsch, Wolfgang, Unsere postmoderne Moderne, Berlin ^{4}1993, 173–175.

39 Lyotard, Wissen, 14.

Ein zweiter Grund, der auf das „Prä“ des Textes und den Plural der Auslegungen hindrängt, hängt mit dem ersten zusammen: Der jüdisch-christliche Dialog nach der Schoa. Die Juden gehörten in der abendländischen Geschichte immer wieder zu denen, die, weil sie sich nicht in die großen, totalen Geschichten integrieren ließen, deren totalitäre Seiten zu spüren bekamen. Die Klimax dieser Geschichte wurde in ihrer entchristianisierten Version erst in diesem Jahrhundert erreicht. Zugleich ist das rabbinische Judentum — wie oben angedeutet — einen anderen Weg gegangen[40], der uns als Christen eine Alternative bietet, die zugleich das reformatorische „sola scriptura“ hervorhebt und aus den Aporien der Gesamtsysteme herausführt.

Doch der dritte Grund ist am wichtigsten: Die Autoren des Neuen Testaments gehen selber so mit den für sie Heiligen Schriften des Alten Testaments um. Deren „Prä“ gilt nicht nur für Markus und Johannes axiomatisch. Der neutestamentliche Umgang mit der Schrift ist dem der Rabbinen viel ähnlicher als dem philonisch-platonischen. Eine Hinwendung zu einem solchen schöpferischen Schriftgebrauch wäre deshalb ein großer Schritt, sowohl zurück als auch in die Zukunft nach dem Motto: „Back to the future“ oder „ad fontes in die Postmoderne“. Pluralität und Partikularität[41] des Lebens lassen sich von einem solchen Umgang mit dem Text her viel eher durchdringen. Der Verzicht auf die postulierte Einheit allen Seins führt zum Gewinn von Vielheit.[42]

Für die wissenschaftliche Exegese würde ein solcher Umgang mit der Schrift eine größere Freiheit bieten, sich neuen Methoden und Perspektiven[43] zu öffnen, auch und gerade dort, wo durch neue Ansätze ein geschlossenes und widerspruchfreies Gesamtbild zerstört wird. Das Problem, dass jede noch so umfassende Methode letztlich zum Hindernis für einen Gewinn an Erkenntnis werden kann, könnte so überwunden werden.[44]

---

40 Die Suche nach der einen großen Wahrheit hinter allen Schriftversen wurde von den Rabbinen explizit nicht angestrebt, sondern die Suche nach möglichst vielen Interpretationen ein und desselben Schriftverses wurde gefordert: „Ein Schriftvers hat verschiedene Deutungen, nicht aber ist eine Deutung aus verschiedenen Schriftversen zu entnehmen.“ (Sanh 34a)

41 Zu Partikularität und Postmoderne siehe Plass, David, Partikularität des Jüdischen und Partikularität als anthropologische Kategorie. Eine Lévinas-Lektüre, in: Gerber, Uwe (Hg.), Religiosität in der Postmoderne, DThBG 3, Frankfurt a. M. u.a. 1998, 217–232, 217–219.

42 Vgl. Welsch, Moderne, 176.

43 Welsch, ebd. zur Bejahung der Perspektivenvielfalt in der Postmoderne: „Man vertritt immer eine Perspektive. Und sollte die anderen Perspektiven darob nicht leugnen und verwerfen, sondern aufsuchen und erproben.“

44 Dazu Weder, Hans, Abschied, 9: „Wenn, wie etwa in der Exegese, die historisch-kritische Methode angewendet wird, welche — aus methodischen Gründen und im Sinne einer erkenntnistheoretischen Axiomatik — die Welt als einen geschlossenen Zusammenhang von weltlichen Gegebenheiten versteht, entsteht das Problem, dass der Sinn der Texte eine Beschränkung auf das Weltliche erfährt, beziehungsweise

Doch die Kosten eines solchen exegetischen und theologischen Paradigmenwechsels sind hoch. Wer das „Prä“ der Schrift postuliert, kann sich nicht zugleich bemühen, hinter die Schrift zu kommen. Ziel solchen Glaubens kann weder die unio mystica mit Christus noch das vernünftige „Be-Greifen“ des historischen Jesus noch die Unmittelbarkeit zum Wort Gottes hinter den vielen Wörtern sein, obwohl und gerade weil es die allem vorgeordnete Schrift ist, die darauf beharrt, dass sowohl mystische Christuserfahrungen eine Möglichkeit, aber eben nicht das Ziel sind (2 Kor 12,2–4), als auch dass Jesus eine historische Person war, und deshalb weder auf historische Methoden noch auf wissenschaftliche Annäherungen an den historischen Jesus verzichtet werden kann, auch und gerade wenn zu historischen Rekonstruktionen immer auch produktive und konstruktive Elemente gehören, die trotz aller historischen Fremderfahrung nicht frei von unmittelbaren Identifikationen der Forscher und Forscherinnen mit bestimmten Jesusbildern sind.[45] Auch die historische Textinterpretation ist kreative Interpretation. Die Schrift bekennt, doch lässt sie sich nicht in ein allumfassendes orthodoxes Bekenntnis einordnen. Die Schrift selbst legt Zeugnis ab davon, dass die Wörter der Heiligen Schriften nicht einfach identisch sind mit Jesus Christus als dem „Wort Gottes“, doch sie bietet selbst nicht mehr als ihre eigenen Wörter zu diesem Wort. Die vorangesetzte Heilige Schrift ist nicht Gott. Sie ist vergleichbar mit der Chorschranke einer antiken Kirche. Diese ist nicht der heiligste Ort der Kirche, aber bietet den Menschen einerseits einen durch ein Gitter gebrochenen Durchblick zum verhüllten Allerheiligsten und verhindert andererseits aber, dass die Glaubenden nach dem Allerheiligsten greifen.

---

dass das Reden vom Heiligen nur noch als Meinung, Traum, Imagination eines weltlichen Geistes, des Menschen, wahrgenommen werden kann. [...] Es entsteht das Problem beschränkter Wahrnehmung von Sinn. Und vielleicht hängt die sich in vielen Auslegungen ausbreitende Sinnlosigkeit zusammen mit genau dieser in der Auslegungsmethode beschlossenen Beschränktheit.“ A.a.O., 10: „Es entsteht die Frage, ob sich der genannte Zusammenhang nicht insofern verhängnisvoll auswirken könnte, als die Auslegungsmethoden, die jeweils das Produkt einer bestimmten Erkenntnistheorie sind, [...] zwangsläufig zu Ergebnissen führen, die wiederum das bestätigen, was in ihren Voraussetzungen festgelegt wurde“.

45 Dazu der interessante Beitrag von Scheliha, Kyniker, 29f.

V. Ausblick auf die gemeinschaftstiftende Kraft der Interpretation

„Ein Text — viele Auslegungen" macht die Interpretation zu einem kraftvollen, lebensbezogenen Akt, der gerade deshalb gefährlich ist, weil diese Kraft auch fehlgeleitet werden kann. Das intensive Ringen um den Text mit allen zur Verfügung stehenden Mitteln und das Gespräch mit anderen Auslegungen von Zeitgenossen der Gegenwart und der Vergangenheit, Theologen und Nichttheologen bieten einen gewissen Schutz und ermöglichen zugleich eine Vertiefung der Vielfalt. Eine der größten Gefahren aber dieses Modells ist die Förderung der totalen Individualisierung der Auslegung, des Gebrauchs der Bibel und damit letztlich der Glaubenden, da ja nicht mehr postuliert werden kann, dass jeder Mensch eigentlich auf dieselbe Auslegung kommen müsste, wenn er nur genügend fromm oder vernünftig wäre. Die totale Individualisierung aber ist nicht nur die große Schwäche der Postmoderne, sondern wäre auch der Tod der Ekklesia. Um in einem Bild weiterzufahren: Wir haben in unserer Stadt viele Straßen, die zu schmal sind, um von beiden Seiten her befahren werden zu können. Auch dort, wo es gute Gründe für beide Fahrtrichtungen gibt, muss die Gemeinschaft festlegen, in welche Richtung das Einbahnschild[46] steht, ansonsten wäre ein gemeinschaftlicher Verkehr auf dieser Straße nicht möglich. Christliche Gemeinschaften, Gemeinden und Kirchen werden nicht darum herumkommen, gewisse — besonders ethische — Textauslegungen für den „Verkehr" innerhalb ihrer Gemeinschaft als verbindlich zu erklären und andere als unverbindlich. Im jeweiligen Binden und Lösen der für die Gemeinschaft geltenden Normativität von konkretisierenden Textauslegungen findet und vollzieht eine Gemeinschaft ihre von anderen Gemeinschaften unterscheidbare Identität. Die Autorität dieses Aktes aber hat eine Gemeinde — wenigstens nach dem Matthäusevangelium, das diese Problematik in 16,19 und 18,18 thematisiert — nicht darin, dass sie im Gegensatz zu einer anderen Gemeinschaft das, was Gott hinter dem Text wirklich gemeint hat, erkennt, sondern darin, dass der „Himmel" die irdische Interpretation „nachvollzieht", welche eine solche Gemeinde festgelegt hat:

> Wahrlich, ich sage euch: Alles, was ihr auf Erden binden werdet, das wird auch im Himmel gebunden sein, und alles, was ihr auf Erden lösen werdet, das wird auch im Himmel gelöst sein. (Mt 18,18)

Das „Prä" der Bibel erfordert geradezu die hohe Autorität der Kirche Christi in der Verbindlicherklärung und Freigabe von Interpretationsmöglichkeiten

46 Vgl. das Zitat auf Seite 143

für die je eigene Gemeinschaft.[47] Die hohe Verantwortung, die damit verbunden ist, kann hier nur noch angedeutet werden. Es ist in der zu interpretierenden Schrift begründet, dass es verschiedene Gemeinschaften mit unterschiedlichem, aber sehr konkretem Profil geben muss. Das „Prä" des Textes und dessen vielfaltigen Interpretationsmöglichkeiten kann nicht zu einer einzigen Gestalt von Kirche führen. Die una sancta ecclesia ist nicht in einer sichtbaren, institutionellen Gestalt zu suchen, sondern das gemeinsam Verbindende liegt gerade außerhalb von ihr selbst, hinter der Vielfalt der Auslegungen im „Prä" des Textes.

Literaturverzeichnis

Arndt, Johann, Sechs Bücher vom wahren Christenthum, nebst dem Paradies-Gärtlein, Neue Stereotyp-Ausgabe, Stuttgart o. J.
Barth, Karl, Einführung in die evangelische Theologie, Zürich ³1985.
Crossan, John Dominic, Jesus. Ein revolutionäres Leben, München 1996.
Gnilka, Joachim, Das Evangelium nach Markus. Mk 1–8,26, EKK 2,1, Zürich u. a. 1978.
Goldberg, Arnold, Midraschsatz: Vorschläge für die descriptive Terminologie der Formanalyse rabbinischer Texte, FJS 17 (1989), 45–56.
Goldberg, Arnold, Die funktionale Form Midrasch, FJS 10 (1982), 1–45.
Kraus, Wolfgang, Johannes und das Alte Testament. Überlegungen zum Umgang mit der Schrift im Johannesevangelium im Horizont biblischer Theologie, in: ZNW 88 (1997), 1–24.
Luz, Ulrich, Das Evangelium nach Matthäus (Mt 18–25), EKK 1,3, Zürich u. a. 1997.
Luz, Ulrich, Das Evangelium nach Matthäus (Mt 8–17), EKK 1,2, Zürich u. a. 1990.
Lyotard, Jean-Francois, Das postmoderne Wissen. Ein Bericht, Graz/Wien 1986.
Matthias, Markus, ‚Enthusiaistische' Hermeneutik des Pietismus, dargestellt an Johanna Eleonora Petersens „Gespräche des Hertzens mit Gott" (1689), in: PuN 17, Göttingen 1991, 36–61.
Obermann, Andreas, Die christologische Erfüllung der Schrift im Johannesevangelium, in: WUNT II/83, Tübingen 1996.
Pesch, Rudolf, Das Markusevangelium, I. Teil, HThK 2, Freiburg u. a. 1976.
Plass, David, Partikularität des Jüdischen und Partikularität als anthropologische Kategorie. Eine Lévinas-Lektüre, in: Gerber, Uwe (Hg.), Religiosität in der Postmoderne, DThBG 3, Frankfurt a. M. u.a. 1998, 217–232.

[47] Ulrich Luz zeigt (Das Evangelium nach Matthäus (Mt 8–17), EKK 1,2, Zürich u. a. 1990 und Ders., Das Evangelium nach Matthäus (Mt 18–25), EKK 1,3, Zürich u. a. 1997), dass bei Mt 16,19 „Binden und Lösen" im Sinne von „Verbieten und Erlauben" in Analogie zum Fallen halachischer Entscheidungen der Rabbinen zu verstehen sei. Verbieten und Erlauben bezieht sich auf das Lehren und die Lehrentscheidungen der Jünger (Teilbd. 2, 465; Teilbd. 3, 46). Zwischen Mt 16,19 und Mt 18,18 besteht kein Sinngegensatz, auch wenn Mt 18,18 mehr das Richten (Teilbd. 2, 465) und den Rechtsspruch (1997, 46f.) meint. Schließlich sind Rechtssprüche Ausführungen der verbindlich ausgelegten Schrift. Zur Anerkennung halachischer Entscheidungen durch Gott siehe Strack/Billerbeck, Teilbd. 1, 741–746.

Rothen, Bernhard, Die Klarheit der Schrift, Teil 2: Karl Barth. Eine Kritik, Göttingen 1990.
Runia, David T., Philo in Early Christian Literature: A Survey, CRI, Section 3, Vol. 3, Assen 1993.
Runia, David T., Philo. Alexandrian and Jew, in: Ders., Exegesis and Philosophy: Studies on Philo of Alexandria, CStS 332, Hampshire 1990, 1–18.
Sanders, Ed Parish, Sohn Gottes. Eine historische Biographie Jesu, Stuttgart 1996.
von Scheliha, Arnulf, Kyniker, Prophet, Revolutionär oder Sohn Gottes? Die ‚dritte Runde' der Frage nach dem historischen Jesus und ihre christologische Bedeutung, in: ZNT 4 (1999), 22–31.
Schmidt, Martin, Pietismus, Stuttgart u. a. 3. [3]1983, 19–22.
Smith, Morton, Jesus der Magier, München 1981.
Schweitzer, Albert, Geschichte der Leben-Jesu-Forschung, Tübingen [2]1921.
Sellin, Gerhard, Eine vorchristliche Christologie. Der Beitrag des alexandrinischen Juden Philon zur Theologie im Neuen Testament, in: ZNT 4 (1999), 12–21.
Stemberger, Günter, Midrasch. Vom Umgang der Rabbinen mit der Bibel, München 1989.
Strack, Hermann L. und Billerbeck, Paul, Kommentar zum Neuen Testament aus Talmud und Midrasch, München 1922.
Teugels, Lieve, Midrasch in the Bible or Midrasch on the Bible? Critical Remarks about the Uncritical Use of a Term, in: Bodendorfer, Gerhard u. a. (Hg.), Bibel und Midrasch. Zur Bedeutung der rabbinischen Exegese für die Bibelwissenschaft, Tübingen 1998, 43–63.
Vermes, Geza, Jesus der Jude. Ein Historiker liest die Evangelien, Neukirchen-Vluyn 1993.
Weder, Hans, Abschied von der Welt und Ausdehnung des Ichs. Die Allegorese bei Philo und die Schriftauslegung der Gnosis, Vortrag gehalten in Zürich am 15.01.2000 (unveröffentlicht).
Welsch, Wolfgang, Unsere postmoderne Moderne, Berlin [4]1993.

Exegese und Realität

Über das Wirklichkeitsverständnis eines multimethodischen Ansatzes[1]

Peter Wick

I. Das eine, wertfreie Ganze sollte nicht mehr Gegenstand wissenschaftlicher Forschung sein

Wir können Texte, auch Bibeltexte nicht verstehen, bevor wir sie interpretiert haben, und: Wir können die Wirklichkeit nicht verstehen, bevor wir sie interpretiert haben. Weder Weltwirklichkeit noch Gottes Wort erschließt sich der menschlichen Vernunft, ohne dass diese an der empfangenen oder gewonnenen Erkenntnis mitgearbeitet hätte, indem sie selber in die Wahrnehmung der Wirklichkeit gestaltend eingriff. Seit Immanuel Kant muss die aufgeklärte Vernunft gestehen, dass ihr die Wirklichkeit an sich, das „Ding an sich" unzugänglich bleibt. Sie muss damit rechnen, dass Raum und Zeit als die grundlegendsten Kategorien geordneter Erkenntnis vielleicht nicht im Erkannten sind, sondern vom Erkennenden an die zu erkennende Wirklichkeit herangetragen werden. Die Wirklichkeit erschließt sich nicht als solche.

In den Naturwissenschaften zeichneten sich viel früher fundamentale Erkenntnisprobleme ab. Sir Isaac Newton (1643–1727) beschrieb Licht als ein Aussenden von Teilchen. Im Gegensatz dazu vertrat der Niederländer Christiaan Huygens (1629–1695) die Theorie, dass sich Licht in Form einer Welle ausbreitet. Je nach Experiment kann Licht als Welle oder als Reihe von Teilchen wahrgenommen werden. Eine logische Vermittlung beider Beobachtungen war lange nicht möglich, da beide Theorien zueinander im Widerspruch standen. Eine Welle transportiert keine Teilchen und umgekehrt. So konnte das Licht nicht einheitlich erklärt werden. Der Forschungszugang bestimmte über das Resultat mit. Die Resultate der verschiedenen Zugänge standen im Widerspruch zueinander. Der Doppelcharakter des Lichts wird heute als „Dualismus des Lichtes" bezeichnet. Werner Heisenberg formu-

---

[1] Erstveröffentlichung in: Gelardini, Gabriella, Kontexte der Schrift. Band I: Text, Ethik, Judentum und Christentum, Gesellschaft. Ekkehard W. Stegemann zum 60. Geburtstag, Stuttgart 2005, 267–281.

lierte 1927 in der Quantenmechanik das Prinzip der Unschärferelation. Danach ist es unmöglich, Ort und Impuls eines Teilchens — etwa eines Elektrons — gleichzeitig und mit beliebiger Genauigkeit zu bestimmen. Jede genauere Bestimmung der einen Größe bedingt eine umso größere Unschärfe in der Messgenauigkeit der anderen Größe. Durch die Anlage seines Versuchs, bestimmt der Mensch was er erkennt und auf welche Erkenntnis er verzichtet. Etwas schärfer formuliert: Die jeweilige Untersuchungsperspektive ermöglicht Erkenntnisse und verhindert zugleich andere. Der Forscher muss wählen. Er hat sogar von der Theorie her keinen Zugang zur ganzen Wirklichkeit.

Solche und weitere Erkenntnisse waren der Todesstoß für das Konzept der wertfreien Wissenschaft, welche meinte, um der reinen Erkenntnis willen Wissenschaft betreiben zu können, um den Kosmos schließlich wissend als Ganzheit und Einheit begreifen zu können. Allerdings dauerte es Jahrzehnte, bis sich diese Erkenntnis in den Geisteswissenschaften durchsetzte. Die Konsequenzen dessen sind in den Geisteswissenschaften noch größer als in den Naturwissenschaften. In ihnen drängt sich die Schlussfolgerung viel stärker auf, dass eine nicht wertfreie Wissenschaft offensichtlich eine wertegebundene Wissenschaft ist. In letzter Konsequenz heißt das, dass Forschungsprojekte und ihre Methoden gerade auch unter ethischen Gesichtspunkten begutachtet und bewertet werden müssen, was eine Relativierung und Einschränkung des „Wissbaren“ bedeutet. So setzte sich in den Geschichtswissenschaften immer mehr die Erkenntnis durch, dass historische Untersuchungen, die bei den Armen, Entrechteten, Frauen und Verlierern ansetzen, zu ganz anderen Ergebnissen kommen können als die traditionelle Forschungsperspektive, die meistens bei den Gewinnern der Geschichte ihren Ausgangspunkt genommen hat. So ergänzte sozialgeschichtliche Forschung nicht nur Geschichtsbilder, sondern konnte diese auch verändern.

In der deutschsprachigen Theologie setzt sich dieser Paradigmenwechsel nur sehr langsam durch. Ein Grund dafür wird darin zu suchen sein, dass sich die Theologie bis heute sehr eng an die theologischen und philosophischen Theorien des 19. und frühen 20. Jahrhunderts anlehnt, die dem Streben nach der Einheit und dem Ganzen verpflichtet waren, anstatt sich konsequent mit den Naturwissenschaften, die die wissenschaftlichen Leitfunktionen übernommen haben, auseinanderzusetzen. Das Phänomen der gegenwärtigen Schleiermacher-Renaissance ist ein Beispiel dafür.[2] Noch immer geistert die wissenschaftliche Ablehnung von biblischen Wunder-

---

[2] Vgl. z. B. die systematisch theologischen Arbeiten von Barth, Ulrich, Christentum und Selbstbewusstsein. Versuch einer rationalen Rekonstruktion des systematischen Zusammenhanges von Schleiermachers subjektivitätstheoretischer Deutung der christlichen Religion, , GTA 27, Göttingen 1983; Schlenke, Dorothee, „Geist und Gemeinschaft“. Die systematische Bedeutung der Pneumatologie für Friedrich

berichten durch deutsche Hörsäle mit der Begründung, dass das naturwissenschaftliche kausale Weltbild Wunder undenkbar mache. Doch in den Naturwissenschaften hat das statistische Weltbild schon lange das kausale abgelöst. Statistisch gesehen sind Wunder aber nicht unmöglich, sondern unwahrscheinlich. Die Unwahrscheinlichkeit gehört seit jeher per definitionem zu einem Wunder. Neue Methoden und neue Perspektiven haben es auch in den Bibelwissenschaften schwer. In der Exegese werden bis heute Methodenbücher als Lehrmittel veröffentlicht, die praktisch nur den Vorkriegs-Methodenkanon gelten lassen.[3] Innovativ denkende Neutestamentler haben sozialgeschichtliche Fragestellungen in die deutsche Exegese eingeführt, sie harren bis heute auf deren Etablierung.[4] Auch die neue Paulusperspektive wird erst jetzt, wo sie nicht mehr neu ist, im deutschsprachigen Raum diskutiert, obwohl sie von Vordenkern schon lange angewandt worden ist. Trotz allem haben sich die Bibelwissenschaften neuen Perspektiven, Theorien und Ansätzen eher geöffnet als andere theologische Disziplinen. Denn gerade im Fach Neues Testament konnte der jüdisch-christliche Dialog aufgrund engagierter Fachvertreter eine Bresche schlagen, die Raum für neue Ansätze eröffnete und alte, ausgetretene Pfade faktisch ausgedient hatten, da sie sich als strukturell antijüdisch erwiesen.

Schleiermachers Theorie der christlichen Frömmigkeit, TBT 86, Berlin 1999 und Osthövener, Claus-Dieter, Die Lehre von Gottes Eigenschaften bei Friedrich Schleiermacher und Karl Barth, TBT 76, Berlin 1996.

3 Der Ansatz Wilhelm Eggers (Methodenlehre zum Neuen Testament. Einführung in linguistische und historisch-kritische Methoden, Freiburg im Breisgau [5]1999), synchrone und diachrone Methoden der Interpretation miteinander zu verbinden, ist im Großen und Ganzen nicht weiterverfolgt worden. Neutestamentliche Methodenlehren jüngeren Datums legen das Schwergewicht wieder auf den klassischen historisch-kritischen Methodenkanon und verhindern damit einen Zugang, mit dem die Texte zuallererst als Texte wahrgenommen werden. Vgl. z. B. Moser, Martin u. a., Proseminar II. Neues Testament – Kirchengeschichte. Ein Arbeitsbuch, Stuttgart 2000; Soding, Thomas, Wege der Schriftauslegung. Methodenbuch zum Neuen Testament, Freiburg im Breisgau 1998. Im internationalen Vergleich bedeutet diese Schwerpunktsetzung auf die historisch-kritische Methodik einen Verlust an Dialogfähigkeit und damit an Zukunftsfähigkeit deutschsprachiger Wissenschaft im internationalen Kontext.

4 Die Sozialgeschichte des Neuen Testaments von Ekkehard W. Stegemann und Wolfgang Stegemann (Urchristliche Sozialgeschichte. Die Anfänge im Judentum und die Christusgemeinden in der mediterranen Welt, Stuttgart [2]1997) wurde international begeistert aufgenommen, im deutschsprachigen Raum wird sie immer noch viel zu wenig diskutiert.

II. Die Verpflichtung der Schrift zur Multiperspektivität

Die Bibel selbst, aber auch das altorientalische Denken und die rabbinische Bibelauslegung hätten vor einer monoperspektivischen Text- und Weltwahrnehmung bewahren können. Der Begriff Perspektive (lat. *perspicere*: hindurchschauen, deutlich wahrnehmen) steht in der abendländischen Tradition, für das Erkennen, für Wörter des Sehens oder für das Verwenden des für das Sehen notwendige Licht (lat. *illuminatio*, Aufklärung). Zu diesen gehören auch Theorie (griech. *theorein*: schauen) und Vision (lat. *videre*: schauen). Doch bei der Perspektive gibt es ein Definitionsproblem. Perspektivisch wahrzunehmen, kann eben auch heißen, eine perspektivische Darstellung zu schauen, die mit der Zentralperspektive gestaltet ist. Ein Bild wirkt perspektivisch, wenn es mit einer einzigen Perspektive, der sogenannten Zentralperspektive dargestellt ist. Mehrere Perspektiven in einem Bild zerstören dessen räumliche Wirkung. Multiperspektivität ist somit nie nur ein Gewinn, sondern immer auch ein Verlust. Nur wer Text und Welt von einem Standort her betrachtet, kann ein einfaches, in sich stimmiges Bild sehen. Wird ein Standpunkt knapp neben dem Betrachtungsort gewählt, führt die Überlagerung beider Bilder erst Recht zu einer räumlichen Wirkung. Sobald sich der zweite Betrachtungsort weiter weg verlagert, geht diese Wirkung verloren. Der Betrachter, der den Standort mehrfach wechselt, kann wie bei der Dualität des Lichts das Geschaute nicht mehr unbedingt in eine einzige, in sich stimmige „räumliche" Schau (Theorie/Vision) integrieren, wo alles seinen festen Ort hat.

Dies alles wäre schon in der hebräischen Bibel ersichtlich gewesen und wurde vom rabbinischen Judentum auch so tradiert. Schon die hebräische Konsonantenschrift verspricht nicht Eindeutigkeit, sondern ermöglicht Verständnis jeweils erst durch den interpretativen Akt der Vokalisation. Lesen im Sinne von laut Lesen, verstehendem Lesen oder Vorlesen ist ohne Interpretation unmöglich. Der Leser muss beim Lesen entscheiden, ob er die drei Konsonanten *Aleph, Dalet, Mem* als *Adam* (Mensch), *Edom* (Gegend östlich des Toten Meeres um Petra) oder als *Adom* (rot) ausspricht. Selbstverständlich ist er in dieser Interpretationsfreiheit durch den Kontext gebunden und erst recht durch jeden einzelnen Buchstaben.

Dies gilt nicht nur für die Rabbinen, sondern auch für Jesus nach dem Matthäusevangelium:

Amen, denn ich sage euch: Bis Himmel und Erde vergehen, wird nicht vergehen ein Jota oder ein Strichlein von dem Gesetz, bis alles geschieht (Mt 5,18).[5]

Von einem Strichlein hängt in Ez 34,16 ab, ob den Reichen das Heil oder das Verderben zugesagt wird. Denn verliert das D (*Dalet*) sein Strichlein oben rechts, wird es zum R (*Resch*). So übersetzt die Revidierte Elberfelder Bibel den masoretischen Text in Ez 34,16: „das Fette aber und das Starke werde ich austilgen“ (שׁמד). Luther übersetzt in einer Tradition, in der nicht Dalet sondern Resch gelesen wird: „Ich will [...], was fett und stark ist, behüten“ (שׁמר). Sogar beim Text gibt es einige Ausnahmefälle, in denen die Konsonanten anders gelesen werden sollen, als sie geschrieben sind *(Qetib — Qere)*. Dem entsprechend bietet der Kontext eines Wortes oder Satzes eine größere Interpretationsfreiheit, ohne dass diese beliebig wäre, da die Buchstaben des hebräischen Textes den Leser streng binden. In dieser Bindung und Freiheit liegt eine große Kraft. Das Denken wird inspiriert, immer neue Möglichkeiten können auftauchen und geprüft und an den Text zurück gebunden werden. Neue Bilder entstehen durch Assoziationsketten, können manchmal in ein größeres Bild integriert werden, müssen manchmal wegen der Textwirklichkeit wieder verworfen werden oder werden neben bestehende Interpretationen gestellt, ohne dass sie mit diesen widerspruchsfrei vereinheitlicht werden könnten. Eine Dualität der Auslegung entsteht, die zu einer Multiplität weiterwachsen kann.

So kann *Edom* auch in einer engen Beziehung zu *adom* interpretiert werden, schließlich ist es dasselbe Wort. Und tatsächlich sind die Felsen von Petra rötlich. Esau ist *Edom* heißt es in Gen 36,8. Und Esau hat rötliche (*admoni*) Haare (Gen 25,25). Wenn aber Esau *Edom* und *adom* (rot) ist, kann er auch Adam sein und zwar nicht nur als einzelner Mensch, sondern auch als Verkörperung der ganzen Menschheit, die nicht in derselben Weise wie sein Bruder Jakob von Gott erwählt ist. Tatsächlich konnten die Rabbinen Esau als Chiffre für die Römer verwenden und hinter Edom das *Imperium Romanum* sehen. Paulus kann in der großen Erörterung der Wirkung der Gnade Christi hinsichtlich der Juden und der Völker in Röm 9,13 zitieren: „Jakob habe ich geliebt, Esau habe ich gehasst.“ Doch damit sind die Assoziationsmöglichkeiten nicht ausgeschöpft. Die Interpretation hat kein Ende, sie geht immer weiter, sie hat kein einzelnes Ziel, das irgendwann mal erreicht und damit abgehakt werden könnte. Die Interpretation greift ins Leben hinaus, um nur noch tiefer in den Text eindringen zu können, um wiederum mit noch mehr Vollmacht ins Leben zu wirken. Der junge David, der zum König gesalbt (Messias) wird, ist ebenfalls rötlich (*admoni*). Der Messias Israels ist auch der Messias für diejenigen, die wie der rötliche Esau aus der Erwählungslinie hinausgefallen sind, also für die ganze Menschheit (*adam*).

---

[5] Wenn keine spezifischen Angaben zur Übersetzung gemacht sind, folgen diese der revidierten Lutherübersetzung (1984).

III. Die zentrifugale Kraft der Interpretation und die zentripedale des Bibeltextes

Auslegung ist so ein Zusammenspiel von verschiedenen Kräften. Die Interpretationsoffenheit des hebräischen Textes, der ohne interpretierende Vokalisation nicht laut gelesen werden kann, setzt eine Zentrifugalkraft frei, die immer weitere Verbindungs- und Assoziationsmöglichkeiten freisetzt und weg vom Buchstaben und vom Buch ins Leben schleudert. Die Heiligkeit jedes einzelnen Buchstabens ist die Zentripedalkraft die zum Mittelpunkt, zur Heiligen Schrift zieht. Sogar jedes Jota ist voll von dieser Kraft. Das Deus dixit der Schrift erweist sich gerade nicht in ihrer einheitlichen Interpretationsmöglichkeit, sondern in ihrer Fähigkeit, trotz der Fliehkraft in die Freiheit und Vielfalt der Interpretation hinaus die Bindung an den Text aufrecht zu erhalten und bei einer Vergrößerung der zentrifugalen Kräfte die Macht der zentripedalen Kraft des Gottes Wortes erst recht sichtbar zu machen. Wenigstens gleichnishaft kann sich dann auch für Text und Interpretation erweisen, weshalb in Fachbüchern die Zentrifugalkraft als „Scheinkraft", die Zentripedalkraft als „Zwangskraft" bezeichnet wird. Gott gibt den Menschen Freiheit zur Interpretation, ja treibt ihn dazu, zugleich aber bleibt Gott beziehungsweise sein Wort stärker. Der hebräische Text der Bibel will interpretiert werden. Doch seine Einheit lässt sich nicht in der Interpretation finden, sondern nur im Text und dort in seiner kanonisierten Gestalt. Deshalb gilt beides: Wer sich ganz an das Wort bindet, findet zur Freiheit der Interpretation. Wer in die Freiheit der Interpretation vorstoßen will, muss sich an jeden einzelnen Buchstaben zurückbinden.

Leider werden an den deutschsprachigen Universitäten schon von Anfang an beim Lernen des Hebräischen die Weichen in eine andere Richtung gestellt. Hebräisch wird mit den Vokalisationen der Masoreten gelernt, obwohl im rabbinischen Judentum die Masora nur die verbindliche Gestalt des Bibeltextes für die Textlesung in der Synagoge ist, für die Lehre aber keinen normativen Anspruch hat. Theologiestudentinnen und -studenten werden so nicht an die Freiheit der Interpretation herangeführt. Werden die Resultate historisch-kritischer Bibelauslegung oder dogmatische Auslegungen als die eine Textwahrheit gelehrt, wird das zentripetale und zentrifugale Kräftefeld zerstört. Fundamentalistische Bibelzugänge stehen in der Gefahr, die Textinterpretation zur Stärkung ihrer biblischen Lehre zu verwenden. Interpretation darf dann nicht in Freiheit stattfinden, da sie die schon vorgegebene Lehre gefährden würde. Die beschriebene Relation von Interpretation und Text gilt auch für den Text. Eine allzu starke Bindung an den Text könnte plötzlich zum Widerspruch gegen den einheitlichen Sinn der reinen Lehre (Singular!) führen.

IV. Schöpfungswirklichkeit und Multiperspektivität

Das Gleiche gilt für die Wirklichkeit als Schöpfung: „Groß sind die Taten JHWHs, erforschbar von allen, die Gefallen an ihnen haben!"[6] preist der Psalmist Gott (Ps 111,2). Für den altorientalischen Menschen zeigt sich die Wirklichkeit nicht als eine von einem Standpunkt aus objektiv erfassbare Größe, sondern als Taten Gottes oder der Götter, denen man sich von verschiedenen Seiten nähern muss, ohne sie eindeutig fassen und festlegen zu können. So konnten die Ägypter auf einem Bild die Kraft, die die Sonne über den Himmel bewegt, verschieden darstellen. Die Sonne wird von der Himmelsbarke über den Himmel gefahren. Auf dieser Barke ist ein Skarabäus. Der Pillendreher-Käfer rollt die Sonne über den Himmel. Von der anderen Seite greift die Himmelsgöttin Nut nach der Sonne, um ihr mit ihren Händen ihren Lauf zu geben.[7] Diese Darstellungen sind mythische Symbole von Wahrnehmungen des Sonnenlaufes, die durch verschiedene Perspektiven gewonnen worden sind. Barke, Skarabäus und Göttin symbolisieren je andere Aspekte des einen Sonnenlaufes. Die Zusammenstellung ist sehr komplex. Der Preis, der für diese komplexe Wirklichkeitswahrnehmung bezahlt wird, ist neben dem Verzicht auf eine Zentralperspektive, dass der Widerspruch ausgehalten werden muss. Denn auch die Ägypter wussten, dass sich Sonnenbarke und Skarabäus widersprechen. Der Skarabäus könnte auf diesem Schiffchen die Sonne ja nur hin und her schieben, was keiner Wahrnehmung entsprechen würde. Diese Wirklichkeitsschau (Vision/Theorie) kann durch weitere Perspektiven ergänzt werden. So kann auf anderen Bildern der Sonnenlauf mit Barke und einer Sonne mit Adlerflügeln dargestellt werden.[8] Auch hier wird offensichtlich der Widerspruch zwischen Fliegen und Schiffsverkehr bewusst in Kauf genommen und ausgehalten.

Auch ein Blick auf die Kartenkunst des Alten Orients ist aufschlussreich: Die allorientalischen Karten waren nicht von einer Perspektive beherrscht, sondern Wadis konnten auf einem Plan von oben, die diese Flusstäler begrenzenden Berge aber von der Seite im Aufriss dargestellt werden.[9] Flusstäler wirken auf den Menschen besonders stark, wenn er sie von oben her betrachten kann; Berge sind am Höchsten, wenn sie von der Seite betrachtet werden. Der Alttestamentler und lkonograph Othmar Keel schreibt dazu:

---

6 Übersetzung nach Weber, Beat, Werkbuch Psalmen II. Die Psalmen 73 bis 150, Stuttgart 2003, 226.

7 Keel, Othmar, Die Welt der altorientalischen Bildsymbolik und das Alte Testament. Am Beispiel der Psalmen, Zürich u. a. 1972, 35.

8 A.a.O., 30.

9 A.a.O., 16.

> So gut wie sicher handelt es sich hier [beim Verzicht auf eine einzige Perspektive] ja gar nicht primär um eine technische Unfähigkeit, sondern um eine instinktive Abneigung, die Dinge so wiederzugeben, wie man sie von einem einzigen zufälligen Gesichtspunkt aus sieht, oder positiv, um die tiefsitzende Notwendigkeit, die Dinge so zu zeigen, wie man sie in langem Umgang und mit allen seinen Sinnen erfahren hat und nun in sich herumträgt (Denkbild). Im großen Augenblick des erstmaligen Erscheinens perspektivischer Malerei hat sich Plato mit dem Argument gegen sie verwahrt, dass sie nur den Schein und nicht die Wirklichkeit wiedergebe [...]. Was den altorientalischen vom heutigen Menschen unterscheidet, ist diese Abneigung Platos gegen den subjektiven momentanen Eindruck und die Empfänglichkeit für die Dinge in ihrer Eigenheit und Eigenständigkeit.[10]

Solche Wirklichkeitszugänge prägen auch die Hebräische Bibel. Es gibt nicht den einen Kosmos. Es wird nicht einmal von der einen Schöpfung gesprochen, sondern von Anfang an von einer Dualität: „Im Anfang schuf Gott Himmel und Erde." Die Welt als solche ist unzugänglich. Sie zeigt sich immer schon entweder als Himmel oder als Erde. Neben die polare Weltbeschreibung kann in der hebräischen Bibel ohne weiteres eine dreifache treten: Himmel, Erde und Meer. Doch auch diese ist nicht exklusiv. Joachim Neander dichtete, „Himmel, Erde, Luft und Meer"[11] und könnte sich damit auf das Neue Testament berufen, wo die Luft als ein Zwischenbereich erscheinen kann, der weder Erde noch Himmel ist (Eph 2,2).

Die Wirklichkeit kann immer von neuen Perspektiven her betrachtet werden. Verschiedene Perspektiven treten nebeneinander und bringen neue Erkenntnisse, die manchmal bloß nebeneinandergestellt werden können, sich mitunter komplementär zu Teilbildern ergänzen lassen, die sich aber auch durch Widerspruch jeglichem Integrationsversuch verweigern. Der multiperspektivische Zugang zur Wirklichkeit erschließt diese viel tiefer und doch kann er ihr Geheimnis nicht enträtseln, da es eben ein Geheimnis und nicht ein Rätsel ist. Die monoperspektivische Unkenntnis meint, das Unbekannte bestehe bloß aus zu enträtselnden Rätseln. Der multiperspektivische Weltzugang stößt gerade durch sein Erkennen auf das nicht begreifbare Geheimnis, das in allem Leben und in der ganzen Schöpfung ist. Wie Werner Heisenberg bewiesen hat, kann die Wirklichkeit, je mehr sie eine Seite von sich preisgeben muss, eine andere Seite umso mehr verhüllen. Monoperspektivische Wahrnehmung hat einen scheinbaren Blick auf das Ganze. Dieser Blick ist aber nur durch Ausblendung anderer Möglichkeiten möglich. Die multiperspektivische Schau verzichtet auf den Kosmos, sie sieht immer einen Plural von Himmel, Erde, Meer und anderem mehr. Nur dort, wo Sünde und Tod mit ihrem schrecklichen Werk die Wirklichkeit vereinheitlicht haben, wird diese, wie im Johannesevangelium, als Kosmos bezeichnet.

---

10 A.a.O.,15.

11 Evangelisches Gesangbuch, Ausgabe für die Evangelische Kirche im Rheinland u. a., Gütersloh u. a. 1996, Lied 504.

V. Schöpfungs- und Evolutionsperspektiven

Die Tora lehrt von Anfang an, dass die Wirklichkeit nur von mehreren, nebeneinanderstehenden Perspektiven, erkennbar wird. Zwei Schöpfungsberichte (Gen 1,1–2,4a und 2,4b–25) stehen nebeneinander. Sie zeigen, dass der zuletzt geschaffene Mensch Höhepunkt der Schöpfung, beziehungsweise Mittelpunkt der Schöpfung ist (Gen 1), auf den hin Pflanzen und Tiere geschaffen werden (Gen 2). Er soll die Erde beherrschen (Gen 1). Er soll den Garten Eden bebauen und bewahren (Gen 2). Männlich und weiblich sind die Menschen geschaffen, um sich durch Sexualität zu vermehren (Gen 1). Der Adam wird in Frau und Mann aufgespalten, um durch Sexualität nicht allein und doch eins zu sein (Gen 2). Viele Verbindungsmöglichkeiten sind zwischen beiden Berichten möglich, und doch lassen sie sich nicht ineinander harmonisch integrieren. Widersprüche verhindern das. Diese Doppelperspektive hat keinen exklusiven Charakter. In der hebräischen Bibel gibt es weitere Zugänge zur Schöpfung. Es sind offenbarte Perspektiven auf das, was geschah, bevor ein möglicher Berichterstatter da war. Es sind Visionen, die noch weitere Theorien neben sich dulden.

Evolutionstheorie und die biblischen Visionen von der Schöpfung widersprechen sich zwar zum Teil, aber schließen sich nur aus, wenn es keinen Widerspruch geben darf Dort, wo mit der Evolutionstheorie allein die Welt erklärt wurde, zeichneten sich schnell menschenverachtende Tendenzen ab. Ist die Evolutionstheorie die Zentralperspektive, taucht das Versprechen schnell auf, die Welt könne mit genügender Anstrengung ganz begriffen werden. Zugleich wird die Bahn zu einem menschenverachtenden Sozialdarwinismus alter oder neuer Prägung geebnet. In dieser Logik „warnt" der französische Molekularbiologe und Medizin-Nobelpreisträger Jacques Monod vor dem unvermeidlichen Verfall der modernen Gesellschaft, weil die Selektion gestört sei. „Die Statistiken zeigen [...], dass zwischen dem Intelligenzquotienten [...] und der durchschnittlichen Kinderzahl pro Elternpaar eine negative Korrelation besteht." Aber es werden für Monod nicht nur zu viele dumme Kinder geboren, sondern es kommen auch zu viele mit mangelhaftem Erbgut ins fortpflanzungsfähige Alter. „Heute leben viele dieser erblich Schwachen lange genug, um sich vermehren zu können. [...] Es steht fest, dass die in den fortgeschrittenen Gesellschaften herrschenden Bedingungen einer Nicht-Auslese oder einer Gegenauslese für die Art eine Gefahr darstellen."[12]

Ein dunkler Zusammenhang dämmert hier: Die seit Renaissance und Aufklärung geförderte monoperspektivische Weltwahrnehmung geht Hand

---

12 Monod, Jacques, Zufall und Notwendigkeit. Philosophische Fragen der modernen Biologie, München ^{7}1985, 143–144 [Paris 1970].

in Hand mit der Durchsetzung absolutistischer Herrschaften, das philosophische Bemühen des deutschen Idealismus des 19. Jahrhunderts um die große Einheit gebiert die totalitären Systeme des 20. Jahrhunderts, die dieses Jahrhundert zu einem der dunkelsten der Menschheitsgeschichte machen. Erst wenn wir nicht mehr das Eine hinter allem erkennen wollen, gibt es positiven, bleibenden Raum für Anderes und fremde Menschen. Doch wenn wir dieses Eine preisgeben, können wir uns schriftgemäß der Schrift und gerade auch durch sie der Wirklichkeit nähern, von verschiedenen Seiten her partiell begreifend, doch nie umgreifend. Gerhard von Rad schreibt schon allein über die erste Schöpfungsvision: „Dabei mag man immerhin fragen, ob in dieser uralten Schau (Gen 1,1–2,4a) nicht mehr Wirkliches erfasst ist, als man gemeinhin zugeben möchte; denn es handelt sich hier um Erkenntnisse, jahrhundertelang durchgeübt, und empfangen von einem Sinnenapparat, der vielleicht in wesentlichen Punkten unserer durchrationalisierten Geistigkeit überlegen war.“[13]

Doch nicht nur die stets zu interpretierenden hebräischen Buchstaben der Schrift und die Schöpfungsberichte weisen in eine bipolare oder multiperspektivische Wahrnehmung der Wirklichkeit ein, sondern auch die elementarste dichterische Aussageform der Bibel und der anderen altorientalischen Völker, der parallelismus membrorum, „durch den der Dichter genötigt wird, die Sache unter zwei Aspekten, also in zwei Versstichen, zum Ausdruck zu bringen. [...] Nicht die Schärfe des Begriffes wird hier angestrebt, sondern die Schärfe in der Nachzeichnung der gemeinten Sache, und zwar möglichst in ihrer ganzen Breite.“ Das alte Israel hat „Präzision nicht von einer Begriffsbildung gefordert, sondern von der Wiedergabe von Tatbeständen.“[14] Doch die Tatbestände werden nicht nur durch den *parallelismus membrorum* doppelt wiedergegeben, sondern neben den Schöpfungsberichten kommt vieles in der Bibel zweimal vor — ähnlich, doch nicht gleich, wie Jürgen Ebach schreibt:

> Zweimal stehen die Zehn Worte, der Dekalog, in der Tora, sehr ähnlich, doch mit nicht unbedeutenden Nuancen, zweimal wird die Geschichte Israels erzählt, in den Büchern Josua bis Könige und dann noch einmal und in oft deutlich anderer Perspektive in den Büchern der Chronik. Und eben so gibt es nicht das Evangelium, sondern deren vier — mit manchen Übereinstimmungen, aber auch mit bis zum offenen Widerspruch reichenden Differenzen.[15]

---

13 von Rad, Gerhard, Das erste Buch Mose, Göttingen ^{4}1956, 53.

14 von Rad, Gerhard, Weisheit in Israel, Neukirchen-Vluyn 1970, 42–43.

15 Ebach, Jürgen, Der Ton macht die Musik. Stimmungen und Tonlagen in den Psalmen und ihrer Lektüre, in: Geiger, Michalea u. a. (Hg.), Musik, Tanz und Gott. Tonspuren durch das Alte Testament, Stuttgart 2007, 16–17.

Auch Paulus teilt ein multiperspektivisches Wirklichkeitsverständnis. Die Wirklichkeit als Ganze und als Einheit bleibt menschlicher Erkenntnis verschlossen.

> Denn unser Wissen ist Stückwerk, und unser prophetisches Reden ist Stückwerk. Wenn aber kommen wird das Vollkommene, so wird das Stückwerk aufhören. Als ich ein Kind war, da redete ich wie ein Kind und dachte wie ein Kind und war klug wie ein Kind; als ich aber ein Mann wurde, tat ich ab, was kindlich war. Wir sehen jetzt durch einen Spiegel ein dunkles Bild; dann aber von Angesicht zu Angesicht. Jetzt erkenne ich stückweise; dann aber werde ich erkennen, wie ich erkannt bin. (1 Kor 13,9–12)

Die Wirklichkeit ist nur in Stückwerken erkennbar. Diese können vom Menschen nicht zum ganzen Bild zusammengesetzt werden. Paulus behauptet nicht einmal, dass die Wirklichkeit trotz aller Bruchstückhaftigkeit eine einzige ist, sondern er glaubt es. Er glaubt daran, ihre Einheit dereinst erkennen zu dürfen, weil er glaubt, dass der Gott Israels ein einziger ist, dass dieser eine einzige Wirklichkeit geschaffen hat und dass er von diesem bereits erkannt ist.

VI. Die Einheit Gottes und die Vielheit der menschlichen Wirklichkeit

Die Rabbinen glauben und bekennen, dass JHWH ein einziger ist und die Tora eine ist. Doch diesen Text wollen sie nicht benutzen, um den einen Gott „in den Griff zu bekommen", sondern er führt sie zu einer Vielfalt von Auslegungen. Weil dieser Text Gottes Wort ist, führt er zu immer weiteren Auslegungen. So heißt es im Talmud bSan 34a:[16] „‚Und wie ein Hammer Felsen zersplittert' (Jer 23,29). Wie der [Stein durch den] Hammer in viele Splitter zerteilt wird, ebenso zerfällt ein Schriftvers in viele Deutungen."

Eine Deutung kann immer nur einem Teilaspekt eines Schriftverses zum Durchbruch verhelfen. Jede Interpretation ist eine Reduktion des Textes und des Textsinnes, denn sie beschränkt den potenziellen Textsinn. Gerade deshalb kann sie im tiefsten Sinn des Wortes zu den Empfängern (Lernender, Schüler, Predigthörer) durchbrechen. Ein Splitter ist schärfer als der ganze Felsen. Aber jede Auslegung partizipiert am Schriftwort, denn sie ist ein Teil davon. Es gibt nur einen Text, aber viele Auslegungen desselben.

---

16 Übersetzung nach Goldschmidt, Lazarus, Der Babylonische Talmud, Frankfurt a. M. 1996.

Von diesem Schrift- und Weltzugang aus wäre die Behauptung, den einen wahren Textsinn gefunden zu haben, die Anmaßung, Herr des Textes und somit Gott selbst zu sein. Viele Deutungen eines einzigen Schriftverses sind bei diesem Zugang Zeichen davon, dass die Lernenden in die Fülle der Schrift vorstoßen. Wenn aber zwei Interpreten aus zwei Versen dieselbe Deutung gewinnen, ist das schon beinahe verdächtig, denn es kommt Gott allein zu, das eine nicht nur in den verschiedenen Deutungen eines Verses, sondern erst Recht zwischen verschiedenen Versen und so in der ganzen Schrift zu wissen und zusammenzuhalten. Deshalb steht im Talmud an derselben Stelle folgende Forderung:

> Damit nicht zwei eine Begründung aus zwei Schriftversen vorbringen. So fragte einst R. Asi den R. Johanan, wie es denn sei, wenn zwei eine Begründung aus zwei Schriftversen vorbringen, und dieser erwiderte ihm, man zähle dies als eine [Stimme]. — Woher dies? Abajje erwiderte: „Die Schrift sagt: ‚Eines hat Gott geredet, zwei habe ich vernommen, denn die Macht ist bei Gott' (Ps 62,12); ein Schriftvers hat verschiedene Deutungen, nicht aber ist eine Deutung aus verschiedenen Schriftversen zu entnehmen.

Für die Rabbinen ist es mit Ps 62,12 auch für den einzelnen Lernenden Ziel, mehr als eine Deutung eines Schriftverses zu kennen und zu entdecken. Der eine Sinn des einen Verses und der einen ganzen Tora kommt dem Einen zu, Gott selbst. Dem Menschen ist nicht die eine Gesamtschau gegeben, sondern die Vielheit. Wenn zwei Menschen in zwei Versen zu einer Deutung kommen, gilt das nicht als Indiz dafür, dass ihre Interpretation die wahrere ist, sondern es gilt, als ob nur einer so gedeutet hätte.

Gott, der Herr soll als ein einziger Gott bekannt werden. Der Mensch soll ihn in Vielfalt lieben, das heißt auf eine dem Menschen angemessene Weise: „Höre, Israel, JHWH ist unser Gott, JHWH ist ein einziger. Und du sollst JHWH, deinen Gott, lieben von ganzem Herzen, von ganzer Seele und mit all deiner Kraft" (Dtn 6,4–5). Paulus sagt dasselbe auch über die Fähigkeit zu erkennen: „Jetzt erkenne ich stückweise; dann aber werde ich erkennen, wie ich erkannt bin" (1 Kor 13,12). Gott erkennt ihn ganz. Sein Erkennen ist eines. Paulus hingegen erkennt Gott und seine Wirklichkeit auch als pneumatischer Mensch noch auf die dem Menschen angemessene Weise, nämlich in einer Vielheit, stückweise.

VII. Das Eine und die Vernichtung des Anderen

Das Streben des deutschen Idealismus und vieler anderer Strömungen der Neuzeit nach der Einheit und der Schau (Theorie) des einen Ganzen, der obersten Einheit oder der einen Weltformel muss so als große Verletzung der Grenze zwischen Mensch und Gott gedeutet werden. Solches Streben muss nicht nur zuletzt immer wieder scheitern, sondern ist strukturell auf Vernichtung des Anderen und Fremden angelegt. Gedanken und Forschungsmeinungen, die dem Vereinheitlichungsversuch widerstehen, müssen negiert werden. Der Nationalismus des 19. Jahrhunderts, der jeweils einen einheitlichen Nationalstaat für ein Volk erschaffen wollte, „erfand" in Theorie und Praxis die Völkermorde des 20. Jahrhunderts. Mit diesen größten Verbrechen der Menschheit können nur noch die Verbrechen der ebenfalls in den Ideologien des 19. Jahrhunderts gründenden kommunistischen Staaten miteifern, die aus vielen Völkern eine neue klassenlose, einheitliche Gesellschaft schaffen wollten.[17]

Der Mensch muss sich damit begnügen, die Einheit Gottes und seiner von ihm geschaffenen Wirklichkeit zu glauben. Wenn er sich aber nicht mit dem Glauben an den Einen begnügt, schafft er sich das Eine als Götzen, welcher den Blick auf Gott und seine Schöpfung scheinbar erhellt, in Wirklichkeit aber verstellt. Diesem Götzen werden dann die Sinnvielfalt der Texte, die undurchdringbare Komplexität der Geschichte und der Natur und zuletzt auch Menschen und Völker geopfert. Mystiker, die sich nicht mit dem Glauben an den einen Gott begnügten, sondern zur Schau des Einen gelangen wollten, strebten dieses Ziel durch Weltverneinung an. Wissenschaftliches Forschen das zur einen Weltschau durchstoßen wollte, musste Nichtintegrierbares negieren. Die politischen Einheitsideologien des 19. Und 20. Jahrhunderts endeten in Menschen- und Völkervernichtung.

Im Gegensatz dazu entfaltet Paulus die Einheit der Kirche weder kommunistisch noch faschistoid, indem er die Einheit allein auf der Seite Gottes bekennt, auf der Seite der Menschen aber die Vielheit erkennt. „Es sind verschiedene Gaben [bei den Menschen], aber es ist derselbe Geist [Gottes]. Und es sind verschiedene Dienste und es ist derselbe Herr. Es sind verschiedene Kräfte, aber es ist ein Gott, der alles in allem wirkt" (1 Kor 12,4–6).

Die Einheit empfingen die Gläubigen als Gottes Gabe durch den Geist und die Taufe: „Denn wir sind durch einen Geist alle zu einem Leib getauft, wir seien Juden oder Griechen, Sklaven oder Freie, und sind alle mit einem Geist getränkt" (1 Kor 12,13). Das Ein-Leib-Sein der Gemeinde kommt von Gott und

---

17 Mit dieser Feststellung ist keine Gleichsetzung der nationalistischen bzw. kommunistischen Ideologien intendiert. Doch es stellt sich die drängende Frage, ob nicht politisches Erzwingen von Einheitsideologien jedweden Couleurs strukturell die Vernichtung des Anderen impliziert?

wird durch seine Gaben verwirklicht, gelebt werden aber kann es nur durch die Vielheit der Glieder dieses Leibes. Auch das eine, einheitsstiftende Brot des Herrenmahls ist Gabe Christi. „Denn ein Brot, ein Leib sind wir die vielen, denn wir alle haben Anteil an einem Brot" (1 Kor 10,17). Doch die Gläubigen können als Menschen gemeinsam erst Anteil an diesem einen, geistlichen Brot haben, wenn es für sie in eine Vielheit gebrochen worden ist.

Unsere Texte fordern uns zu einem Paradigmenwechsel des Erkennens auf. Doch große Widerstände stellen sich einem Wechsel entgegen, zulange haben monistische Weltzugänge als Paradigmen gedient. Schon die Verbindung der christlichen Schriftgelehrten, die nach Mt 13,52 eine Vielheit von Altem und Neuem aus ihrem Schatz hervorholen können, mit dem hellenistischen Denken bedeutete eine Gefährdung multiperspektivischer Weltwahrnehmung. Mit Beginn der Neuzeit setzte sich der Siegeszug der aristotelischen Logik immer weiter durch, und zwar in dem Sinne, dass mit diesem einen Denkmodell die ganze Welt begriffen werden soll. Zentraler Satz und Axiom dieser Logik ist der Satz vom Widerspruch. Mit diesem Satz steht und fällt die menschliche Möglichkeit, zu einem geschlossenen Weltbild zu gelangen, das nicht wie bei Platon hinter der erfahrbaren Wirklichkeit liegt, sondern in ihr selbst erkannt und aufgeschlüsselt werden kann. Der Satz vom (ausgeschlossenen) Widerspruch lautet, „[d]ass nämlich dasselbe demselben in derselben Beziehung [...] unmöglich zugleich zukommen und nicht zukommen kann."[18]

Gegen die Wirklichkeitserfahrung der altorientalischen Menschen, gegen die Hebräische Bibel, gegen Paulus und gegen die Rabbinen wird nun postuliert, dass die Widersprüche in der Wirklichkeitswahrnehmung logisch zu überwinden seien. Bald darauf tritt in der Kunst die Zentralperspektive ihren Siegeszug an, die aus einem Bild nicht nur perspektivische Widersprüche verbannt, sondern jegliche Pluralität von Perspektiven ausmerzt. Der Rationalismus der Aufklärung verengte diesen monoperspektivischen Umgang mit der Wirklichkeit weiter. Rene Descartes fand sich allein im Denkakt des Zweifels wieder: *„Cogito ergo sum."* Während der Mensch der hebräischen Bibel sich immer als Vielheit erlebt, als Fleisch, als Lebenskraft (*nephesch*), als Geistbegabter, als einer mit Herz und vielem anderen mehr, findet Descartes allein im Denken zuerst sich und dann die Welt und Gott. Dieser monistische Wirklichkeitszugang ist kaum zu übersteigen. Als Lohn für die Abspaltung von allem, was nicht selber Denken ist, erhält dieser monoperspektivische Zugang die Möglichkeit, die Welt als Ganzes und Einheit widerspruchsfrei zu denken. Der Preis dafür ist aber hoch und bis heute werden die Zinseszinsen bezahlt: Z. B. verliert der Mensch so seinen Leib als unaufhebbaren Teil seines Menschseins, indem dieser für die Einzelperspektive

---

18 Aristoteles, Metaph. 1005b, zitiert nach Aristoteles' „Metaphysik" (Griechisch-deutscher Paralleltext; gr. Text Ed. Wilhelm Christ), übers. v. Herrmann Bonitz u. neu bearb. mit Einl. u. Komm. hrsg. v. Horst Seidl, PhB 307, Hamburg 1978.

der Ratio zu einem ihm gegenüberstehenden Objekt wird. Als Entsprechung zum aufgeklärten Rationalismus dieser Zeit wurde auf politischer Ebene die mittelalterliche Zweiheit von Kirche und Staat, von Herrscher und Priester zur neuen Einheit der absolutistischen Monarchie und des napoleonischen Europas „überwunden". Im deutschen Idealismus wurde das Ringen um das Eine radikal transzendiert.

Selbstverständlich wird hier nicht behauptet, dass alle, die das Eine schauen oder begreifen wollten, Wegbereiter des Totalitarismus waren. Doch es muss aufgrund der Gräueltaten des 20. Jahrhunderts, insbesondere der Schoah, zu einer Umkehr der Beweislast kommen. Es muss bewiesen werden, dass die Philosophien des 19. Jahrhunderts an diesen Gräueln unschuldig sind, nicht umgekehrt, denn eine unvoreingenommene Betrachtung der Geschichte spricht hier eine andere Sprache. Der erste Völkermord (1905 an den Herero in Südwestafrika) und der größte Völkermord (Schoah) gingen vom Land der Dichter und Denker aus. Die gegenwärtige Renaissance kulturprotestantischen Denkens des 19. Jahrhunderts in Theologie und Kirche muss deshalb kritisch und mit Sorge beobachtet werden. Zwei Beispiele sollen hier wenigstens angedeutet werden:

Georg Wilhelm Friedrich Hegel war ein Kulminationspunkt des Einheitsdenkens. „Er realisierte sein Credo durch eine Einheitskonzeption, die das Differente nicht ausschloss, sondern einbegriff, indem sie Einheit als Einheit von Einheit und Differenz dachte."[19] Doch Ziel ist es, diese Differenzen gewaltsam zu bezwingen.[20] Ferdinand Christian Baur, der das hegelsche Geschichtsverständnis auf die Erforschung der Kirchengeschichte, insbesondere der des frühen Christentums anwandte, wirkt bis heute in der neutestamentlichen Wissenschaft nach, obwohl sich die Gewalttätigkeit dieses Ansatzes nicht nur in seinem Umgang mit den geschichtlichen Fakten, sondern auch in einem tiefen Antisemitismus äußerte. Für Paulus steht nach Baur „das Christenthum hoch über dem Judenthum, und es kann daher auch nur als eine vernunftwidrige Verkehrung des von Gott geordneten Verhältnisses angesehen werden, vom Christenthum zum Judenthum zurückzufallen."[21] Paulus spräche dem „jüdischen Particularismus" alle äußere und innere Berechtigung ab. Das Jüdische ist für Baur das als Ausgangspunkt zwar notwendige, aber zugleich auch das, was überwunden und ausgeschieden werden musste.[22] Es geht nicht an, Hegel als geistigen Vater dieser verbalen antijüdischen Gewalt ohne weiteres freizusprechen, wie es erst recht nicht möglich ist, jeglichen Zusammenhang zwischen solchen Worten mit den Taten der Nazis zu leugnen.

---

19 Welsch, Wolfgang, Unsere postmoderne Moderne, Berlin ^{5}1997, 173.

20 A.a.O., 174.

21 A.a.O., 56.

22 Baur, Ferdinand C., Geschichte der christlichen Kirche, Bd. 1: Kirchengeschichte der drei ersten Jahrhunderte, Tübingen ^{3}1863, siehe z. B. 56.

Jacob Taubes sagt zur Theorie von Friedrich Nietzsche, dass die Dekadenz der Herrschaft dadurch eingeleitet worden sei, dass dem Herrscher ein Priester zur Seite gestellt worden ist: „Wenn Sie so wollen, und man soll den Einfluss solcher Gedanken nicht unterschätzen, dann geht dieser Einfluss bis zum Worte Adolf Hitlers, dass Gewissen sei eine jüdische Erfindung. Das ist eine Summe, und — wenn ich sagen darf — eine gute Summe nietzscheschen Denkens."[23]

VIII. Der Glauben an den Einen schützt vor postmodernen Verabsolutierungen der Vielheit

Weil die großen Einheitsbestrebungen der Moderne in die politischen Katastrophen des 20. Jahrhunderts gemündet haben, wird der Abschied vom Ganzen in der zweiten Hälfte des 20. Jahrhunderts von vielen Denkern entschieden vorangetrieben, obwohl er viel früher angefangen hat. „Der Abschied vom Ganzen ist das Werk vieler Generationen. Dass er sich so lange hinzieht, deutet freilich auch an, dass er schwierig ist oder zumindest schwer fällt."[24] Die Rede von der Postmoderne oder postmodernen Moderne ist zur Chiffre für diesen gesellschaftlichen und wissenschaftlichen Prozess geworden. Prinzipiell sollte die Theologie diesen Prozess begrüßen, weil er im oben gezeigten Sinn ein befreiendes Potenzial für den Umgang mit den eigenen, heiligen Texten und der Wirklichkeit in sich trägt.

Allerdings dürften die Exegese und die Theologie sich nicht wiederum den postmodernen Bewegungen in eine neue Unfreiheit ausliefern, sondern sie müssten dem postmodernen Glauben prophetisch gegenüberstehen. Die Erkenntnis der Postmoderne, dass es keine große die Welt umfassende Metaerzählung geben kann, könnte die Theologie insofern verstärken, dass weder die Welt noch Gott mit einer Metaerzählung zu begreifen sind. Allerdings müssen wir ebenfalls der einen Metaerzählung der Postmoderne, nämlich der, dass es keine Metaerzählungen geben kann,[25] widersprechen. Der Eine kann zwar von den Menschen nicht erkannt, aber auch nicht wissenschaftlich aberkannt werden. Das postmoderne Bekenntnis: „schon seit langem glauben wir nicht mehr an die Möglichkeit von Gesamtdeutungen"[26] ist durch das Bekenntnis „wir glauben an den einen Gott, den Schöpfer des Himmels und der Erde" herauszufordern, sonst wird es zum Glauben an einen neuen Götzen.

---

23 Taubes, Jacob, Die Politische Theologie des Paulus, München ^{3}2003, 108–109.
24 Welsch, Unsere postmoderne Moderne, 175.
25 Welsch, Unsere postmoderne Moderne, 172–173.
26 A.a.O., 173.

> Dabei ist aber nicht zu übersehen: Auch die Erzählung von der Beliebigkeit der Erzählungen droht nun zu einer großen Geschichte zu werden, die mit ihrer Evidenz das Denken simplifizierend in neue ideologische Bindungen leitet. Auch die post-Erzählung von den vielen Lügengeschichten kann sich am Ende als eine große Lügengeschichte entpuppen.[27]

Nicht nur die vielfältige Erkenntnis der Vielfalt der Wirklichkeit schützt uns vor vereinheitlichenden Zwängen, sondern auch der Glaube an den einen, dieser Vielfalt gegenüberstehenden Gott der Welt, der die Tora, die Bibel, den Himmel und die Erde und die Menschen in einer unergründlichen Einheit zusammenhält. Diese Einheit der Schöpfung wird von den Menschen immer wieder zeichenhaft erfahren, kann aber nicht begrifflich festgehalten und soll auch nicht politisch durchgesetzt werden, sondern kann allein geglaubt, aber nicht geschaut werden.

IX. Multiperspektivische Ausblicke

Ein Paradigmenwechsel tut Not: weg von der Suche nach der erkennbaren Einheit, hin zum Recht auf bleibenden Widerspruch, weg vom Kampf um die „richtige" Zentralperspektive, hin zur multiperspektivischen Wahrnehmung der Wirklichkeit, weg vom Kampf um die richtige Methode der Schriftauslegung, hin zu einer multimethodischen Auslegung, weg vom Ziel, jeden Widerspruch überwinden zu müssen, hin zum Leben und zu den Menschen und Völkern in ihrer Vielfalt. Dieser Paradigmenwechsel muss mit und gegen die Postmoderne stattfinden: Mit der Postmoderne, indem das Streben nach der einheitlichen Erkennbarkeit der Wirklichkeit aufgegeben wird, und gegen die Postmoderne, indem an der Einheit Gottes und seiner Wirklichkeit im Glauben festgehalten wird. Ohne den Glauben an den einen Gott und so an die Einheit der Wirklichkeit wird die Vielheit in Beliebigkeit, Vereinzelung und Kommunikationsunfähigkeit auseinander fallen oder zum neuen Totalität beanspruchenden Einheitscredo werden.

Dieser Paradigmenwechsel wird ohne Bruch nicht möglich sein. Multimethodische Bibelzugänge versuchen, historisch-kritische Auslegungen zu

---

27 Rothen, Bernhard, Das evangelische Pfarramt, unveröffentlicht. Rothen stützt sich bei diesem Urteil auf Bieritz, Karl-Heinrich, Postmoderne für Kinder. Heranwachsende im Dschungel der Geschichten, in: Henkys, Jürgen u. a. (Hg.), Einheit und Kontext. Praktisch-theologische Theoriebildung und Lehre im gesellschaftlichen Umfeld. Festschrift für Peter C. Bloth zum 65.Geburtstag, Würzburg 1996, sowie Meyer-Blanck, Michael, Praktische Theologie und Postmoderne. Ein Dialog mit Wolfgang Welsch, in: PTh 85 (1996), 225–238. Bieritz warnt, „auch totale Heterogenität sei eine Form von Totalität". Meyer-Blanck fordert, womöglich auch, mit dem Dogma des radikalen Bruchs zu brechen".

integrieren, und auch dies wird nicht ohne Bruch gehen, ist doch „der Begriff Widerspruch fest in der alttestamentlichen Wissenschaft verankert, und zwar so grundlegend und so breit, dass man wirklich von einem Fach- und Zentralbegriff der historisch-kritischen Exegese sprechen muss. Die Beobachtung von Widersprüchen steht am Anfang der Bibelkritik.“[28]

Ein solcher Paradigmenwechsel wird in der Vielheit der Erscheinungen alte und immer wieder neue Verbindungen entdecken, die Zeichen der Einheit sind, ohne dass sie einen letzten Zugriff erlauben. Ein solches Zeichen ist, dass die Menschen fähig sind, sich durch Verschriftlichung und Schrift zu verständigen. Weisheit wird durch so einen Text und Realitätsumgang zu einer Leitkategorie werden, wie das auch Welsch fordert.[29] Allerdings wird zu dieser Weisheit auch gehören, dass sie nicht nur nach theoretischer und praktischer Erkenntnis in den abendländischen Kategorien des Sehens strebt, sondern sich wieder den Kategorien des Hörens zuwendet. Die Vielheit der Welt kann nur ausgehalten und gelebt werden, wenn wieder gehört wird, was den Alten gesagt ist (Mt 5,21), und was sich über Jahrhunderte in Natur und Kultur bewährt hat (z. B. Sprüche), ohne dass damit der Anspruch auf ein einheitliches, ganzes Bild erhoben worden wäre (Ijob, Kohelet). Als Christen können wir noch viel vom rabbinischen Judentum als Modell lernen, das Jahrtausende alte Erfahrungen hat, mit der Vielheit von Torainterpretationen und der Vielheit der Wirklichkeit umzugehen, gerade indem es diese Interpretationsfreiheit mit der Geradlinigkeit und Geltung der Halacha unauflöslich verbunden hat.

Doch wenn die Schrift für sich selbst viele Deutungen provoziert und die Wirklichkeit auch immer verschieden interpretiert werden kann, stellt sich die Frage, ob denn jede Interpretation gilt. Die Antwort ist: „Nein“. Dort wo entweder der Text oder die Wirklichkeit nicht ernst genommen werden, verliert die Interpretation ihren Grund und wird falsch, da sie nicht mehr Interpretation von dieser Schrift oder dieser Realität ist. Aber auch nicht jede in diesem Sinne „richtige“ Interpretation ist wahr, sondern jede Interpretation muss sich auch vor ethischen Maßstäben verantworten, bevor sie Geltung beanspruchen darf, denn es gibt weder eine wertfreie Wissenschaft noch eine wertfreie Exegese. Wie diese Maßstäbe aus der Schrift und durch die Realität gewonnen werden können, muss Gegenstand weiterer Untersuchungen sein.

---

28 Crüsemann, Frank, Widersprüche und Einheit in der Bibel, Vortrag beim Kolloquium zum 60. Geburtstag von Jürgen Ebach, 05.03.2005, Melanchthon-Kirche, Bochum. Crüsemann zitiert Hermann S. Reimarus, „Wenn wir das andere Wunder, nämlich den Durchgang durchs Rothe Meer betrachten, so legt der innere Widerspruch der Sachen ihre Unmöglichkeit fast noch handgreiflicher zu Tage“ (Lessing's Werke, hrsg. v. C. Groß, Berlin o.J., Bd. 15, 177).

29 Welsch, Unsere postmoderne Moderne, 173.

Literaturverzeichnis

Aristoteles, Metaphysik. Griechisch-deutscher Paralleltext; gr. Text Ed. Wilhelm Christ, übers. v. Herrmann Bonitz u. neu bearb. mit Einl. u. Komm. hrsg. v. Horst Seidl, PhB 307, Hamburg 1978.

Barth, Ulrich, Christentum und Selbstbewusstsein. Versuch einer rationalen Rekonstruktion des systematischen Zusammenhanges von Schleiermachers subjektivitätstheoretischer Deutung der christlichen Religion, GTA 27, Göttingen 1983.

Baur, Ferdinand C., Geschichte der christlichen Kirche, Bd. 1: Kirchengeschichte der drei ersten Jahrhunderte, Tübingen ^{3}1863.

Crüsemann, Frank, Widersprüche und Einheit in der Bibel, Vortrag beim Kolloquium zum 60. Geburtstag von Jürgen Ebach, 05.03.2005, Melanchthon-Kirche, Bochum.

Ebach, Jürgen, Der Ton macht die Musik. Stimmungen und Tonlagen in den Psalmen und ihrer Lektüre, in: Geiger, Michalea u. a.(Hg.), Musik, Tanz und Gott. Tonspuren durch das Alte Testament, Stuttgart 2007.

Evangelisches Gesangbuch, Ausgabe für die Evangelische Kirche im Rheinland u. a., Gütersloh u. a. 1996.

Egger, Wilhelm, Methodenlehre zum Neuen Testament. Einführung in linguistische und historisch-kritische Methoden, Freiburg im Breisgau ^{5}1999.

Goldschmidt, Lazarus, Der Babylonische Talmud, Frankfurt a. M. 1996.

Henkys, Jürgen u. a. (Hg.), Einheit und Kontext. Praktisch-theologische Theoriebildung und Lehre im gesellschaftlichen Umfeld. Festschrift für Peter C. Bloth zum 65.Geburtstag, Würzburg 1996.

Keel, Othmar, Die Welt der altorientalischen Bildsymbolik und das Alte Testament. Am Beispiel der Psalmen, Zürich u. a. 1972.

Lessing's Werke, hrsg. v. C. Groß, Berlin o. J., Bd. 15.

Meyer-Blanck, Michael, Praktische Theologie und Postmoderne. Ein Dialog mit Wolfgang Welsch, in: PTh 85 (1996), 225–238.

Monod, Jacques, Zufall und Notwendigkeit. Philosophische Fragen der modernen Biologie, München ^{7}1985, 143–144 [Paris 1970].

Moser, Martin u. a., Proseminar II. Neues Testament — Kirchengeschichte. Ein Arbeitsbuch, Stuttgart 2000.

Osthövener, Claus-Dieter, Die Lehre von Gottes Eigenschaften bei Friedrich Schleiermacher und Karl Barth, TBT 76, Berlin 1996.

Von Rad, Gerhard, Weisheit in Israel, Neukirchen-Vluyn 1970.

Von Rad, Gerhard, Das erste Buch Mose, Göttingen ^{4}1956.

Rumen, Bernhard, Das evangelische Pfarramt, unveröffentlicht.

Schlenke, Dorothee, „Geist und Gemeinschaft". Die systematische Bedeutung der Pneumatologie für Friedrich Schleiermachers Theorie der christlichen Frömmigkeit, TBT 86, Berlin 1999.

Söding, Thomas, Wege der Schriftauslegung. Methodenbuch zum Neuen Testament, Freiburg im Breisgau 1998.

Stegemann, Ekkehard W. und Stegemann, Wolfgang, Urchristliche Sozialgeschichte. Die Anfänge im Judentum und die Christusgemeinden in der mediterranen Welt, Stuttgart 21997.

Taubes, Jacob, Die Politische Theologie des Paulus, München ^{3}2003, 108–109.

Weber, Beat, Werkbuch Psalmen II. Die Psalmen 73 bis 150, Stuttgart 2003.

Welsch, Wolfgang, Unsere postmoderne Moderne, Berlin ^{5}1997.

Vom *sola scriptura*-Prinzip zu einem *Prä* der Heiligen Schrift[1]

Peter Wick

I. Probleme mit dem *sola scriptura*?

Das reformatorische „sola scriptura" könnte ein Leitstern für Kirche und Theologie in der heutigen schriftvergessenen Zeit sein. Als Lehrsatz oder Prinzip hat es jedoch seine Begrenzungen. Was bedeutet es, wenn ein Prinzip in sich den Anspruch „allein" trägt und begrenzt ist? In der Bibel erscheint es nicht in einer solchen Formel. Wie spricht die Schrift über den angemessenen Schriftgebrauch? Es wird sich zeigen, dass die Rede vom Vorrang der Schrift oder vom „Prä" der Schrift der Schrift selbst angemessener ist. Selbstverständlich soll der Ruf zum „sola scriptura" weiterhin hochgehalten werden, doch der bescheidenere, aber zugleich auch praktikablere Anspruch vom „Prä" der Schrift könnte in der heutigen Zeit eine größere Wirkung entfalten.

In diesem Beitrag soll zuerst das Neue Testament unter einem Gesichtspunkt nach der Bedeutung der Heiligen Schriften befragt werden. Alle Autoren des Neuen Testaments erkennen die Heiligen Schriften des Judentums an. Sie erkennen sie als heilig an. Heilig bedeutet, dass sie dem (All-)Gemeinen entzogen sind. Sie werden nicht als Teil der übrigen Schriften der Menschheit betrachtet, sondern bleiben von diesen getrennt und unterscheidbar. Diese Voraussetzung teilen alle Verfasser der neutestamentlichen Schriften mit dem Judentum. Die Verfasser des Neuen Testaments betrachten die Tora und den Kanon der hebräischen Bibel beziehungsweise der Septuaginta, auch wenn seine Grenzen noch nicht exakt festgelegt sind, als vorgegeben. Diese Autoren sind durch Jesus Christus zu einem neuen Welt- und Lebensverständnis gekommen. Dieser Weltdeutung ordnen sie in ihren Schriften immer wieder eine neue Schriftdeutung bei. Sie deuten die Heilige Schrift auf für sie neue Weisen und damit auch das Leben und die Welt anders als früher.

Jesus Christus und die Heilige Schrift sind zwei Größen, nicht eine. Deshalb stehen schon die zwei „soli" der Reformation, nämlich das „sola scriptura" und das „solus Christus" logisch gesehen in einem paradoxen Verhältnis zueinander. Nur ein „allein" kann wirklich „allein" sein. Zwei „allein"

[1] Erstveröffentlichung in: ZNT 39/40 (2017), 213–227.

heben streng logisch jeweils ihr eigenes Alleinsein und das des anderen auf. Allerdings waren diese „soli“ nie dafür bestimmt, solch einer Logik unterworfen zu werden, sondern sie sollen zwei unverzichtbare Perspektiven auf den Zugang zum Heil sprachlich fassen, die mit den anderen zwei „soli“ – „sola fide“ und „sola gratia“ – insgesamt vier Aspekte des einen und einzigen Zugangs zum Heil ausdrücken. Alle diese „allein“-Formulierungen sind eng aufeinander bezogen. Sie sind relationale Formulierungen. „Sola scriptura“ bekennt somit keinen Monismus, sondern eine Relation. Doch eine Relation in diesem Sinne enthält auch eine Relativierung des „Allein-Anspruchs“. Das Neue Testament verzichtet auf die paradoxe Formulierung eines relationalen „Alleins“ und somit auf ein „sola scriptura“-Bekenntnis. Jesus Christus, die Hebräische Bibel, das Heil, der Glaube, die neue Schau der Welt und eine erneuerte Ethik stehen in unauflöslicher Beziehungsvielfalt und Beziehungsdichte zueinander.

II. Das *Prä* der Schrift in der Schrift

Drei der Evangelien fangen wörtlich mit der Heiligen Schrift an. Sie vertreten explizit kein „sola scriptura“, sondern ein „Prä“ der Schrift. Das Markusevangelium setzt mit dem Wort Anfang seinen eigenen Anfang. Damit spielt es auf den Anfang der Tora an, welche mit „im Anfang“ (*en archē*; Gen 1,1) beginnt. Dieser Anspielung auf die Genesis folgt unmittelbar ein expliziter Rückgriff auf die Bibel:

> 1 Anfang des Evangeliums (*archē tou euaggeliou*) von Jesus Christus [,vom Sohn Gottes], 2 wie geschrieben steht im Propheten Jesaja, siehe ich sende meinen Boten vor dir her, 4 so trat Johannes der Täufer in der Wüste auf....

Der Anfang des Evangeliums von Jesus Christus beginnt, wie geschrieben steht mit einem Mischzitat aus Jesaja 40,3, Exodus 23,20 und Maleachi 3,1. Eine eigene Sinnwelt des Anfangs wird generiert: Tora und Propheten kommen zusammen, um das Evangelium anzuschieben. „Wie geschrieben steht, ... so trat Johannes der Täufer auf“[2]. Mit gut bezeugten Lesarten ist sogar folgende Übersetzung möglich: „Wie geschrieben steht, ... so wurde Johannes in der Wüste ein Taufender“. Auf diese Weise erzählt der Verfasser des Markusevangeliums, dass das Evangelium von Jesus Christus damit beginnt, dass sich Tora und Propheten erfüllen, beziehungsweise, dass Tora und Propheten selbst den Anfang des Evangeliums hervorrufen. Sowohl der Aufbau des

---

[2] In diese Richtung geht die Einheitsübersetzung: „Es begann, wie es bei dem Propheten Jesaja steht ... So trat Johannes der Täufer in der Wüste auf ...“ (Mk 1,2–4).

Markusevangeliums als auch seine Semantik zeigen, wie die Heilige Schrift den Anfang des Evangeliums bildet.

Wenn im Markusevangelium bereits nach fünf oder nach anderer Lesart nach sieben Wörtern das Schriftzitat eingeleitet wird, so beginnt das Matthäusevangelium noch expliziter mit Worten aus der Tora: *biblos geneseōs Iēsou Christou hyiou David hyiou Abraam.* (Mt 1,1) „Buch der Entstehung von Jesus Christus, des Sohnes Davids, des Sohnes Abrahams." Dieser Anfang nimmt den Anfang des zweiten Schöpfungsberichtes in der Septuaginta wörtlich auf: *hautē hē biblos geneseōs ouranou kai gēs.* (Gen 2, 4) „Dies ist das Buch der Entstehung von Himmel und Erde Mit der Wendung „Buch der Entstehung" wird das Matthäusevangelium mit der Schöpfung in der Genesis verbunden, um dann Jesus mit dem aus Abraham „wachsenden" Stammbaum (Mt 1,1–17) in der ganzen Heilsgeschichte der Bibel zu verwurzeln. Der Autor des Matthäusevangeliums zeigt, dass der Anfang seines Evangeliums außerhalb seines Textes in der Tora, den Propheten und den Schriften liegt.

Das Johannesevangelium beginnt mit den beiden selben Wörtern wie die Tora in der Übersetzung der Septuaginta. „Im Anfang (*en archē*) war das Wort, und das Wort war bei Gott und Gott war das Wort" (Joh 1,1). Daraufhin schafft Gott in der Tora Himmel und Erde durch sein Wort: „Und Gott sprach, es werde Licht ..." Das vierte Evangelium setzt diese beiden Wörter an seinen Anfang und verbindet diese explizit mit dem Wort Gottes: Im Anfang war das Wort Gottes. Durch das An-Zitieren und eine Anspielung auf die Heilige Schrift wird so die Heilige Schrift und das Wort Gottes explizit an den Anfang gestellt.

Auch andere Schriften des Neuen Testaments setzen die Heiligen Schriften an ihren Anfang. In seinem langen Brief an die Gemeinde in Rom entfaltet Paulus die Grundlage seines von ihm verkündigten Evangeliums. Gleich zu Beginn verankert er das „Evangelium Gottes" (Röm 1,1) in den Verheißungen der Propheten in den Heiligen Schriften (Plural! Röm 1,2). Weitere Schriften des Neuen Testaments tun dasselbe. So beginnt der Brief an die Hebräer mit dem Reden Gottes durch die Propheten in der Vergangenheit (Hebr 1,1). Der Jakobusbrief spricht mit seinen ersten Worten wenigstens assoziativ die Geschichte Gottes mit seinem Volk in der Bibel an, wenn er seine Leser als die zwölf Stämme in der Diaspora anspricht.[3]

Selbstverständlich bezeugen auch die anderen Schriften des Neuen Testaments, dass die Heiligen Schriften Voraussetzung für sie sind und eine Vorrangstellung haben. Sie argumentieren, dass sich in ihren Berichten und Argumenten die Schrift erfüllt und dass ihre Argumente schriftgemäß sind. Doch die Verfasser der oben genannten Schriften des Neuen Testaments

---

[3] In 1 Joh 1 ist Jesus Christus zum vorausgehenden Wort des Lebens geworden, das der Verfasser gleich mit dem Briefanfang bezeugt (1 Joh 1,1), und der Titusbrief beginnt mit einem Bezug auf das bereits durch die Predigt verkündete, offenbarte Wort Gottes.

steigern diesen „Vor-Rang“ nochmals, indem sie die Heiligen Schriften an den Anfang ihrer eigenen Schrift stellen. Das Neue Testament bezeugt auf diese Weise eindrücklich und eindringlich das „Prä“ der Schrift.

III. Das *Prä* des Gebets in der Schrift

Wenn die neutestamentlichen Schriften nicht mit ihrer Bibel anfangen, dann gibt es für sie – von wenigen kleinen Ausnahmen abgesehen – eine einzige Alternative: Sie beginnen mit einem Gebet. Beinahe alle Schreiben der paulinischen Briefliteratur, ob sie nun Paulus direkt oder Schülern von ihm zugeschrieben werden, beginnen mit Formen des Gebets. Paulus entwickelt sein Gebetsformat am Briefanfang schon in seinem frühsten Brief (1 Thess). Er hält sich an die epistolographischen Formalien des Präskripts und der brieflichen Danksagung. Letztere nutzt er, um gleich nach der Nennung der Verfasser und Absender, der Empfänger und des Segensgrußes, mit einem Gebet zu beginnen. Er richtet seinen Dank an Gott (1 Thess 1,2–10). In 1 Kor 1,4f., Eph 1,15f., Phil 1,3–8, Kol 1,3–6, 2 Thess 1,3–10, 2 Tim 1,3 und Phlm 4f. eröffnet ebenfalls ein Dank an Gott an dieser Stelle den Brief. Auch im Römerbrief folgt auf das überlange Präskript (Röm 1,1–7), in dem zuerst an die Heiligen Schriften angeknüpft wird, das Dankgebet am für die briefliche Danksagung vorgesehenen Ort (Röm 1,8). In diesem Dank erwähnt Paulus oft seine regelmäßige Gebetspraxis (Röm 1,10; Eph 1,16f.; Phil 1,3f.; Kol 1,3.9; 1 Thess 1,2f.; 2 Thess 2,3; 2 Tim 1,3; Phlm 4). Neben seinem Dankgebet erwähnt er hier auch mitunter sein Flehen. Öfters mündet der Dank in ein Fürbittengebet (Eph 1,17–19; Phil 1,9–11; 2 Thess 1,11–12; Phlm 6). Dank und Fürbitte münden im Philipperbrief in eine Doxologie (Phil 1,11). Im Kolosserbrief schließt an den Dank und die Fürbitte sogar eine ausführliche hymnische Doxologie an (Kol 1,12–20). In 2 Thess 1,12 erscheint die Doxa als Ziel von Dank und Fürbitte. Der Galaterbrief beginnt weder mit Dank noch mit Fürbitte, doch das Präskript endet in einer Doxologie (Gal 1,5). Der zweite Brief an die Korinther beginnt anstelle der brieflichen Danksagung mit einer Eulogie (Lobpreis Gottes; 2 Kor 1,3f.) und der Epheserbrief stellt dem Dank und der Fürbitte eine längere Eulogie voraus. Paulus beginnt seine Schriften wie gezeigt in der Regel mit einem Gebet.

Ein Blick auf die übrigen Schriften des Neuen Testaments zeigt, dass auch der erste Petrusbrief mit einer Eulogie beginnt (1 Petr 1,3–5) und zum Auftakt der Offenbarung des Johannes ebenfalls eine Doxologie gehört (Offb 1,5f.). Nur der erste Timotheusbrief, der zweite Petrusbrief, der zweite und dritte Johannesbrief und der Judasbrief wählen weder die Schrift noch das Gebet als Anfang.

Welchen Weg beschreitet in dieser Hinsicht der *Auctor ad Theophilum*? Nach kurzer Einführung eröffnet er sein Evangelium mit einer Geschichte, in der das gemeinsame Gebet eine grundlegende Rolle spielt. Der Priester Zacharias bringt im Tempel das Weihrauchopfer dar. Parallel dazu betet „die ganze Menge des Volkes" draußen. Der zu Gott aufsteigende Weihrauch und die an Gott gerichteten Gebete des Volkes sollen sich nach einer in verschiedenen Religionen weitverbreiteten Vorstellung miteinander verbinden. Der Weihrauch kann – wenigstens in der Volksfrömmigkeit – als Vehikel für die Gebete, die zu Gott aufsteigen sollen, verstanden werden. Der Priester übt beim Räuchern eine Mittlerrolle[4] zwischen Gott und dem Volk aus. Ein Engel erscheint Zacharias im Tempel und spricht ihn auf sein Gebet an: „Fürchte dich nicht, Zacharias, denn dein Flehen ist erhört worden" (Lk 1,13).

Mit dem Bericht von der Himmelfahrt überlappen sich das Lukasevangelium und die Apostelgeschichte. Der Auferstandene verheißt ihnen den Heiligen Geist (Apg 1,4.8). Nachdem er sie verlassen hat, versammeln sie sich zuerst in Jerusalem zum Gebet (Apg 1,14).

Es sieht so aus, als ob die Verfasser der neutestamentlichen Schriften zwischen den beiden Alternativen gewählt haben. Entweder sie fangen mit einer expliziten Rückkopplung an ihre Heiligen Schriften an, oder sie beginnen mit einem Gebet oder einer Geschichte über das Gebet. Das „Prä" der Heiligen Schrift in den Schriften des Neuen Testaments ermutigt zu einem sola scriptura, doch die vielen Schriften, die mit dem Gebet ihren Anfang setzen, würden ein solches „sola scriptura" relativieren. Die Signifikanz dieser beiden Anfangsmöglichkeiten lässt nach dem Verhältnis der *scriptura* zur *oratio* fragen. Wie verhält sich eine Vorordnung des Gebets zu einer Vorordnung der Schrift? Doch wenn die Anfänge der neutestamentlichen Schriften danach verlangen, *scriptura* und *oratio* in ein Verhältnis zu setzen, dann ist damit schon ausgesagt, dass „sola scriptura" von der Schrift her ein relationaler Begriff sein muss. Als relationaler Begriff wird aber das „allein" des „sola scriptura" relativiert. Dies gilt nicht für das „Prä" der Schrift. Denn die Frage nach dem Verhältnis von Heiliger Schrift und Gebet stellt sich ja erst dadurch, dass auch das Neue Testament zur Heiligen Schrift gezählt wird. Erst so wird diese Beobachtung der Anfänge der neutestamentlichen Schriften zu einer Beobachtung, womit diese biblischen Schriften (Neues Testament) ihren Anfang machen, mit ihrer Bibel oder mit dem Gebet. So wird durch diese Fragestellung das „Prä" der Schrift nicht relativiert, sondern hervorgehoben. Erst das „Prä" der Schrift lässt die alternative Vorordnung der Schrift oder des Gebets zu einer wichtigen Frage werden.

---

[4] Bovon, François, Das Evangelium nach Lukas, (Lk 1,1-9,50), EKK 3,1, Zürich u. a. 1989, 53.

IV. Martin Luther und das *Prä* der Schrift

An der großen Tagung der wissenschaftlichen Gesellschaft für Theologie in Dresden im Jahr 1990 zum Thema „sola scriptura" entfaltet Jörg Baur Martin Luthers differenziertes Verständnis von „scriptura". Im Gegensatz dazu ist für Jörg Baur das „sola" kein Problem. Dieses gelte für Luther immer, wenn er von „sciptura" spricht. „Das ‚sola' ist keine beiläufige Überspitzung. Wenn Luther ‚scriptura' sagt, dann meint er allemal: sola scriptura, und zwar so energisch und so bestimmt, wie es zuvor — ... — niemand zu sagen wagte oder auch nur sagen konnte."[5]

Vom Neuen Testament herkommend soll hier nur eine kurze, aber grundlegende Schrift Luthers nach dem „sola" befragt werden. In der „Vorrede zum ersten Band der Wittenberger Ausgabe der Deutschen Schriften" von 1539[6] schreibt Martin Luther programmatisch über die Stellung und Bedeutung der Heiligen Schrift und über den Umgang mit ihr. Luther hatte große Bedenken gegenüber der Publikation seiner gesammelten Schriften. Er befürchtete, dass diese in Konkurrenz zur Heiligen Schrift geraten könnten. „Gern hätte ich es gesehen, dass meine Bücher allesamt im Hintergrund geblieben und untergegangen wären" (661,1 f.).[7] Denn diese erweitern die zahllosen Bücher, die seit der Entstehung der Kirche geschrieben worden sind und allein schon von ihrer Fülle her daran hindern, das Wort Gottes zu studieren. „Damit wird nicht allein die edle Zeit und das Studieren in der Schrift versäumt, sondern damit ist schließlich auch die reine Erkenntnis des göttlichen Worts verloren gegangen ..." (661,7-10). Luther gesteht gewissen Büchern neben der Bibel eine Existenzberechtigung als „Zeugen und Geschichtsbeweise" (661,13) zu. Eine gute nichtbiblische Schrift müsse „auf Christus weisen" (661,14).

Luther stellt in dieser Vorrede die Existenz seiner Schriften von der Bibel her immer wieder in Frage, weil die Bibel durch diese konkurrenziert werden könnte. Der Schrift kommt eine Superiorität zu. Sie macht es besser als die Konzilien, die Kirchenväter und er selbst (661,27–29). Wenn die Bibel alle anderen Schriften überragt, so steht sie doch in Beziehung zu diesen. Sie allein kann zum Heil führen, doch diese Schriften können ihr dabei helfen.

Doch auch wenn sie in Relation zu den anderen Schriften allein zum Heil führen kann, so braucht der Mensch für sein Heil noch anderes als die Schrift

---

5 Bauer, Jörg, Sola Scriptura – historisches Erbe und bleibende Bedeutung, in: Schmid, Hans H. u. a. (Hg.), Sola Scriptura: das reformatorische Schriftprinzip in der säkularen Welt, Gütersloh 1991, 19–43, 20.

6 WA 50, (654) 657–661.

7 Zitiert nach der Übersetzung in Martin Luther, Deutsch-Deutsche Studienausgabe, Bd. 1, Glauben und Leben, hrsg. von Dietrich Korsch, Leipzig 2012. In den Klammern die entsprechenden Seiten und Zeilenangaben.

allein: „… obwohl wir auch den Heiligen Geist, Glauben, göttliche Rede[8] und Werke haben müssen, wenn wir selig werden sollen, die wir die Propheten und Apostel auf ihrem Pult sitzen lassen müssen und hier unten zu ihren Füßen hören, was sie sagen, und nicht wir sagen, was sie hören müssen" (661,29–33). Mit dieser Aussage relativiert er das „sola scriptura" hinsichtlich des Heils. Wer zum Heil gelangen will, braucht mehr als die Schrift. Er braucht auch den Heiligen Geist, den Glauben, göttliche Rede und Werke (!). Doch er braucht neben der Schrift nicht unbedingt eine andere Schrift. Luther setzt den Nutzen seiner Schriften gegenüber der Bibel gezielt herunter.

> Wer meine Bücher zu dieser Zeit unbedingt haben will, der lasse sie sich beileibe nicht ein Hindernis sein, die Schrift selbst zu studieren, sondern behandle sie so, wie ich des Papstes Dreckete und Dreckentalien und der Sophisten Bücher behandle, das heißt: dass ich da und dort hineinsehe, was sie gemacht haben oder auch die Geschichte früherer Zeit verstehe. Nicht dass ich darin studieren müsste oder genau das tun sollte, was ihnen richtig schien — nicht viel anders halte ich es mit den Büchern der Väter und Konzilien auch (663,9–16).

Offensichtlich achtet Luther seine Schriften als Gefahr für das Studium der Heiligen Schrift. Sie könnten davon ablenken. Das „allein" der Schrift wird durch sie herausgefordert. Luther kann diese Gefahr der Schriften neben der Bibel nicht aufheben, sondern er mahnt dazu, ihnen keine große Bedeutung beizumessen. Er sieht sich durch die Publikation seiner Schriften gezwungen, diese in Relation zur Bibel zu stellen. Er wertet sie und ihren Gebrauch stark ab. Aber dennoch bringt er so auf semantischer Ebene auch die Bibel in Relation zu seinen Schriften. Das beunruhigt ihn sehr. Denn damit stellt er fest, dass kein „sola scriptura" davor schützt, dass die Bibel immer auch in Beziehung zu anderen Büchern steht. Durch diese Gegebenheit wird aber auch ihre alleinige Stellung als Heilsweiserin herausgefordert. Vor dieser Gefahr warnt Luther und will sie einschränken, indem er zu einem äußerst zurückhaltenden Gebrauch seiner Schriften aufruft.

Nach diesem kurzen Rat zum Gebrauch seiner Schriften rät er zu einem umso intensiveren Umgang mit der Heiligen Schrift. Er stellt drei Regeln auf. Indem er konsequent das „Prä" der Schrift beachtet, gewinnt er diese Regeln aus Psalm 119 und damit aus der Schrift selbst. „Darin wirst du drei Regeln finden, die durch den ganzen Psalm hindurch ausführlich angewandt werden. Sie heißen: Oratio, Meditation, Tentatio - Gebet, Meditation, Anfechtung" (663,37–39).

Im Gebet soll vor allem um den Heiligen Geist gebetet werden. „Sondern knie nieder in deinem Kämmerlein und bete mit rechter Demut und Ernst zu Gott, dass er dir durch seinen lieben Sohn seinen Heiligen Geist geben wolle, der dich erleuchte, leite und dir Verstand gebe" (665,5–8).

---

8 In der Deutsch-Deutschen Studienausgabe wird hier „göttliche Rede" mit „Wort Gottes" übersetzt.

Durch die Meditation soll man sich die Schrift innerlich und gerade auch äußerlich aneignen. „Zweitens sollst du meditieren, das heißt, nicht allein im Herzen, sondern auch äußerlich die mündliche Rede und die geschriebenen Worte im Buch immer drehen und wenden, wieder und wieder lesen, unter fleißigem Aufmerken und Nachdenken, was der Heilige Geist damit meint" (665,20–24). „Denn Gott will dir seinen Geist nicht geben ohne das äußere Wort, danach richte dich" (665,31–32). Auch bei der Meditation der Schrift geht es um den Empfang des Heiligen Geistes.

Als dritte Regel ist die Anfechtung notwendig. Denn diese lehrt „die Erfahrung, wie recht, wie wahrhaftig, wie süß, wie lieblich, wie mächtig wie tröstlich Gottes Wort ist - Weisheit über alle Weisheit" (665,37–39).

Für Luther müssen sich zur Schrift drei Praktiken gesellen. Der Besitz der Schrift allein genügt nicht für den Leser, auch nicht das Bekenntnis zum „sola scriptura". Er muss sie sich aneignen und er soll dies auf dreifache Weise tun. Das „Prä" der Schrift verlangt so nach einer unermüdlichen Beschäftigung mit ihr, die der Beschäftigung mit allen anderen Büchern vorgeordnet bleibt. Die Beschäftigung muss weit über die bloße Lektüre hinausgehen. Sie äußert sich in der Meditation der Schrift, zu der sich das Gebet und die Anfechtung gesellen. Die Anfechtung führt zur existentiellen Erfahrung mit der Schrift.[9]

Beinahe 20 Jahre früher schreibt Luther in seiner „Assertio omnium articulorum M. Lutheri per bullam Leonis X. novissimam damnatorum"[10]: „Nolo omnium doctior iactari, sed solam scripturam regnare nec earn meo spiritu aut ullorum hominum interpretari, sed per se ipsam et suo spiritu intellegi, volo." (Ich will mich nicht als derjenige rühmen, der gelehrter ist als alle, sondern ich will, dass die Schrift allein regiere und dass sie nicht ausgelegt werde durch meinen Geist oder den anderer Menschen, sondern verstanden werde durch sich selbst und ihren eigenen Geist.) Luther will, „dass die Schrift allein regiere" (solam scripturam regnare) und „durch sich selbst ausgelegt werde."[11] Für ihn ist die Schrift allein die Königin. Offensichtlich gibt es für ihn keinen anderen König oder andere Königin neben der Schrift. Allein die Schrift herrscht, aber die Schrift regiert nicht allein, sondern hat zahlreiche Unterstützer in ihrem Gefolge. Zu diesen gehören gemäß der Vorrede zu den deutschen Schriften vor allem der Heilige Geist,

---

9 Siehe dazu den weiterführenden Beitrag von Ralf Stolina, der von dieser Schrift im Gefolge Luthers eine „theologia experimentalis" skizziert: Stolina, Ralf, Gebet – Meditation – Anfechtung. Wegmarken einer theologia experimentalis, in: ZThK 98 (2001), 81–100, 97–100.

10 WA 7; 98,40–99,2.

11 WA 7; 98,40–99,2. Textkritisch zu bemerken ist: Statt doctior ist auch doctor ohne i zu finden. Aufgrund der Mehrdeutigkeit von iactari könnte dann auch folgende Übersetzung sinnvoll sein: „Ich will nicht, dass ein jeder Lehrer verworfen werde, aber ich will, dass allein die Schrift regiert ..." (Übersetzung von Dennis Surau für diesen Beitrag).

aber auch der Glaube, Werke, das Gebet, die Schriftmeditation und die Erfahrung. Weit darunter gesetzt kann Luther auch andere Schriften inklusive seine eigenen als Unterstützer dieser Königin zulassen. Allerdings bleiben diese schriftlichen Unterstützer besonders gefährlich, denn die Menschen tendieren über kurz oder lang dazu, mit ihnen der eigentlichen Königin die Herrschaft streitig zu machen.

Durch das „Prä“ der Schrift findet Luther in Psalm 119 das Gebet, die Schriftmeditation und die durch die Anfechtung bewirkte Erfahrung mit der Schrift den rechten Umgang mit der Bibel. Ein Blick auf die Anfänge der neutestamentlichen Schriften, der nur durch ein Bekenntnis zum „Prä“ der Schrift einen normativen Anspruch erheben kann, hat gezeigt, dass diese selbst mit einem „Prä“ der Schrift oder einer Voranstellung des Gebets beginnen. Hier wie dort wird ein „Prä“ der Schrift postuliert. Hier wie dort kann höchstens von einem relativen „sola scriptura“-Prinzip gesprochen werden. Immer wieder betont Luther die absolute Vorordnung der Heiligen Schrift als Gottes Wort. Die Formel „sola scriptura“ verwendet er jedoch nur zehnmal in seinem ganzen Werk.“[12]

V. Krise des *sola scriptura*-Prinzips – Krise der Schrift heute

Das „sola scriptura“-Prinzip ist im Protestantismus schon lange in der Krise, Für Ulrich Luz scheint die Geschichte des Protestantismus „eine einzige Widerlegungsgeschichte des protestantischen Schriftprinzips zu sein.“ Das Schriftprinzip sei gescheitert durch „die Betrachtung der Einzigartigkeit geschichtlicher Situationen und die Entdeckung der Vielfalt der Bibel durch die historische Exegese, die Neuentdeckung der Allmacht der Tradition als Mutter und Auslegerin der Bibel durch den Protestantismus, die Entdeckung der prägenden Kraft einer vielfältigen Wirkungsgeschichte und die Entdeckung des Lesers für die Texthermeneutik ...“. „Wir [Bibelausleger] haben uns durch unser Tun als Wegbereiter dieser modernen, religiösen oder postreligiösen Gesellschaft erwiesen.“[13] Auch Friedemann Stengel betont, wie sehr das Schriftprinzip in der Krise ist. Es sei eher ein Bestandteil des protestantischen Diskurses als die Grundlage des Protestantismus.[14] Theologen deuten dieses Schriftprinzip vielfach um, stellen seine Funktion als einheitsstiftende Normquelle zur Zeit der Reformation in Frage oder bestreiten seine

---

12 Stengel, Friedemann, Sola scriptura im Kontext. Behauptung und Bestreitung des reformatorischen Schriftprinzips, Leipzig 2016, 24 (Anm. 46 mit allen Belegen).

13 Luz, Ulrich, Was heißt „Sola scriptura“ heute? Ein Hilferuf für das protestantische Schriftprinzip, in: EvTh 57 (1997), 28–35, hier: 28; 29f.

14 Vgl. Stengel, Sola scriptura, 9.

Bedeutung für die Moderne.[15] Luthers Position ist sehr stark an seinen Kontext gebunden.[16] Als reformatorisches Schriftprinzip ist es erst im 19. Jahrhundert konstruiert worden. Es ist fraglich, ob es als solches eine treffende Bezeichnung für die Reformationszeit ist, in der „die Autorität und die argumentative Rolle der Heiligen Schrift stets zur Debatte standen und diesen Debatten kein irgendwie klar formuliertes und konzeptionell ausgearbeitetes Prinzip vorausging." Die Rede von der „‚Krise des Schriftprinzips' bezieht sich also im Grunde auf eine Debatte des 20. Jahrhunderts."[17] Auch Jörg Lauster konstatiert eine Krise des Schriftprinzips. Er findet den Grund dazu bereits vor dem 19. Jahrhundert. „Luthers Erben im Zeitalter der altprotestantischen Orthodoxie haben aus dem reformatorischen Schriftprinzip einen fundamentaltheologischen Artikel von barocker Wucht geformt und paradoxerweise gerade damit die neuzeitliche Krise des Schriftprinzips heraufbeschworen."[18]

Als Leitstern hat das Schriftprinzip weiterhin seinen dogmatischen Nutzen. Es gibt schnell eine erste Orientierung um theologische Konstrukte einordnen und das eigene Denken überprüfen zu können. Doch ein „Leitstern" blinkt am Himmel fern vom theologischen und kirchlichen Alltag. Als Kampfformel wider die Schriftvergessenheit unserer Zeit ist dieses Prinzip anscheinend zu schwach. Es gibt eine große Krise der Heiligen Schrift in unserer Zeit. Man kann in Deutschland (und anderswo) nicht sicher sein, an jedem Sonntag in einer zufällig Gemeinde auf eine Predigt über einen Bibeltext zu stoßen. Besondere Sonntagsgottesdienste wie z. B. Kindergottesdienste werden gerne zum Anlass genommen, auf ein biblisches Wort zu verzichten. Im Gegensatz zu den evangelischen Kirchen, in denen die Liturgie garantiert, dass auf jeden Fall Bibeltexte vorgelesen werden sollten, gibt es manche freikirchlichen Gottesdienste, in denen kaum mehr aus der Bibel vorgelesen wird. Das Problem der Bibelvergessenheit wird auf übergemeindlichen Ebenen eher noch drängender. Im Jahr 2016 habe ich an einer großen Jubiläumsfeier einer der zahlreichen deutschen Bibelgesellschaften teilgenommen. In den zahlreichen Festvorträgen wurde zwar die Bibel und ihre Verbreitung hoch gelobt, doch kein Wort aus der Schrift zitiert. Im Gottesdienst an einer Synode wurde in der Predigt das große Lob Luthers und seines Evangeliums von der Freiheit angestimmt, doch einen Bibeltext gab es in der Predigt nicht. Solche Dinge „passieren" überall. Ja, sie können sogar dort beobachtet werden, wo das Bekenntnis zum „sola scriptura"-Prinzip hochgehalten wird.

---

15 Dazu a.a.O., 11–18.

16 A.a.O., 41–110.

17 A.a.O. 26–39.

18 Lauster, Jörg, Systematische Theologie, in: Nüssel, Friederike (Hg.), Schriftauslegung, Tübingen 2014, 179–206, 181f.

Das Postulat des „Prä“ der Schrift wäre viel praktikabler. Ist die Schrift dieser oder jener kirchlichen Praxis vorgeordnet? Ist sie der Predigt oder der kirchlichen Verlautbarung vorgeordnet? Ist ihr „Prä“ in einer theologischen Debatte zu beobachten? Solche Fragen sind sehr einfach und von vielen Menschen zu stellen und zu überprüfen.

Ein „Prä“ der Schrift provoziert auch nicht solche subversiven Fragen gegenüber der Schrift wie das Schriftprinzip, da es auf einen „allein“-Anspruch verzichtet. Wenn die Schrift allein den Weg zum Heil weist, was ist dann mit anderen Schriften? Was ist mit dem Gebet? Was mit dem Heiligen Geist? Was mit der Erfahrung? Was mit den Erkenntnissen der modernen Wissenschaften? Je starker dieses Prinzip betont wird, desto schneller kommt man zu aporetischen Gegenüberstellungen und muss sich entweder für oder gegen die Schrift entscheiden. Das „Prä“ der Schrift als Postulat gibt hingegen einen bestimmten Standpunkt an, der die Schrift priorisiert. Von diesem Standpunkt her sind der Dialog, die Rezeption von Neuem, die gegenseitige kritische Durchdringung und viele Lernprozesse ohne weiteres möglich: Die Schrift im kritischen Gespräch mit der Wissenschaft; die Schrift, die das Gebet prägt und das Gebet, das zur Schrift führt; die Schrift, die dem Heiligen Geist Gestalt gibt und der Heilige Geist, der die Schrift dynamisiert; die Schrift, die neue Erfahrungen eröffnet und Erfahrungen, die sich durch die Schrift verstehen lassen. Dieser Standpunkt wäre im besten Sinn des Wortes evangelisch: Er könnte die von Luz beklagte innerevangelische Heterogenität bejahen und zugleich auf eine gemeinsame positive Basis stellen, und wäre zugleich in ökumenischer Hinsicht nicht automatisch abgrenzend.

VI. Das *Prä* der Schrift: Ohne Maß und doch bescheiden

Paulus eröffnet im Brief an die Römer das Briefkorpus mit einer kurzen Inhaltsangabe zum ganzen Brief (Röm 1,16f.). Er stellt dem Briefkorpus die Verkündigung des Evangeliums voran. „Denn ich schäme mich des Evangeliums nicht, denn es ist eine Kraft (*dynamis*) Gottes zur Rettung jedem Glaubenden, zuerst dem Juden und dann dem Griechen.“ (Röm 1,16)

Das Evangelium ist Botschaft, Inhalt und Wort zugleich. Paulus stellt also das ihm anvertraute Wort an den Anfang, wie er das mit dem Bibelwort in diesem Brief bereits gemacht hat (vgl. 1,2). Dieses Wort ist für ihn nicht zuerst eine Lehre und auch kein Prinzip, sondern eine Dynamis. Das Evangelium ist eine Kraft Gottes, die das bewirkt, für das sie bestimmt ist, nämlich die Rettung der Menschen. Dieses „Prä“ des Wortes führt also nicht zuerst zu einem bestimmten Konzept, sondern zu einer Kraftwirkung. Diese Kraft ist ohne Maß. Sie erhebt jedoch keinen „allein"-Anspruch. Es gibt viele andere Kräfte und Gewalten (vgl. z. B. Röm 13,1 f.) neben ihr. Doch das Evangelium ist viel kraftvoller als alle anderen Gewalten und Kräfte. Offensichtlich geht Paulus davon aus, dass dies auch für das von ihm geschriebene Evangelium gilt. Dieses ist machtvoller als ein Schriftprinzip und wird mit diesem Brief auch in Rom seine Kraft entfalten.

Viel bescheidener als das Schriftprinzip formuliert der zweite Timotheusbrief: „Jede von Gott eingegebene Schrift ist auch nützlich zur Lehre, zur Überführung, zur Besserung und zur Erziehung in der Gerechtigkeit, damit der Mensch Gottes allen Anforderungen gewachsen sei, ausgerüstet für jedes gute Werk." (2 Tim 3,16f.) Die Heiligen Schriften machen den Menschen, der vor Gott steht, bereit zu jeder guten Tat. Die göttliche Inspiration der Schriften wird nicht bekannt, sondern vorausgesetzt und dann funktional ausgewertet. Weil sie von Gott eingegeben sind, erfüllen sie einen ganz bestimmten Nutzen. Sie sind nützlich zur Weisung. Offensichtlich befähigen sie den Menschen, der vor Gott ist beziehungsweise zu Gott gehört, zum Handeln. Durch ihren Gebrauch wirkt eine große Kraft. Genaueres schreibt er nicht.

Diese beiden Aussagen spiegeln keine dogmatische Fixierung von irgendeinem Schriftprinzip wider. Sie verzichten auch auf eine Überhöhung der Schrift durch ein Bekenntnis seiner „Allein-Stellung". Doch sie verweisen auf ihre durch kein Maß zu beschreibende Kraft und ihre funktionale Wirksamkeit. So können auch diese Stellen nicht zur Verteidigung des Schriftprinzips herangezogen werden, sondern ermutigen dazu, das Schriftprinzip in den Hintergrund zu stellen. Dort kann es weiterhin aus der Ferne als Leitstern für das theologische Denken dienen. Im Vordergrund aber soll viel bescheidener, aber auch praktischer und umso mehr davon gesprochen werden, dass wir die Schrift allem anderen vorordnen sollen, dass die funktionalen Konsequenzen aus ihrer Vorrangstellung in den Fokus geraten sollen und dass das „Prä" der Schrift zum Gebet, zum Heiligen Geist, zur Tat und zur Anfechtung führen will, um so Schrift und Erfahrung im Menschen, der Theologie und der Kirche immer wieder und immer tiefer zu verbinden.

„Sola scriptura" war ein Kampfbegriff für Luther und die Reformation. Danach ist dieser zum Dogma und zum Prinzip (Schriftprinzip) verabsolutiert worden, was weder bei den Befürwortern noch den Gegnern zu einem lebendigen Gebrauch der Schrift führen musste. In der heutigen Zeit taugt er nicht zum Kampfbegriff. Es kann viel zu leicht in aporetische Diskussionen hinein gelotst und so paralysiert werden. Wenn „sola scriptura" gefordert wird, stellt sich sofort die Frage nach der Bedeutung der Naturwissenschaften und der Humanwissenschaften, nach dem interreligiösen Dialog und nach vielem anderen mehr, was Menschen heute als wesentlich für ihren Weg zum individuellen Heil verstehen. Wenn hingegen der Schrift der Vorrang gegeben wird, dann soll sie durch ihre vielfältige Auslegung selber mit den Herausforderungen unserer Zeit ringen, mit dem Denken, mit der Wissenschaft und mit den Nöten der Menschen. Denn dieser Vorrang soll auch ein Vorrang in Bezug auf die Kraft sein, die von ihr erwartet wird.

Als neuer Kampfbegriff kann der Aufruf zu einem „Prä" der Schrift dienen. Denn das die Schrift vorangestellt wird und ihr der Vorrang zukommt, das kann von Theologen und Laien eingefordert und überprüft werden. Der Ruf, die Schrift voranzustellen, schärft das Profil der Protestanten in der heutigen Zeit, ohne sie von anderen Kirchen prinzipiell zu trennen. Dieser Ruf verpflichtet, den Buchstaben, die Wörter und die Strukturen, die einen Text zum Text machen, wieder und immer wieder staunend wahrzunehmen. Zugleich ermutigt er, die im Text angelegte Sinnvielheit zu entdecken und eine Interpretation neben die andere zu stellen, ohne sich für die eine wahre entscheiden zu müssen. Gerade wenn dem Text viel zugetraut wird und er zuerst als Kraft und Wirkung und erst dann als fixierte Lehre betrachtet wird, dann verlangt der Text selbst danach, dass Menschen und Kirchen ihn vielfältig verstehen und mannigfache Erfahrungen mit ihm machen.

Dies soll zum Abschluss kurz mit einer zugleich an den Text gebundenen und freien Interpretation einer Perikope des Matthäusevangeliums demonstriert werden. Die Weisen aus dem Morgenland haben in ihrer Heimat den Stern des neugeborenen Königs der Juden gesehen. Sie waren Astronomen und zugleich Astrologen und haben sich aufgrund eines Zeichens auf die Suche nach einer Erfahrung des Heils (Mt 2,1–2) gemacht. Sie vermuten den Säugling in Jerusalem, der Hauptstadt der Juden und einer der Residenzorte des jüdischen Königs Herodes. Doch weiter kommen sie durch ihren Leitstern nicht. Dennoch sind sie am richtigen Ort, denn Jerusalem ist auch ein Ort der Schriftgelehrsamkeit. Hohepriester und Schriftgelehrte konsultieren als Fachleute die Heilige Schrift und verweisen sie auf Bethlehem. Sie hören auf das Wort Gottes und brechen nach Bethlehem auf. Diesem „Prä" des Wortes folgt die Tat. Über diese Zu- und Nachordnung der Tat zum Wort ließe sich viel schreiben (vgl. nur Jak 1,22f.). Pikanterweise führt das Wort in dieser Geschichte bei den Schriftgelehrten gerade nicht zur Tat. Nachdem die Weisen der Weisung der Heiligen Schrift Folge geleistet haben, geschieht das Wunder: Auch der Stern fügt sich in dieses Wort und ihren Gehorsam ein und fängt an, ihnen voranzuziehen bis zum Haus des Kindes (Mt 2,3–10).

Das „sola scriptura"-Prinzip ist wie dieser Leitstern, der die Weisen auf den richtigen Weg bringt. Doch auf diesem Weg müssen sie lernen, dass den Heiligen Schriften selbst der Vorrang zukommt. Nur dank diesen finden sie nach Bethlehem. Auch ihr Leitstern beugt sich dieser Vorrangstellung und kraft der Schrift beginnt er, sich auf den richtigen Ort hin zuzubewegen. Der Verfasser des Matthäusevangeliums lässt ihn über dem Haus mit dem Kind stehen bleiben. Wenn das Schriftprinzip der Schrift nicht mehr vorgeordnet, sondern diesem weiteren nachgeordnet wird, kann es aus seiner Erstarrung befreit werden und wieder zum lebendigen Gebrauch der Schrift ermutigen. Doch dafür muss die Schrift sogar dem Schriftprinzip vorangestellt werden.

Literaturverzeichnis

Bauer, Jörg, Sola Scriptura – historisches Erbe und bleibende Bedeutung, in: Schmid, Hans H. u. a. (Hg.), Sola Scriptura: das reformatorische Schriftprinzip in der säkularen Welt, Gütersloh 1991, 19–43.

Bovon, François, Das Evangelium nach Lukas, (Lk 1,1–9,50), EKK 3,1, Zürich u. a. 1989.

Lauster, Jörg, Systematische Theologie, in: Nüssel, Friederike (Hg.), Schriftauslegung, Tübingen 2014, 179–206.

Luz, Ulrich, Was heißt „Sola scriptura" heute? Ein Hilferuf für das protestantische Schriftprinzip, in: EvTh 57 (1997), 28–35.

Luther, Martin, Deutsch-Deutsche Studienausgabe, Bd. 1, Glauben und Leben, hrsg. von Dietrich Korsch, Leipzig 2012.

Stengel, Friedemann, Sola scriptura im Kontext. Behauptung und Bestreitung des reformatorischen Schriftprinzips, Leipzig 2016.

Stolina, Ralf, Gebet – Meditation – Anfechtung. Wegmarken einer theologia experimentalis, in: ZThK 98 (2001), 81–100.

Wick, Peter, Wie beeinflussen traditionelle (mentale) Bilder die Lektüre biblischer Texte? Überlegungen aus exegetischer Sicht, in: VvAa 2/1 (2017), 71–83.

Wick, Peter, Exegese und Realität. Ober das Wirklichkeitsverständnis eines multimethodischen Ansatzes, in: Gelardini, Gabriella (Hg.), Festschrift für E. Stegemann, Stuttgart 2005, 267–281.

Wick, Peter, Ein Text, viele Auslegungen. Zukunftsperspektiven für den kirchlichen Umgang mit den Heiligen Schriften, in: Grözinger, Albrecht, Stegemann, Ekkehard W. (Hg.), Das Christentum an der Schwelle zum 3. Jahrtausend, Stuttgart 2002, 77–90.

Wie beeinflussen traditionelle (mentale) Bilder die Lektüre biblischer Texte?

Überlegungen aus exegetischer Sicht[1]

Peter Wick

I. Mentale Bilder im Streit mit dem Wortlaut des Textes

Die Menschen speichern Wissen häufig in Gestalt mentaler Bilder ab.[2] Dies gilt im Besonderen für biblische Geschichten. Dies betrifft die Erinnerungen von Individuen, aber auch kollektive Erinnerungen. Die Exegese von biblischen Texten ist immer mit diesem Phänomen konfrontiert Bei der Lektüre einer bekannten biblischen Erzählung werden traditionelle, innere Bilder aktiviert, die leicht zu einer Überlagerung des Textes führen können. Das innere Bild ist stärker als der Text. Lücken, Unstimmigkeiten und Probleme der Textlektüre werden durch das bereits vorhandene mentale Bild der Geschichte geglättet oder sogar schlicht überlesen. Immer wieder ist der imaginierte Text stärker als der Text.

Am 24. Juni 1534 predigte Martin Luther über die Enthauptung von Johannes dem Täufer in Mk 6,14–29.[3] Er spricht dort textgemäß über Johannes den Täufer als heiligen Mann. So wird er nur in Mk 6,20 bezeichnet. Gegen den Text des Markusevangeliums geht er davon aus, dass Herodes zusammen mit Herodias Johannes töten will; doch er fürchtet das Volk. Offensichtlich hat er hier nicht seinen Predigttext vor Augen, sondern den Paralleltext

---

[1] Erstveröffentlichung in: VvAa 2/1 (2017), 71–83.

[2] Der exegetische, historische und methodische Hintergrund zu diesem Beitrag ist in folgenden Publikationen entfaltet worden: Wick, Peter, Den Metaphern trauen – Paulus als Lehrer von Glaube, Hoffnung und Liebe im 1. Korintherbrief, in: Müller, Peter (Hg.), Paulus in der Schule. Grundlagen – Didaktik – Bausteine für den Unterricht, Stuttgart 2012, 30–43.; Wick, Peter u. a., Methodenlehre zum Neuen Testament. Biblische Texte selbständig auslegen, Freiburg 2011. Wick, Peter u. a., Art. Mahl/Mahlzeit (NT), in: Das wissenschaftliche Bibellexikon im Internet (wibilex.de) https://www.bibelwissenschaft.de/stichwort/51975/, erstellt: September 2013, letzter Zugriff am 24.02.2017.

[3] Martin Luther, Luthers Werke auf CD-ROM [Weimarer Ausgabe], Cambridge u. a. 2002, WA 37, 462–468. Die Hinweise auf Luther verdanke ich Carolin Schaefer.

aus Mt 14,3–5. Dieses mentale Bild von der Geschichte hat Martin Luther somit auf die Erzählung von Mk 6 übertragen. Es war offensichtlich so stark, dass es seine Rezeption des Predigttextes ohne entsprechende Textgrundlage im Markusevangelium prägte. So kann das mentale Bild von einem Text dessen Auslegung dominieren.

Bei Martin Luther kann eine bild-gesteuerte Exegese sogar zum hermeneutischen Prinzip werden. Seine hermeneutische Formel ‚*Was Christum treibet*' ist schließlich durch konkrete Vorstellungen gefüllt und definiert. Ein bestimmtes Bild von Christus als Erlöser der Menschen allein aufgrund des Glaubens ist darin enthalten. Dadurch wird im Voraus, also vor der Lektüre des jeweiligen Textes, festgelegt, was Christus ist und was er nicht ist.

Der Satz von Luther „qui non intelligit res, non potest ex verbis sensum elicere"[4] fordert ein ‚Prä' der Sache. Die ‚Sache' muss in unserem Sinne ebenfalls als mentales Bild verstanden werden, das festlegt, was man bei der Lektüre eines Textes sucht. Denn auch die Sache ist in der Regel kein abstraktes Prinzip, sondern ein Bild — in diesem Falle von dem, was Jesus Christus für die Menschen tat, und von den Menschen, die dies auf rechte Weise empfangen.

Bei der allegorischen Textauslegung wird dies besonders deutlich. Die Allegorese versteht Wörter und Worte als Codierungen, Festlegungen und Symbole und in diesem Sinne als Wortbilder für andere Wirklichkeiten.

Bei der Heilung eines Taubstummen in Mk 7,33 berührt Jesus die Zunge des Kranken mit Speichel. Luther deutete in einer Predigt den Speichel als das Wort Gottes, welches den Menschen redend und damit selbst zum Verkünder macht.[5] Der Text wird so zum Bild für eine ganz andere Sache, die er bildhaft veranschaulicht.

Im Gegensatz dazu können auch eigene Bilder, die Lesende aus ihrem Umfeld mitbringen, zu einer dominanten Überlagerung des Lesens führen. Auch hier sind wieder eine individuelle und eine kollektive Form dieses Phänomens voneinander zu unterscheiden.

So hat sich eine bestimmte Rezeption der Psalmen in ihrer Auswahl im EG 702–764 niedergeschlagen. Diese Rezeption ist durch eine Auswahl von Psalmen und durch Kürzungen der ausgewählten Psalmen geprägt. Sie hat ein festes Bild von den Psalmen geschaffen. In diesem Bild wird der Psalter als Sammlung von Trost-, Bitt- und Lobgebeten fixiert. Zahlreiche, für dieses Verständnis sperrige Psalmen, werden ausgeschieden. Doch dies gilt auch für die Kürzungen der einzelnen Psalmen. So werden etwa im Ps 6 folgende Verse ausgelassen:

---

4 „Wer die Sache nicht versteht, kann den Sinn der Worte nicht erforschen". WTA 5,26,11–16, Nr. 5246.

5 WA 10 III, 304–312.

> 6Denn im Tode gedenkt man deiner nicht; wer wird dir bei den Toten danken? 7Ich bin so müde vom Seufzen; ich schwemme mein Bett die ganze Nacht und netze mit meinen Tränen mein Lager. 8Mein Auge ist trüb geworden vor Gram und matt, weil meiner Bedränger so viele sind. 9 Weichet von mir, alle Übeltäter; denn der Herr hört mein Weinen.10Der Herr hört mein Flehen; mein Gebet nimmt der Herr an.11 Es müssen alle meine Feinde zuschanden werden und sehr erschrecken; sie müssen weichen und zuschanden werden plötzlich.

Sowohl die ausgedehnte abgrundtiefe Klage der V. 6–8 als auch die Zornes- und die Rachebitte von V. 11 werden ausgeblendet. Wenn nun Pfarrpersonen, deren Zugang zu den Psalmen durch das EG geprägt ist, anfangen, den Psalter zu lesen, können sie in eine große kognitive Dissonanz geraten. Ihr Psalmenbild lässt sich nicht mit den vielen Psalmtexten vereinbaren, die Gott oder die Lebensumstände bloß anklagen oder größtem Zorn sowie einem ausgeprägten Rachebedürfnis Ausdruck geben. Die Spannung zwischen dem traditionellen Bild über die Psalmen und den neuen Bildern, die die Psalterlektüre hervorruft, kann so groß sein, dass die Lektüre abgebrochen wird.

Das Aktivieren mentaler Bilder wird an den folgenden Beispielen deutlich: Im Bibliolog[6] liest eine Gruppe gemeinsam einen Bibeltext. Dieser Text wird an bestimmten Stellen unterbrochen (‚Shift'). Hier sollen einzelne Teilnehmer bestimmte Rollen von Personen im Text übernehmen. Dieses Vorgehen hilft, mit traditionellen mentalen Bildern des Textverständnisses zu brechen und Bilder aus der eigenen Erfahrung an den Text heranzutragen. Mit neuen Fragen kann der mental festgelegte Sinn aufgebrochen werden. Dies geschieht etwa, wenn bei der Lektüre des Gleichnisses des verlorenen Sohnes die Frage nach der Mutter gestellt wird. Wie fühlt sich diese, als der jüngere Sohn Haus und Hof verlässt? Eine Antwort könnte folgendermaßen lauten: „Die Mutter findet das gut, weil sie schon vor dem Sohn gegangen ist." So wird ein provozierendes Bild aus der eigenen Alltagswelt in den Text hineingestellt, welches wiederum die traditionellen Bilder provoziert, mit denen üblicherweise der Text einem Gesamtverständnis zugeführt wird.

Ein weiteres Beispiel: Die Frau, die Jesus salbt und das Fläschchen mit dem kostbaren Öl zerbricht, ruft in einer Runde ganz verschiedene Reaktionen hervor. Ältere Teilnehmer reagieren: „Was stört die jetzt die Männerrunde." Jüngere verstehen sie ganz anders: „Die ist aber mutig. Die macht, was sie will." Ein Einziger wagt den Zwischenruf: „Wow, diese Erotik."

Und ein letztes Beispiel: In Ex 18 empfiehlt Jethro dem Mose, sich Hilfe zu holen. In einer Gruppe von Pfarrerinnen und Pfarrern reagieren die Älteren kritisch: „Was redet der Schwiegervater hier dem Mose rein, der macht schließlich schon lange alles gut und richtig." Die jüngeren Pfarrer reagieren

---

6 Grundlegend sind Pitzele, Peter A., Scripture Windows. Towards a Practice of Bibliodrama, Los Angeles 1998 und Pohl-Patalong, Uta, Bibliolog. Impulse für den Gottesdienst, Gemeinde und Schule. Bd. 1: Grundformen, Stuttgart 2009.

aus ihrer Lebenssituation heraus ganz anders auf diese Geschichte: „Das ist gut, endlich bekommt Mose mehr Zeit für die Familie. Der Schwiegervater sorgt sich offensichtlich um seine Tochter und seine Enkel." Alle diese Beispiele[7] zeigen, wie konkrete Lebenserfahrungen zu Bildern werden, mit denen traditionelle Bilder des Textverständnisses zerschlagen werden.

Exegese kann gewissermaßen als ikonoklastische Kunst verstanden werden. Allerdings kann dies nur prozessual begriffen werden: Alte Bilder werden durch neue zerschlagen. Neue Bilder werden während der Textlektüre und der Exegese konstruiert und zwar im besten Fall so, dass sich die mentalen Bilder im Prozess des Verstehens dynamisch immer mehr dem Wortlaut des Textes annähern. Dies ist aber ein idealtypischer Verlauf. Eine dynamische Entwicklung mentaler Bilder weg vom Text ist ebenso vorstellbar.

Mentale Bilder werden zu einer inneren Repräsentation. Der Begriff „Abend-Mahl" weckt bei vielen Gemeindemitgliedern heute ein Bild von einem Gottesdienstbesuch am Sonntagmorgen und einem kleinsten Stückchen Brot oder einer Oblate und einem symbolischen Schluck vom Wein. Im besten Fall erscheint eine innere Vorstellung vom Abendmahl von Leonardo da Vinci. Wenn Texte über das *Deipnon* (‚Abendmahl') und vor allem über das letzte *Deipnon*, das Jesus mit seinen Jüngern teilte, gelesen werden, hat dieser Begriff historisch in den Texten des Neuen Testaments mit Mahlgemeinschaft, Gelage, zu Tische Liegen, Sättigungsmahl, Männergemeinschaft am Abend, dem gemeinsamen Weintrinken, der Pflicht, sich gegenseitig dabei zu unterhalten, und (homo-) erotischen Assoziationen zu tun. Der Begriff „Abendmahl" ruft bei Lesern im ersten Jahrhundert eine solche innere Repräsentation hervor. Die Vorstellung eines Abendmahls am Morgen würde sie irritieren und die Kargheit der Speisen würde sie beleidigen, wenn sie zu so einem Mahl eingeladen würden. So verhindert heute die moderne innere Repräsentation von Abendmahl in der Kirche, dass das Sinnpotential des Textes ausgeschöpft werden kann, und führt in der Regel zu einem falschen Verstehen des jeweiligen Abendmahltextes. Dies gilt auch etwa für folgende Texte, die alle im Hintergrund das *Deipnon* und das Symposion haben: der arme Lazarus an Abrahams Brust (Lk 16), der Lieblingsjünger (Joh 13), der Tanz der Tochter der Herodias (Mk 6), die Speisung der 5000 (Mk 6), der Speisemeister in Joh 2 und die Fußsalbung durch die Sünderin (Lk 7). *Historisch verantwortete Exegese muss hier nicht nur die zeitgenössischen kontextuellen mentalen Verstehensbilder rekonstruieren, sondern zugleich auch die modernen dekonstruieren.*

---

[7] Der Verfasser erlebte sie entweder selbst oder erfuhr sie aus erster Hand.

II. Sprachbilder des Paulus: Bildwelten im 1. Korintherbrief

Ein Text kann auch gezielt Sprachbilder schaffen. Allerdings sind solche Sprachbilder keineswegs stärker als mentale Bilder, die im Prozess des Verstehens an sie herangetragen werden. Dies soll anhand des dritten Kapitels des ersten Korintherbriefes des Paulus demonstriert werden.

> 1Und ich, Brüder und Schwestern, konnte nicht zu euch reden wie zu geistlichen
> Menschen, sondern wie zu fleischlichen, wie zu unmündigen Kindern in Chris-
> tus. 2Milch habe ich euch zu trinken gegeben und nicht feste Speise; denn ihr
> konntet sie noch nicht vertragen. Auch jetzt könnt ihr's noch nicht, 3denn ihr
> seid noch fleischlich. Denn wenn Eifersucht und Zank unter euch sind, seid ihr
> da nicht fleischlich und lebt nach Menschenweise? 4Denn wenn der eine sagt:
> Ich gehöre zu Paulus, der andere aber: Ich zu Apollos —, ist das nicht nach Menschenweise geredet? (1 Kor 3)

Paulus ruft eine bei seinen Adressaten bekannte Vorstellungswelt durch den Begriff ‚fleischlich' hervor. Diesen setzt er gewissermaßen unter Spannung, indem er ihn mit einer konträren Bildwelt konfrontiert. Die ‚fleischlichen' Glaubenden in Korinth vertragen keine feste Speise, sondern nur Milch. Das Fleisch weckt Bilder von fester Speise. Milch ist hier dezidiert für solche bestimmt, die diese nicht vertragen. Diese Dissonanz der Bilder setzt Paulus mit rhetorischer Absicht ein. Mit Milch und fester Speise führt er das Bild von der Entwicklung des Menschen ein. Diejenigen, die Eifersucht verspüren, zanken und sich über eine innergemeindliche Partei definieren, sollen sich selbst im Bild eines Kleinkindes sehen. Zugleich sollen sie durch dieses Bild verstehen, dass sie nicht am Ziel sind. Das Ziel ist im Bild gesprochen, groß zu werden und feste Speise zu vertragen. Paränetisch ist das Ziel, liebevoll in der Gemeinde miteinander umzugehen.

> 5Was ist nun Apollos? Was ist Paulus? Diener sind sie, durch die ihr gläubig ge-
> worden seid, und das, wie es der Herr einem jeden gegeben hat: 6Ich habe ge-
> pflanzt, Apollos hat begossen; aber Gott hat das Gedeihen gegeben. 7So ist nun
> weder der etwas, der pflanzt, noch der begießt, sondern Gott, der das Gedeihen
> gibt. 8Der aber pflanzt und der begießt, sind einer wie der andere. Jeder aber
> wird seinen Lohn empfangen nach seiner Arbeit. 9Denn wir sind Gottes Mitarbeiter; ihr seid Gottes Ackerfeld und Gottes Bau. (1 Kor 3)

Paulus führt nun eine zweite Bildwelt ein, nämlich die des Ackerbaus. Die Gemeinde in Korinth ist der Acker Gottes. Paulus hat mit der Gemeindegründung gepflanzt und Apollos durch seine Mitarbeit in der Gemeinde die jungen Pflanzen begossen. Am Ende von V. 9 führt Paulus als dritte Bildwelt die des Hausbaus ein, die in das Bild des Hauses Gottes, des Tempels, mündet. Die Gemeinde ist Gottes (Haus-)Bau.

> 10Nach Gottes Gnade, die mir gegeben ist, habe ich den Grund gelegt als ein weiser Baumeister; ein anderer baut darauf. Ein jeder aber sehe zu, wie er darauf baut. 11Einen andern Grund kann niemand legen außer dem, der gelegt ist, welcher ist Jesus Christus. 12Wenn aber jemand auf den Grund baut Gold, Silber, Edelsteine, Holz, Heu, Stroh, 13so wird das Werk eines jeden offenbar werden. Der Tag des Gerichts wird es ans Licht bringen; denn mit Feuer wird er sich offenbaren. Und von welcher Art eines jeden Werk ist, wird das Feuer erweisen. 14Wird jemandes Werk bleiben, das er darauf gebaut hat, so wird er Lohn empfangen. 15Wird aber jemandes Werk verbrennen, so wird er Schaden leiden; er selbst aber wird gerettet werden, doch so wie durchs Feuer hindurch. 16Wisst ihr nicht, dass ihr Gottes Tempel seid und der Geist Gottes in euch wohnt? 17Wenn jemand den Tempel Gottes zerstört, den wird Gott zerstören, denn der Tempel Gottes ist heilig – der seid ihr. (1 Kor 3)

Paulus vergleicht hier das Leben eines Gläubigen in Korinth mit dem Bau eines Hauses. Für das Fundament ist er offensichtlich nicht selbst verantwortlich. Paulus bzw. Gott haben das Fundament gelegt, welches Christus ist. Auf Christus und seine Gnade vertraut der Gläubige. Wer auf dem richtigen Fundament steht, wird gerettet werden. Der empfangene, rettende Glaube an Jesus Christus bezieht sich auf das Hausfundament. Doch nun hat jeder mit dem Hausfundament beschenkte Glaubende die Aufgabe, sein Lebenshaus auf dieses Fundament zu stellen. Hier trägt jeder eine hohe Eigenverantwortung. Eine weise oder törichte Lebensführung wird in das Bild von der Auswahl der geeigneten Baumaterialien transformiert. Etwas wie ein Hausbrand wird am jüngsten Tag das Haus erfassen. Gold und Silber werden durch die Flammen geläutert und so veredelt, Holz, Stroh und Heu haben keinen Bestand. Doch das Fundament allein genügt offensichtlich, um gerettet zu werden.

Paulus macht mit den Sprachbildern der menschlichen Entwicklung und des Hausbaus deutlich, dass es ihm keineswegs nur um den Glauben geht. Der im Glauben passiv empfangende Mensch soll zum aktiven Täter werden. Die Zukunft wird sein Werk prüfen. Das Sprachbild erlaubt auch eine zeitliche Differenzierung. Das Fundament ist in der Vergangenheit gelegt worden. In der Gegenwart wird das Haus gebaut bzw. das Leben geführt und zwar auf dem Fundament und auf die Feuerprobe in der Zukunft hin. Für Paulus ist die Hoffnung auf die Zukunft hin ausgerichtet. Dieses Bild deutet so auch die Hoffnung als wichtiges Moment für das ethische Handeln im ‚Jetzt'. Der Kontext des Briefes verdeutlicht, dass das beste Baumaterial die Liebe ist.

So weckt dieses Sprachbild ganze Assoziationsketten, die den Sinn des Textes vertiefen: Das Fundament ist offensichtlich nicht das Haus. Der Glaube ist nicht alles. Wenn ein Haus gebaut ist, sieht man das Fundament nicht. Doch wenn ein Haus feststeht, wird deutlich, dass es ein gutes Fundament hat. Das Leben der Christen ist sichtbar, nicht ihr Glaube. Allein das Fundament bildet eine Bauruine und stellt eine Peinlichkeit dar. Ein Haus ohne Fundament ist gefährlich. Fundament und Haus gehören zusammen, bedingen sich gegenseitig und geben einander Sinn. Auf dem Fundament und im Haus kann gelebt werden, nicht umgekehrt. Dieses Fundament wird zur Verfügung gestellt, das Haus muss selbst gebaut werden. Das Bild macht den Subjektwechsel deutlich.

Wenn die Sprachbilder vom Hausbau und von der menschlichen Entwicklung übereinandergelegt werden, wird deutlich, dass ihr Differenzierungspotential erheblich ist. Die Milchtrinkenden und diejenigen, die feste Speise zu sich nehmen können, sind offensichtlich Gläubige. Bei ihnen ist das Fundament gelegt. Es geht also bei beiden um den richtigen Hausbau. Die Milchtrinkenden bauen mit brennbaren Materialien ihr Lebenshaus, die anderen gehören zu denen, die mit Gold und Silber und Edelsteinen bauen. Alle sollen auf Hoffnung hin bauen, doch nur die Einen bauen mit der Liebe. So sind in diese Sprachbilder das für diesen Brief und weit darüber hinaus geltende zentrale Konzept von Glaube, Hoffnung und Liebe (1 Kor 13,13) im wahrsten Sinn des Wortes eingezeichnet. Dies wird in der evangelischen Exegese selten so gesehen. Wenn sich das sola fide- und sola gratia-Prinzip von der Frage, *wie finde ich einen gnädigen Gott?*, löst und zu einem Dogma[8] wird, welches die ganze christliche Existenz umfasst, dann wird dieses Dogma zu einer an-ikonischen Fixierung, die als mentales Bild gerade auch diesen Text und seine Sprachbilder unsichtbar macht. Gegen die von den Bildern geforderte Differenzierung wird die Textaussage allein auf den Glauben festgelegt. Die innere Repräsentation von dem, was Paulus zu sagen hat, ist dann stärker, als das, was Paulus im Text schreibt. Sprachbilder eines Textes wahrzunehmen, kann helfen, eigene dogmatische Bilder vom Bibeltext her in Frage stellen zu lassen.

Die komplexe Argumentation und Theologie des Paulus sind extrem differenziert. Immer wieder vereinfacht und visualisiert er sie mit Hilfe von Bildern. Manche dieser Bilder sind nicht einfach eine einmalige, passende Untermalung von gewissen Aussagen, sondern folgen bei Paulus durchaus einer eigenen Stringenz. Dies ist beim Bild von der menschlichen Entwicklung der Fall. Wenn Milchtrinkende in 1 Kor 3 diejenigen sind, die sich motiviert durch die Hoffnung auf Anstand und Ordnung ausrichten sollen, und die Liebenden diejenigen sind, die feste Speise vertragen, stellt sich die Frage, wo der Glaube in diesem Sprachbild seinen Platz hat. Der Glaube ist der Hoffnung und der Liebe vorgeordnet und wird in 1 Kor 3 in diesem Bild nicht thematisiert. Ganz anders verhält es sich — wie gezeigt — mit dem Bild

[8] Auch ein Dogma kann als innere Repräsentation verstanden werden. Ein Dogma ist keineswegs bilderlos, sondern wird in der Kirche narrativ durch Bilder erzeugt und weitergegeben.

des Hausbaus, bei dem sich der Glaube auf das Fundament *stellt*. Doch schon im folgenden Kapitel wird im Bild der menschlichen Entwicklung die Voraussetzung für das Milchtrinken eines Säuglings bildhaft entfaltet. Paulus schreibt in 1 Kor 4,15: „Denn wenn ihr auch zehntausend Erzieher hättet in Christus, so habt ihr doch nicht viele Väter; denn ich habe euch gezeugt in Christus Jesus durchs Evangelium." Die Zeugung steht am Anfang der menschlichen Entwicklung. In Gal 4,19 kann Paulus die Zeugung durch die Geburtsmetapher ersetzen: „Meine Kinder, die ich abermals unter Wehen gebäre, bis Christus in euch Gestalt gewinne!" Zeugung beziehungsweise Geburt stehen für das zum Glauben-Kommen. Auch hier entfaltet das Sprachbild seinen vollen Sinn durch die Imagination und Assoziationsmöglichkeiten, die es hervorruft. Der Mensch wird ohne sein Zutun gezeugt und geboren. Er ist dabei passiv und kann keinen eigenen Verdienst vorweisen. All dies entspricht dem Glauben und dem, worauf sich der Glaube primär bezieht: auf die Heilstat Gottes in Jesus Christus.

So zeigen diese Sprachbilder und ihre Überlagerung in 1 Kor 3 im Kontext des ganzen Briefes, dass der Glaube die Voraussetzung für die Hoffnung und die Liebe ist. Der anständige Lebenswandel fußt auf dem Glauben und wird durch die Zukunft beziehungsweise durch die Hoffnung motiviert: „Wenn die Toten nicht auferstehen, dann ‚lasst uns essen und trinken; denn morgen sind wir tot!' (Jes 22,13)" (1 Kor 15,32). „Darum, meine lieben Brüder und Schwestern, seid fest und unerschütterlich und nehmt immer zu in dem Werk des Herrn, denn ihr wisst, dass eure Arbeit nicht vergeblich ist in dem Herrn" (1 Kor 15,58). Doch ist das Haus soweit gebaut bzw. die menschliche Entwicklung soweit fortgeschritten, dann kommt die nächste Stufe: „aber die Liebe ist die größte ..." (1 Kor 13,13).

III. Innere Bilder steuern unser Wirklichkeitsverständnis

Mentale Bilder steuern unser Wirklichkeitsverständnis. Sie haben einen großen Einfluss auf unsere Text- und Weltwahrnehmung. Sie steuern, was wir aufnehmen und was wir übersehen, sie beeinflussen massiv unser Handeln. All dies geschieht in der Regel unbewusst. Zur exegetischen Kunst gehört es grundlegend, solche Bilder aufzudecken und bei sich selbst zu entdecken. Um politische Prozesse richtig wahrzunehmen, ist es auch unabdingbar, handlungsleitende Bilder aufzudecken. So steht im Hintergrund des Populismus ein ganzes Konglomerat von solchen Bildern. Wer den Populismus zurückdrängen will, muss auch dessen innere Repräsentationen dekonstruieren und durch andere mentale Bilder ersetzen.

Diese politische Dimension wird im Folgenden an sehr allgemeinen Beispielen, die auch für die Ökumene und Kirche relevant sind, kurz reflektiert werden.

Für die Wahrnehmung von Kirche, Gesellschaft und Politik ist unsere Vorstellung vom Verhältnis von Vielheit und Einheit grundlegend. Die deutsche Flagge mit Schwarz-Rot-Gold konnte in ihrem Entstehungsprozess als Bild für die Einheit des Deutschen Bundes gesehen werden, obwohl er in viele Fürstentümer zergliedert war. Die eine Flagge konnte so zum Symbol für die Einheit trotz Vielheit werden. Auch wenn Braun als Farbe des National-sozialismus auf die braunen Hemden der SA zurückgeht, so wurde es doch bald als Symbol für die Vereinheitlichung von Schwarz-Rot-Gold verstanden. So ist im neuen Brockhaus von 1937 über die Farbe Braun zu lesen: „1) eine Mischfarbe aus Gelb, Rot, Schwarz. Braune Malerfarben sind z. B. Umbra, Raffeler Braun, Ocker, Braunstein, Sepia, Bifter. 2) Kennfarbe des Nationalsozialismus: das Braunhemd; das Braune Haus; die braunen Bataillone."[9] So konnte die Farbe Braun auch zur inneren Repräsentation der Gleichschaltung der durch Schwarz-Rot-Gold repräsentierten deutschen Vielheit werden. In diesem Sinne sind Schwarz-Rot-Gold und Braun zwei grundlegend verschiedene mentale Bilder der politischen Wahrnehmung.

Die Jagd mit Hunden kann ein anderes Bild der Einheit und Vielheit schaffen. Jagdhunde, die herumtollen und sich kneifen, jagen plötzlich koordiniert hinter der Beute her, wenn die Jagd eröffnet wird. Die Vielheit verbindet sich zu einer Einheit durch ein gemeinsames Ziel.

Im Judentum werden die Einheit und Einzigkeit ganz Gott zugeschrieben. Schöpfung ist durch Vielheit gekennzeichnet und steht so auch als das Viele dem einen Gott und Schöpfer gegenüber. Sogar Buchstaben können so zu inneren Repräsentationen werden. So beginnt die Bibel mit dem Buchstaben Beth, der den Zahlenwert 2 repräsentiert. Der Schöpfungsbericht beginnt mit der Vielheit. In jüdischer Zahlensymbolik können so die Buchstaben für den Menschen zum Bild für seine Berufung werden. Aleph (1), Daleth (4) und Mem (40) bilden Adam. Die Zahlen Vier und Vierzig stehen besonders für die Schöpfung und ihre Zeit. So ist der Mensch derjenige, der die Vier und die Vierzig mit der Eins verbindet und damit die Schöpfung mit Gott verbinden soll.

Im Prolog des JohEv (Joh 1) wird unter deutlichem Bezug zur hebräischen Bibel ebenfalls ein Sprachbild aus Einheit und Vielheit geschaffen:

> [1]Im Anfang war das Wort, und das Wort war bei Gott, und Gott war das Wort. [2]Dasselbe war im Anfang bei Gott. [3]Alle Dinge sind durch dasselbe gemacht, und ohne dasselbe ist nichts gemacht, was gemacht ist.... [14]Und das Wort ward Fleisch ...

---

9 Der Große Brockhaus, Art. braun (german...), das Braun.

Zu Beginn oszilliert das Wort zwischen einer Einheit und einer Zweiheit in Gott selbst. Durch die Fleischwerdung wird es zu einem Teil der Vielheit der Schöpfung, die dem einen Gott gegenübersteht. Andere biblische Geschichten sind zu inneren Repräsentation des Verhältnisses von Einheit und Vielheit geworden. So konstruiert die Geschichte vom Turmbau zu Babel die Vielheit als Strafe Gottes. Das menschliche Einheitsprojekt ist Hybris (Gen 11,4):

> Wohlauf, lasst uns eine Stadt und einen Turm bauen, dessen Spitze bis an den Himmel reiche, dass wir uns einen Namen machen; denn wir werden sonst zerstreut über die ganze Erde.

Paulus stellt Bilder zur Verfügung, um das Verhältnis von Einheit und Vielheit in der Kirche darzustellen. Eines davon ist die Rede vom einen Leib mit den vielen Gliedern (1 Kor 12,12): „Denn wie der Leib einer ist und hat doch viele Glieder, alle Glieder des Leibes aber, obwohl sie viele sind, doch ein Leib sind: so auch Christus." Das Bild von einer Körperschaft als Leib war in der Antike durchaus bekannt.

Der Epheserbrief ist besonders kühn, wenn er die Einheit von Christus und der Gemeinde im Bild der sexuellen Vereinigung darstellt (Eph 5,31f.): „‚Darum wird ein Mann Vater und Mutter verlassen und an seiner Frau hängen, und die zwei werden ein Fleisch sein' (Gen 2,24). Dies Geheimnis ist groß; ich deute es aber auf Christus und die Gemeinde." Gerade die Gegensätze zwischen Mann und Frau ermöglichen dieses Einssein. So sind auch Christus und die Gemeinde, obwohl und gerade weil sie sich unterscheiden, ganz eins.

Weitere Sprachbilder im Neuen Testament sind u. a. das Bild von der Familie (*familia Dei*).

So gibt es politisch aber auch kirchlich mentale Bilder, die ein ganz bestimmtes Verhältnis von Einheit und Vielheit konstruieren und oft auch andere Bilder ersetzen wollen. Wer die Welt durch solch ein Bild anschaut, wird gewisse Dinge schärfer wahrnehmen, für andere Aspekte aber blind werden. Ein Schutz vor solch einer Blindheit bieten Paulus und das ganze NT, indem verschiedene Bilder, die durchaus in Spannung zueinanderstehen, zur Verfügung gestellt werden und nebeneinander stehen bleiben. Wenn ein mentales Bild zu einem Aspekt neben anderen wird, steuert es nicht mehr die ganze Wahrnehmung und macht so auch nicht für alles, was außerhalb seines Bildrahmens liegt, blind.

IV. Ausblick für die Exegese: eine Hermeneutik der Differenz

Mentale Bilder von einer Jesusgeschichte repräsentieren, wie ein Mensch sich an diese Geschichte erinnert und mit welchen Einsichten und Affekten er mit ihr verbunden ist. Solch eine innere Repräsentation steuert die Erwartungshaltung, wenn er diese Geschichte erneut liest. Das innere Bild kann so stark sein, dass eine davon unabhängige Textwahrnehmung gar nicht mehr möglich ist. Die Fähigkeit, Neues in einem Text zu entdecken, ist so massiv eingeschränkt. Texte entdecken und Texte selbstständig auslegen ist nur möglich, wenn es gelingt, die eigenen leitenden Bilder zu dekonstruieren oder sie mindestens auszutricksen.

Dafür gibt es viele hilfreiche Methoden, so etwa die Konfrontation von Bildern über biblische Inhalte mit mentalen Bildern der Lebenswirklichkeit der Leser. Auch historisch-kritische Methoden können ein durch Dogmen, die als innere Repräsentationen funktionieren, festgelegtes Textverständnis widerlegen. Allerdings muss darauf geachtet werden, die Texte nicht auf ein mentales Bild eines bestimmten Geschichtsmodells zu reduzieren. Synchrone Methoden sind besonders hilfreich. Wenn in einem sprachlich-syntaktischen Zugriff Stilformen untersucht, Adjektive, Verben und Substantive gezählt werden und mit weiteren Fragen das „Material" eines Textes untersucht wird, wird der Exeget durch solche Fragen zuerst einmal von seinen eigenen Erwartungen an den Text entfremdet. Dies gilt auch, wenn ein narratives oder ein semiotisches Modell auf den Text hin angewendet oder nach Erzählalternativen gefragt wird oder semantische Wortfelder bestimmt werden. Solche Methoden entfremden den Text vom eigenen Vorverständnis. Eigene mentale Bilder werden zuerst einmal links liegen gelassen. Wenn so ein neuer exegetischer Ertrag sichtbar wird, kann damit das eigene Vorverständnis konfrontiert werden.

Es braucht eine Hermeneutik der Differenz. Bibelleser und Bibelleserinnen müssen die Kunst lernen, das Unpassende, Sperrige, Fragwürdige, Widerspenstige in einem Text zu entdecken. Anders gesagt: Die erste und vielleicht höchste Kunst der Exegese ist die Fähigkeit, bei der Lektüre eines (bekannten) Textes vielfach zu stolpern. Stolpernde werden zu Entdeckern. Wer bei der Lektüre stolpert, zeigt, dass sein inneres Bild vom Text nicht fähig war, Störfaktoren im Text für dieses Bild auszublenden, und dass er eine Differenz zu seiner mentalen Repräsentation dieser Geschichte oder dieser Lehraussage entdeckt hat, die sich nicht einfach in diese integrieren lässt. Das Fremde im Text wird zum Potenzial eines sich erweiternden Textsinnes.

Eine solche Hermeneutik der Differenz soll zu einem aspektiven Wahrnehmen des Textes führen. Ziel ist es, möglichst viele Aspekte eines Textes zu entdecken, ohne diese Bilder in ein einziges Bild hinein zu fixieren, welches verhindert, weitere Aspekte des Textes in der Zukunft zu entdecken.

Die Bibel selbst ist für einen solchen Weg der Texterkenntnis hilfreich. Die Bibel und ihre Bücher fixieren kaum einen Sinn oder eine Aussage mit einem einzigen Bild. Zahlreiche potenzielle mentale Bilder werden für Gott und vieles andere zur Verfügung gestellt. Das Bilderverbot verbietet, Gott auf ein äußeres Bild festzulegen. Da der Mensch mit mentalen Bildern denkt, kann es vielleicht auch als Verbot verstanden werden, die Mitmenschen und die ganze Schöpfung je auf ein mentales Bild festzulegen. Wenn bildloses Erkennen nicht möglich ist, dann brauchen wir ein Verstehensmodell, in dem wir mehrere Bilder statisch nebeneinanderstellen können und in dem Bilder selbst dynamisiert werden und ihre Fixierung in Bewegung aufgelöst werden kann.

Eine solche Texthermeneutik ist auch eine Hermeneutik der Wirklichkeit und besitzt deshalb eine implizit politische Dimension. Um einen Staat ist es schlecht bestellt, wenn die geltenden politischen Wahrheiten auf ein Bild festgelegt werden. Eine Demokratie braucht die Konkurrenz verschiedener mentaler Bilder von dem, was die Gesellschaft ist und sein soll. Die Fähigkeit der Wahrnehmung der Gesellschaft außerhalb der eigenen Bilder ist für eine Demokratie existentiell wichtig. Innere Repräsentationen von einem Ideal der Gesellschaft, wie sie vom Populismus vertreten werden, müssen durch andere herausgefordert werden. Um die Wahrnehmung der Wirklichkeit – in unserem Fall insbesondere die der Textwirklichkeit – hinter unseren mentalen Bildern muss immer wieder neu gerungen werden.

Literaturverzeichnis

Der Große Brockhaus. Handbuch des Wissens in 20 Bänden, Leipzig 1928–1935, mit Ergänzungsbänden, Leipzig 1937–1939.

Luther, Martin , Luthers Werke auf CD-ROM [Weimarer Ausgabe], Cambridge u. a. 2002.

Pitzele, Peter A., Scripture Windows. Towards a Practice of Bibliodrama, Los Angeles 1998.

Pohl-Patalong, Uta, Bibliolog. Impulse für den Gottesdienst, Gemeinde und Schule. Bd. 1: Grundformen, Stuttgart 2009.

Wick, Peter, Den Metaphern trauen – Paulus als Lehrer von Glaube, Hoffnung und Liebe im 1. Korintherbrief, in: Müller, Peter (Hg.), Paulus in der Schule. Grundlagen – Didaktik – Bausteine für den Unterricht, Stuttgart 2012, 30–43.

Wick, Peter u. a. Methodenlehre zum Neuen Testament. Biblische Texte selbständig auslegen, Freiburg 2011.

Wick, Peter u. a., Art. Mahl/Mahlzeit (NT), in: Das wissenschaftliche Bibellexikon im Internet (wibilex.de) https://www.bibelwissenschaft.de/ stichwort/51975/, erstellt: September 2013, letzter Zugriff am 24.02.2017.

Zehn Thesen für eine praxisbezogene Hermeneutik des Neuen Testaments

Peter Wick

1. Die historisch-kritische Methode hat die Exegese davon befreit, einen einzigen Sinn z. B. in der Gestalt einer biblischen Lehre in der Bibel finden zu müssen. Für jeden Text und jeden Redaktor und jede Quellenschicht kann nach der „intentio auctoris" gefragt werden. Das Triplex-Modell von Sender, Botschaft und Empfänger wurde von Gott, Bibel und Mensch, auf viele Menschen und Gruppen, ihre menschliche Botschaft und die menschlichen Empfänger übertragen. Dadurch wurde die Frage prinzipiell aufgeworfen, was denn genau göttlich an dieser menschlichen Botschaft sei. Eine mögliche Antwort: Es sind menschliche Erfahrungen mit Gott, die mit der Bibel übermittelt werden.

2. Vom „sola scriptura" zum „Prä der Schrift": Es ist plausibler, von einem „Prä der Schrift" zu sprechen, als ein sola-scriptura-Dogma zu verteidigen. Dieses „sola" (allein) ist wissenschaftlich allzu leicht zu kritisieren, während eine Vorordnung der Schrift in Theorie und Praxis nicht nur bescheidener, sondern auch praktikabler und überprüfbarer ist. Das „Prä" der Schrift ist kein wissenschaftliches Axiom, sondern ein Identitätsmerkmal der Kirche und der Theologie.

3. Durch die neueren literaturwissenschaftlichen Methoden wird dem Texterzeuger oder Autor die Autorität abgesprochen, über den Sinn seines Textes zu verfügen, sobald er diesen aus seinen Händen gegeben hat. Dies wird durch die Formel vom Tod des Autors bezeichnet. Unter anderem durch Rezeptionsästhetik und Dekonstruktivismus wird den Lesenden und Rezipienten viel mehr Freiheit zur Auslegung des Sinns und sogar zur Mitkonstruktion des Sinns durch den Akt des Lesens und Verstehens zugesprochen. Dies führt zu einer „Sinn-offenen" Auslegung.

4. Durch den Tod des Autors wird der Text vom Medium zwischen einem Sender und einem Empfänger zum „personalen" Gegenüber, mit dem der Rezipient in ein Gespräch tritt. Daraus resultieren folgende Fragen: Stehen sich Text und Rezipient auf Augenhöhe gegenüber, oder gibt es ein Gefälle zwischen ihnen? Ist es Textsorten abhängig? Sind Bibelleser und Bibel gleichberechtigte Partner oder steht die Heilige Schrift über dem Leser oder der heutige Leser über dieser alten Schrift?

5. Um den Text so zu lesen, dass er nicht einfach als Projektion eigener Verstehensbilder wahrgenommen wird, ist es von entscheidender Bedeutung, den Text in seiner äußeren Form ernst zu nehmen. Methodische Zugangsweisen, die den Blick auf äußere Textmerkmale lenken, unterwandern eine Textlektüre, die jeweils nur das bereits Bekannte in einem Text entdeckt. Das Aufbrechen von festgefahrenen Interpretationsmustern ist eine der größten Herausforderungen für eine wissenschaftliche Exegese. Viele synchrone Methoden sind dabei eine große Hilfe.

6. Ein Text kann sich nur durch seine formale und semantische Struktur vor Fehlinterpretationen schützen. Umso wichtiger sind für die Rezipientinnen Rezipienten das wiederholte Lesen und Hören auf den Text. Die Form des Textes, seine Struktur und seine semantischen Verknüpfungen öffnen und begrenzen den Textsinn. So liegt die Sinnpluralität nicht nur in den Rezipientinnen und Rezipienten begründet, sondern gerade auch im Text selbst. Zugleich setzt der Text durch seine Form einer Beliebigkeit der Auslegung harte Grenzen.

7. Theologische Exegese begegnet dem Text in der Spannung zwischen den beiden Polen von der Bibel als vor- und übergeordnetem Gesprächspartner und zugleich einem zum Widerspruch unfähigen Text, der der Deutungsmacht der Exegetinnen und Exegeten schutzlos ausgeliefert ist. Mit dieser Spannung muss verantwortungsvoll umgegangen werden.

8. Lesen ist ein individueller und ein gemeinschaftlicher Akt. Es führt von der individuellen Textrezeption zu einer wechselseitigen Sinnerweiterung und einem gegenseitigen Verstehen und kann aus einer Textrezeption schließlich eine von einer Gemeinschaft getragene Exegese machen. Konfessionen sind auch Auslegungsgemeinschaften. Die Anerkennung einer Pluralität des Textsinnes führt zu einer ökumenischen Anerkennung der anderen.

9. Das Judentum als pluriforme Auslegungsgemeinschaft besitzt unzählige Textauslegungen, die das Sinnpotential biblischer Texte anders als in unseren Traditionen aktiviert haben. Das Gespräch mit der jüdischen Auslegung erweitert unser Textverständnis, korrigiert es und führt uns mitunter in eine größere Nähe des Textverständnisses neutestamentlicher Autoren. Das rabbinische Textverständnis ist in vielen Punkten dem oben genannten neuen Textverständnis näher als unsere traditionelle abendländische Textauffassung. Ein erneuerter Zugang zum Bibeltext ermöglicht deshalb eine vertiefte Annäherung an das Judentum.

10. Die Bibelauslegung in der Postmoderne und im postfaktischen Zeitalter steht vor ganz neuen Herausforderungen und grundlegenden Umwälzungen. Nachdem die orthodoxe kirchliche Auslegung durch die Aufklärung erschüttert und aufgelöst worden ist, hat sich die kirchliche Auslegung prinzipiell der Wissenschaft verpflichtet. Heute wird nun die Wissenschaft selbst in Frage gestellt und muss sich im Wettbewerb anderen Weltdeutungen stellen. In Zukunft wird sich Bibelexegese kompetitiver gegenüber der Gesellschaft behaupten müssen. Dies wird sich auf den kirchlichen Umgang mit der Bibel und auf die Ausbildung der Pfarrerinnen und Pfarrer und der Lehrerinnen und Lehrer grundlegend auswirken müssen.

Hermeneutik und Methodik im Zeichen von Sola Scriptura heute

Ein Weg aus der Krise historisch-kritischer Exegese und Theologie

Stefan Alkier

I.

> Stärken wir den Dialog mit der Schrift – kritisch wie selbstkritisch – es geht um das, wovon diese Schriften in ihren fremden Sprachen reden.
> (Eckart Reinmuth[1])

Die sukzessive Verabschiedung der reformatorischen Überzeugung, allein die Schrift sei die hinreichende und unüberbietbare normative Grundlage evangelischer, – das heißt für die Reformatoren – biblischer Theologie, führte im Zeichen von Historismus und übersteigertem Individualismus schon im 20. Jh. zur „Grundlagenkrise der modernen evangelischen Theologie“[2], wie sie sich in ihrer Orientierungslosigkeit auch heute darstellt. Man schätzt zwar nach wie vor die protestantische Haltung der Kritik an Autoritäten und betont die durch die Reformatoren errungene Freiheit zur je eigenen Glaubensauffassung gegenüber überkommenen Traditionen und Institutionen; das Grundanliegen der Reformation aber, das diese Freiheit erst denkbar werden ließ, nämlich die entschlossene Rückbesinnung auf den Reichtum und die Klarheit der Bibel als hinreichende Quelle christlichen Glaubens, steht heute zur Disposition.[3] Die Gründe für diese missliche Lage sind vielfältig, aber Jan Dochhorn hebt zu Recht einen Aspekt hervor:

---

1 Reinmuth, Eckart, Sola scriptura. Eine neutestamentliche Anmerkung, in: ZNT 39/40 (2017), 159–172, 172.

2 Pannenberg, Wolfhart, Die Krise des Schriftprinzips, in: Ders., Grundfragen systematischer Theologie. Gesammelte Aufsätze, Göttingen ^{3}1979, 11–21, 13: „Die Auflösung der Lehre von der Schrift bildet die Grundlagenkrise der modernen evangelischen Theologie.“

3 Vgl. ZNT 39/40 (2017), Themenheft: Sola Scriptura, mit Beiträgen von Stefan Alkier, Eve-Marie Becker, Claire Clivaz, Jan Dochhorn, Kristina Dronsch, Matthias Klinghardt, Matthias Konradt, Karl-Wilhelm Niebuhr, Petr Pokorný, Eckart Reinmuth, Günter Röhser, Gerd Theißen, Peter Wick, Oda Wischmeyer, Manuel Vogel. Becker schreibt dort in ihrem Beitrag, Sola Scriptura als bibelwissenschaftliches Prinzip, 25–

> Vermutlich spielt auch hier wieder das neuzeitliche fromme Selbstbewusstsein eine Rolle, das faktisch an die Stelle des alten Schriftprinzips getreten ist (und der Tradition ebenfalls).[4]

Das disparate Erscheinungsbild protestantischer Positionierungen in all ihrer Vielfalt und Differenzen lässt kaum noch den reformatorischen Impuls erkennen, theologische Aussagen wie individuelle Glaubensüberzeugungen und Lebensgestaltungen an der Interpretation der Schrift auszurichten und dadurch eine gleichermaßen bestimmte wie in sich plurale kollektive evangelische Identität zu schaffen. Nicht die Ausrichtung an der Schrift, sondern die Orientierung an individuellen Lebenskonzeptionen scheint das protestantische Gebot der Stunde zu sein.

Das Konzept *sola scriptura* trug maßgeblich dazu bei, dass Evangelische Theologie zu einem Motor der Aufklärung werden konnte, weil es das Verständnis der Bibel nicht mehr autoritären Entscheidungen kirchlicher Institutionen überlässt, sondern das Verstehen der Schrift zur unvertretbaren, ureigenen Aufgabe jedes Individuums erklärt und sich evangelische Kirchen als Gemeinschaften mündiger Bibelleserinnen und -leser entwarfen. Damit aber fordert das Konzept *sola scriptura* die Religionsmündigkeit aller Bürgerinnen und Bürger und wurde deshalb auch zu einem entscheidenden Antrieb des öffentlichen Bildungswesens. Wer die Bibel verstehen will, muss sie selbst lesen und interpretieren lernen, weil – so die Institutionen kritische These des Konzepts – keine menschliche Instanz dazu in der Lage ist, eine

---

35, 33: „Wir können Luthers Bibel- und Theologieverständnis heute für problematisch oder insuffizient halten – allerdings folgt eine solche Kritik dann in Wirklichkeit wohl aus einem grundlegenden Zweifel an und Misstrauen gegenüber der Behauptung der sachlichen Suffizienz der biblischen Texte. Luther würde einer solchen Beurteilung sicher entschieden widersprechen. Er würde die Aufgabe der christlichen Theologie so bestimmen, dass sie wesentlich in der Auslegung des Evangeliums, wie es in den biblischen Texten zu finden ist, aufgeht. Wir dagegen haben gelernt, Wahrheitsansprüche zu kontextualisieren und zu relativieren. So hat sich die Aufgabenbestimmung der neutestamentlichen Exegese verselbständigt und vom Anspruch, christliche Theologie als Verkündigung der Evangeliumsbotschaft zu verstehen, längst gelöst. Zwischen uns und Luther liegt die Aufklärungszeit. Wir meinen, im Sinne Kants verstanden zu haben, dass die Relativierung des Wahrheitsanspruches notwendig daraus folgen müsse, dass wir Mündigkeit – auch und gerade gegenüber den biblischen Texten – eingefordert haben. ... Was uns von Luther trennt, ist daher weniger der aufklärerische Weckruf zur Mündigkeit als vielmehr Luthers unerschütterlicher Optimismus, dass die biblischen, besonders die neutestamentlichen Texte so reich und vielfältig sind, dass sie eine in sich suffiziente Quelle zu den Anfängen und Grundlagen des Christentums sind und bleiben." Becker ist mit ihrer Verabschiedung von sola scriptura kein Einzelfall, wie schon eine gründliche Lektüre des ZNT Heftes Sola Scriptura zeigt. Sie drückt es nur konsequenter und offener als andere aus.

4 Jan Dochhorn, Die Kirche und das Alte Testament, in: ZNT 39/40 (2017), 59–76, 65.

letztgültige, für jedes Individuum und jede Gruppe gleichermaßen verbindliche, eindeutige Interpretation der Bibel vorzulegen. Daraus erwächst Kirche als Schöpfung des Wortes Gottes, das ihr gleichermaßen als Kraftquell und als Korrektiv zugleich voraus- und gegenüberliegt, wie Eckart Reinmuth es formuliert hat:

> Kirche sein bedeutet, sich verbindlich auf die Entscheidung für den Kanon zu beziehen und diese Entscheidung andauernd interpretierend zu vollziehen. [...] Die Erinnerungsleistung der Reformation bestand auf der Einsicht, dass die christliche Kirche sich für die biblischen Schriften als das unterscheidende Gegenüber entschieden hat. Kirche sein heißt, sich interpretierend auf den biblischen Kanon zu beziehen. Kirche existiert in diesem ständigen Interpretationsprozess. Er ist ihr Kraftquell.[5]

Der hermeneutisch reflektierte rezeptionsorientierte Umgang mit der Schrift, wie ihn Martin Luther mit seinem radikalen Verständnis von *sola scriptura* entwarf, bildet nicht nur das Herzstück protestantischer Identität, sondern eine intellektuell wie emotional tragfähige Grundlage für kritische und pluralismusfähige Konzeptionen Heiliger Schriften überhaupt. Wenn das Konzept von seinen konfessionalistischen Abwegen und Missverständnissen befreit wird, könnte deutlich werden, dass es nicht nur evangelische, sondern eben auch römisch-katholische und orthodoxe Theologien in der Gegenwart bereichern und sie in ein konstruktives ökumenisches Gespräch führen kann. Die *Leitfrage* dafür müsste lauten, *ob* und *wie* die Schrifthermeneutik im Zeichen von *sola* scriptura für das 21. Jahrhundert neu formuliert werden *kann*, ohne konfessionalistische Polemik zu bemühen und ohne dogmatistische Engführungen zu repristinieren, die mit zum schlechten Ruf von *sola scriptura* und damit zur Rede von der „Krise des Schriftprinzips" geführt haben.

Im 21. Jh. hat sich zur „Krise des Schriftprinzips" die „Krise der historisch-kritischen Exegese" hinzugesellt, deren hermeneutische und methodische Leitlinien selbst zur Disposition stehen und in die internationale Kritik geraten sind. So stellte Knut Backhaus 2017 fest:

> Es ist heute fraglich, welchen Ort, welches Recht und welchen Nutzen die Exegese im Rahmen der Theologie besitzt. Kaum fraglich ist es, dass solche fachliche Irrelevanz ursächlich mit der von ihr bevorzugten Methode, der historischen Kritik, zusammenhängt.[6]

---

5 Reinmuth, Sola Scriptura, 160.

6 Vgl. Backhaus, Knut, Aufgegeben? Historische Kritik als Kapitulation und Kapital von Theologie, in: ZThK 114 (2017), 260–288, 260. Vgl. auch Vollenweider, Samuel, Die

Diese doppelte Krise bietet aber auch die Chance der Rückbesinnung und Neuvermessung der Konzeptionen von *sola scriptura* und historisch-kritischer Hermeneutik. Dabei geht es um eine kollektive Identität der Glaubenden, deren Grund aber nicht in ihnen selbst liegt, sondern im externen, ihnen vorgegeben wirksam werdenden Wort Gottes, das unter den Bedingungen menschlicher Kommunikation am sichersten, am klarsten und am einfachsten zugänglich ist in der Schrift. Die Schrift ist für die Reformatoren kein abstraktes Prinzip, sondern Lebensmittel, das nur durch das je eigene Lesen oder Hören wirksam werden kann und sich die so Wahrnehmenden gegenseitig als geliebte Geschöpfe Gottes erkennen lässt. Das reformatorische *sola scriptura* ist kein formales Prinzip, vielmehr zielt es auf die Einbindung der Lesenden in die Geschichte Gottes vom Anfang der Schöpfung bis zur Neuschöpfung und darüber hinaus. Wer sich nur historistisch auf die Entstehung der biblischen Texte kapriziert, verkennt ihre alle Zeiten umspannende Kraft, Teil der Geschichte Gottes zu werden, wie sie durch das intertextuelle Zusammenwirken der Schriften des Alten und Neuen Testaments gestaltet wird, verwandelt die Lesenden in Zeugen der Wahrheit dieser Geschichte Gottes: Darauf zielt die Pragmatik reformatorischer Schrifttheologie. Mit ihren intertextuellen Verfahren und rezeptionsästhetischen Perspektiven lässt sie die eindimensionalen entwicklungsgeschichtlich argumentierenden Hermeneutiken doch recht alt und überholt aussehen, auch wenn diese anfänglich ein liberales, öffnendes Anliegen hatten, wie an Johann Salomo Semler im 18. Jh. und Ferdinand Christian Baur im 19. Jh. – worauf ich gleich zurückkommen werde – eindrücklich studiert werden kann. Unter den Gegebenheiten gegenwärtiger hermeneutischer und methodologischer Überzeugungen in den Kultur- und Literaturwissenschaften ist eher dem Konzept *sola scriptura* zuzutrauen, die Krise der historisch-kritischen Exegese zu überwinden, als umgekehrt. Dies kann aber nur gelingen, wenn die Grundanliegen beider Konzepte nicht gegeneinander ausgespielt, sondern als Perspektivenerweiterungen fruchtbar gemacht werden. *Sola scriptura* kann einer wirklich kritischen – und d. h. auch selbstkritischen – Exegese dazu verhelfen, aus ihrer selbst verschuldeten Fixierung auf die Vergangenheit befreit zu werden und die Bibel nicht länger auf ein museales Stück Religionsgeschichte zu schrumpfen. Kritische historische Einsichten aber können das Konzept *sola scriptura* erden und mit dem historischen Referenzpunkt der Kreuzigung Jesu unmissverständlich klarstellen, dass christliche Theologie keine Buchreligion sein kann, weil ihr Referenzpunkt ein Ereignis ist: Das Kreuz ist keine Metapher[7] sondern der brutale, nicht weg

historisch-kritische Methode – Erfolgsmodell mit Schattenseiten. Überlegungen im Anschluss an Gerhard Ebeling, in: ZThK 114 (2017), 243–259.

7 Alkier, Stefan, Das Kreuz ist keine Metapher. Hermeneutische, politische und theologische Verpflichtungen der Jesus-Christus-Geschichte, in: Ders. u.a. (Hg.), unter Mitarbeit von Rydryck, Michael, Neutestamentliche Wissenschaft in gesellschaftlicher Verantwortung. Studien im Anschluss an Eckart Reinmuth, Leipzig 2017, 15–34.

zu interpretierende historische Haftpunkt christlichen Glaubens. Die Überzeugung von der Überwindung dieses von menschlichen Individuen und Institutionen verursachten Leids durch die wundermächtige Schöpfungskraft des liebenden Gottes Israels bewirkt überhaupt erst die Produktion christlicher Schriften, die wiederum nur in ihrem intertextuellen Zusammenwirken mit Schriften Israels theologisch Sinn machen. *Sola scriptura* wäre gänzlich als dogmatische Ideologie entlarvt, wenn es nicht fähig wäre, unter den Einsichten kritischer historischer Forschung reformuliert zu werden.

Aber nicht diese Möglichkeit, sondern eine sachlich unnötige und theologisch katastrophale Abwendung von reformatorischer biblischer Theologie prägte historisch-kritische Exegese von ihren Anfängen an. Johann Salomo Semler, der maßgebliche Begründer historischer Bibelkritik im 18. Jh., hielt den Kanon für einen machtpolitisch begründeten Irrtum des zur römischen Staatsreligion gewordenen Christentums.[8] In Abgrenzung zu den verschiedenen Spielarten der Inspirationslehren urteilte Semler:

> Es war eine unnütze Demonstration, dass man alle Bücher, der ganzen Bibel, und des Neuen Testaments, in ein homogenes Ganze verwandelte; und den daseienden localen Unterschied also wieder wegschmelzte.[9]

Mit dieser rein negativen Auffassung destruierte er die Grundüberzeugung, dass man die Bibel als Ganze in der unbeherrschbaren Vielfältigkeit ihrer intertextuellen Beziehungen immer wieder neu lesen solle, aber dabei den sprichwörtlichen Wald vor lauter Bäumen nicht aus den Augen verlieren darf. Die Bibel erzählt eine zusammenhängende Geschichte von Gott und seiner Schöpfung. Die Kohärenz der Bibel besteht in ihrer großen Geschichte, die sie dialogisch – im Sinne der von Bachtin[10] formulierten Dialogizität – und perspektivenreich erzählt. Diesen Zusammenhang nahmen jedoch zu viele historisch-kritische Exegeten seit Semler kaum mehr wahr oder ignorierten ihn bewusst.

So wird man auch die am Paradigma der Geistesgeschichte orientierte historische Kritik des bedeutendsten Neutestamentlers und Kirchenhistorikers des 19. Jh.s., Ferdinand Christian Baur, die er zwischen 1830 und 1860

---

8 Vgl. Alkier, Stefan, Urchristentum. Zur Geschichte und Theologie einer exegetischen Disziplin, BHTh 83, Tübingen 1993, 44. Vgl. auch Ders., Unerhörte Stimmen – Bachtins Konzept der Dialogizität als Interpretationsmodell biblischer Polyphonie, in: Köhlmoos, Melanie u.a. (Hg.), Wahrheit und Positionalität, Kleine Schriften des Fachbereichs Evangelische Theologie 3, Leipzig 2012, 45–70.

9 Semler, Johann Salomo Lebensbeschreibung von ihm selbst abgefaßt I, Halle 1781, 282.

10 Vgl. Alkier, Stimmen. Vgl. auch Eilenberger, Wolfram, Das Werden des Menschen im Wort. Eine Studie zur Kulturphilosophie Michail M. Bachtins, Legierungen 5, Zürich 2009.

ausarbeitete, kaum einem Konzept von *sola scriptura* zuordnen können.[11] Baur hat nicht als Erster den Kanon destruiert. Er sah wie alle anderen kritischen Theologen nach Semler dessen historisch-analytische Ergebnisse prinzipiell als unstrittig an, war aber mit der bloßen Konstatierung der radikalen Diversität christlicher Optionen, wie sie Semler vorschwebte, gerade nicht einverstanden. Baur ersetzte den von Semler destruierten Zusammenhang des Kanons durch einen dialektisch konstruierten Zusammenhang der Geschichte des Christentums von seinen Anfängen bis zur Gegenwart.[12] Bei aller Kritik an Baur wurde dessen entwicklungsgeschichtlicher Ansatz bis heute zum leitenden Paradigma historisch-kritischer Exegese, freilich mit anderen oder überwiegend sogar mit keinerlei geschichtsphilosophischen Begründungen, die dann implizit aber umso wirksamer wurden.[13] Die Ablehnung der Geltung des Kanons wurde geradezu zum Markenzeichen historisch-kritischer Exegese, wie es mit protestantischem Pathos 1897 William Wrede formulierte:

> Wer also den Begriff des Kanons als feststehend betrachtet, unterwirft sich damit der Autorität der Bischöfe und Theologen jener Jahrhunderte. Wer diese Autorität in anderen Dingen nicht anerkennt – und kein evangelischer Theologe erkennt sie an –, handelt folgerichtig, wenn er sie auch hier in Frage stellt.[14]

So wird man wohl Wolfhart Pannenbergs Analyse der Situation zustimmen müssen, die er in seinem bereits zu Beginn meiner Ausführungen zitierten programmatischen Beitrag *Die Krise des Schriftprinzips* wie folgt formulierte:

---

11 Vgl. Lincicum, David, Ferdinand Christian Baur and the Theological Task of New Testament Introduction, in: Bauspiess, Martin u. a. (Hg.), Ferdinand Christian Baur und die Geschichte des frühen Christentums, WUNT 333, Tübingen 2014, 91–105.

12 Diese Zusammenhänge habe ich ausführlich dargestellt in meiner Dissertation: Alkier, Urchristentum. Zum kaum zu überschätzenden Einfluss Semlers auf die Geschichte der historisch-kritischen Exegese vgl. schon Eichhorn, Johann Gottfried, 'Johann Salomo Semler', in: Allgemeine Bibliothek der biblischen Literatur 5. Vol. 1. Stück, Leipzig 1793, 1–183; vgl. auch Schröter, Marianne, Aufklärung durch Historisierung. Johann Salomo Semlers Hermeneutik des Christentums, HBEA 44, Berlin 2012.

13 Vgl. zur Problematik der geschichtsphilosophischen Implikationen neutestamentlicher Wissenschaft Reinmuth, Eckart, Neutestamentliche Historik, Probleme und Perspektiven, THLZ.F 8, Leipzig 2003; Strecker, Christian, Das Gewesene, das Fremde und die Exegese. Die jüngeren Grundlagendebatten in Geschichtswissenschaft und Kulturanthropologie und ihre Bedeutung für die biblische Wissenschaft, in: Kontexte der Schrift II. Kultur, Politik, Religion, Sprache – Text, W. Stegemann zum 60. Geburtstag, hrsg. von Strecker, Christian, Stuttgart 2005, 120–131.

14 Wrede, William, Über Aufgabe und Methode der sogenannten Neutestamentlichen Theologie, in: Strecker, Georg, (Hg.), Das Problem der Theologie des Neuen Testaments, WdF 367, Darmstadt 1975, 81–154, 85.

„Die Auflösung der Lehre von der Schrift bildet die Grundlagenkrise der modernen evangelischen Theologie.“[15] Umstritten hingegen bleibt die von ihm formulierte Alternative:

> Die ‚Sache‘ der Schrift, die Luther im Sinne hatte, nämlich Person und Geschichte Jesu, ist für unser historisches Bewußtsein nicht mehr in den Texten selbst zu finden, sondern muß hinter ihnen erschlossen werden. Dadurch ist für die Theologie die Frage entstanden, was nun eigentlich als theologisch maßgeblich zu gelten hat, die biblischen Texte oder die hinter ihnen zu erschließende Geschichte. Das ist in der evangelischen Theologie bekanntlich heute noch und wieder umstritten.[16]

Zu hinterfragen ist aber das Verständnis von *sola scriptura*, das deren Kritiker wie Pannenberg als „Schriftpositivismus“[17] gründlich missverstehen und wie etwa dessen Schüler Falk Wagner[18] als unvereinbar mit *der* Aufklärung und Jörg Lauster[19] als unvereinbar mit *dem* modernen historischen Denken bestenfalls noch theologiegeschichtlich würdigen. Dass die systematische Aussetzung des Schriftprinzips dramatische Konsequenzen mit sich bringt, wird schon deutlich an der Verabschiedung des Alten Testaments als unverzichtbarem Bestandteil der Bibel von der spätantiken Gnosis bis zur frühromantischen Gnosis Friedrich Schleiermachers[20] und zur „aufgeklärten“ Gnosis Falk Wagners und darüber hinaus.

Die kritische Rückbesinnung auf das reformatorische Schriftprinzip kann in der gegenwärtigen pluralistischen Situation neue Impulse für die bibelwissenschaftliche Arbeit setzen, die der Diastase zwischen universitärer Unverbindlichkeit im Zeichen eines individualistischen und beliebigen Methodenpluralismus und verbindlicher gottesdienstlicher Verkündigung der Heiligen Schrift als Wort Gottes entgegenwirken muss. Wenn *sola scriptura*

---

15 Pannenberg, Krise, 13.

16 A.a.O., 15f.

17 A.a.O., 12. Vgl. zur Kritik an Pannenberg und Wagner, Christoph Schwöbel, Christoph, Sola Scriptura – Schriftprinzip und Schriftgebrauch, in: Heckel, Ulrich u. a. (Hg.), Luther heute. Ausstrahlungen der Wittenberger Reformation, UTB 4792, Tübingen 2017, 1–27, besonders 20f.

18 Vgl. Wagner, Falk, Auch der Teufel zitiert die Bibel. Das Christentum zwischen Autoritätsanspruch und Krise des Schriftprinzips, in: Ziegert, Richard (Hg.), Die Zukunft des Schriftprinzips, 1994, 236–258.

19 Vgl. Lauster, Jörg, Prinzip und Methode. Die Transformation des protestantischen Schriftprinzips durch die historische Kritik von Schleiermacher bis zur Gegenwart, Tübingen 2004.

20 Vgl. Alkier, Stefan, Das Neue Testament im Kreis der theologischen Fächer. Neutestamentliche Wissenschaft als Beitrag zur Erschließung eines evangelischen Wirklichkeitsverständnisses, in: Buntfuß, Markus u. a. (Hg.), Fremde unter einem Dach? Die theologischen Fächerkulturen in enzyklopädischer Perspektive, TBT 163, Berlin/Boston 2014, 43–67, besonders 54–57.

als hermeneutisches und methodisches Konzept begriffen wird und nicht als dogmatische Gängelung der Freiheit von Forschung und Lehre, müsste zumindest geklärt werden, worauf dieses Konzept zielt und wo seine Stärken und Schwächen liegen. Hält nicht gerade das *sola* die Notwendigkeit der normativen Frage wach, wie die Schrift gewordene Überlieferung als lebendiges Wort Gottes in der Verkündigung der Kirche und darüber hinaus wirken kann? Es sollte deshalb nicht vorschnell gegen das „prae“[21], wie es für römisch-katholische Theologien des Mittelalters selbstverständlich war, ersetzt werden. Aufbauend auf die nach wie vor unverzichtbare Arbeit von Friedrich Kropatschek[22] zur Vorgeschichte des reformatorischen Schriftprinzips hat nämlich Hermann Schüssler in einer detaillierten Studie das Konzept von *sola scriptura* in die Diskussionen um den *Primat der Heiligen Schrift im Spätmittelalter*[23] eingezeichnet. Er konnte zeigen, dass diese kontrovers geführte Debatte maßgeblich in den kirchenrechtlichen Diskursen verortet war, die die Verhältnisse der Autoritäten insbesondere von Heiliger Schrift, Tradition und kirchlichem Lehramt zu klären versuchten, wenn diese Autoritäten nicht übereinstimmten. Aber erst die institutionenkritische Fassung von *sola scriptura* durch Martin Luther befreit die Bibelinterpretation von allen Vorentscheidungen: „Mit dem ‚allein‘ [...] schließt Luther die Bibel nicht zu, [...] sondern öffnet sie für eine Lektüre ohne vorherige Sinnfeststellung. Das ist das Entscheidende an dem sola.“ [24] Wenn diese hermeneutische Revolution durch die Konzeption von *sola scriptura* wieder wahrgenommen würde, könnten zumindest evangelisch gesinnte Exegetinnen und Exegeten dem Fazit von Oda Wischmeyer zustimmen:

> Was jenseits aller Kontroversen um eine angemessene aktuelle Lutherinterpretation und um die anschließende Frage nach dem Schicksal des lutherischen ‚Schriftprinzips‘ bestehen bleibt, ist Luthers Bibelzentriertheit, seine umfassende Bibelkenntnis, seine Liebe zur Bibel, seine Bibelübersetzung, [...], seine Zuversicht, in der Bibel die Botschaft des Evangeliums zu finden. All das sind Verhaltensweisen, die auch protestantische Exegeten und Exegetinnen des 21. Jahrhunderts antreiben können[25].

---

21 So der Vorschlag von Peter Wick, Vom „sola scriptura“-Prinzip zu einem „Prä“ der Heiligen Schrift, in: ZNT 39/40 (2017), 213–228.

22 Kropatscheck, Friedrich, Das Schriftprinzip der lutherischen Kirche I. Die Vorgeschichte. Das Erbe des Mittelalters, 1904.

23 Schüssler, Hermann, Der Primat der Heiligen Schrift als Theologisches und kanonistisches Problem im Spätmittelalter, VIEG 86, Wiesbaden 1977.

24 Wischmeyer, Oda, Sola scriptura, claritas scripturae und sacra scriptura sui ipsius interpres. Kritische Überlegungen aus exegetischer und hermeneutischer Sicht, in: ZNT 39/40 (2017), 229–242, 236f..

25 Wischmeyer, Oda, Sola scriptura, claritas scripturae und sacra scriptura sui ipsius interpres. Kritische Überlegungen aus exegetischer und hermeneutischer Sicht, in: ZNT 39/40 (2017), 229–242, hier: 237.

II.

Am Anfang der reformatorischen Bewegung steht nicht die systematische Darlegung eines Schriftprinzips, sondern die Schriftauslegung in existentieller Anfechtung und Wahrheitssuche mit dem „Geist der Urteilsfähigkeit und der Leidenschaft“[26]. Es ist von grundlegender Bedeutung, dass Luther in seiner *assertio* diese intellektuelle und emotionale Kompetenz zusammenbindet und sie auch den Laien der Schriftauslegung zuspricht. Es geht dabei nicht um einen subjektivistischen Ansatz im Sinne frühromantischer Hermeneutik, wie sie prägnant in einem Aphorismus des Novalis zusammengefasst wird: „Wie ich und was ich lesen soll, kann mir keiner vorschreiben.“[27] Vielmehr geht es um Luthers epochale Einsicht, dass der Zugang zur Schrift allen offen steht, die sich von diesem Geist der Urteilsfähigkeit kritisieren lassen, um den eigenen Geist vom Geist der Schrift zu unterscheiden.[28] Diese differenzhermeneutische Einsicht führt Luther zu der Unterscheidung von Wort Gottes und Heiliger Schrift. Sie führt aber zu dem hermeneutischen und methodischen Ausgangspunkt, dass die Interpretation bei der Schrift selbst beginnen muss, und die Vorgabe der dort zu findenden Zeichen das Kriterium der Angemessenheit der jeweiligen Interpretation darstellt. Insofern ist die Vorfindlichkeit der Schrift auch der Richter ihrer Auslegung. *Sola scriptura* befähigt also nicht nur zur Unterscheidung von Wort Gottes und Heiliger Schrift, sondern gerade auch zur Unterscheidung der Schrift und ihrer Interpretationen. *Sola scriptura* hält die Erkenntnis der unhintergehbaren Notwendigkeit fortwährender Auslegungen fest, die kein Dogma, keine Lehrentscheidung, keine stille Übereinkunft, kein noch so großartiger Bibelkommentar stillstellen kann. Es gilt, die Schrift immer wieder zu interpretieren, eine Notwendigkeit, die die hermeneutische Situation in ihrer Grundsätzlichkeit für alle gleichermaßen erfasst: Alle interpretieren, alle müssen interpretieren, alle sind Interpreten der Schrift – und keiner ihrer Interpreten kann die Stelle der Schrift ausfüllen. Das bedeutet aber, dass sich der Sinn der Schrift nicht von der Schrift ablösen kann. Sinn ist kein *Abstraktum*, das

---

26 Luther, Martin, Schriften, Predigten, Disputationen 1520/21, WA 7, 91–151. Die verwendeten ins Deutsche übersetzen Zitate aus dieser Schrift Luthers folgen wenn nichts anderes vermerkt ist der Ausgabe: Martin Luther, Assertio omnium articulorum Martini Lutheri per bullam Leonis X. novissimam damnatorum / Wahrheitsbekräftigung aller Artikel Martin Luthers, die von der jüngsten Bulle Leos. X verdammt worden sind (1520), in: Martin Luther, lat.-dt. Studienausgabe 1: Der Mensch vor Gott, hrsg. von Wilfried Härle, Leipzig 2006, 71–217, 73.

27 Novalis, Schriften. 2. Das philosophische Werk I, hrsg. von Richard H. Samuel in Zusammenarb. m. Hans-Joachim Mähl und Gerhard Schulz, Darmstadt [3]1981, 609: „Es gibt kein allgemeingeltendes Lesen, im gewöhnlichen Sinn. Lesen ist eine freye Operation. Wie ich und was ich lesen soll, kann mir keiner vorschreiben.“

28 Vgl. Luther, Assertio, 77ff.

sich dann in Lehrsätzen, Dogmen oder interpretatorischen *summaries* im Stile eines *„der Autor will sagen ...“* festhalten ließe.

Sinn bleibt gebunden an den Auslegungsprozess. Deswegen führt *sola scriptura* auch zu einer Kompetenzdidaktik der Bibelauslegung, in der es um die Befähigung auch der Laien geht, ihre geschöpflichen intellektuellen wie emotionalen Potentiale für die Bibelauslegung fruchtbar werden zu lassen. Weil alle – auch die Kirchenväter, die Konzile, der Papst und freilich auch Luther selbst – interpretieren müssen, kann keine Interpretation die Bibel ersetzen, vielmehr haben die Schriftgelehrten die Aufgabe, alle zur eigenen Auslegung im „Geist der Urteilsfähigkeit und der Leidenschaft“[29] zu motivieren.

Die Übersetzung der Bibel ins Deutsche lebte von dieser Zumutung, dass jeder die Bibel selbst interpretieren könne und müsse. Man kann sich nicht auf Autoritäten und Institutionen verlassen, denn auch diese müssen interpretieren und sind damit der Gefahr des Missverstehens ausgesetzt. Es gibt keinerlei Gewähr für eine unfehlbare Auslegung. Dieser Anspruch ist vielmehr eine institutionenfundamentalistische Anmaßung, die nicht mehr die Differenz zwischen dem Wort Gottes und der eigenen Auslegung wahrnimmt, und sich daher an die Stelle des Wortes Gottes setzt und es schon damit verstellt.

Zumutung der Auslegung meint also beides: Jedem aufrichtig Wahrheit Suchenden wird zugetraut, dass er an der Kompetenz der Urteilsfähigkeit partizipieren kann und diese leidenschaftlich, d. h. mit Leib und Seele in den Prozess der Interpretation einbringt. Zumutung bedeutet aber auch, dass jedem einzelnen abverlangt wird, Zeit und Mühe in die Auslegung zu investieren, und zwar aufgrund der demütigen Einsicht, dass jede Interpretation in die Irre führen kann – auch die eigene. Die Gefahr, den eigenen Geist mit dem Geist der Schrift zu verwechseln, gilt für alle Interpreten – Luther zufolge für die professionellen Interpreten aufgrund ihrer Selbstherrlichkeit und Selbstgewissheit noch mehr, als für die der Laien.[30] Aber das sind letztlich nur graduelle Unterschiede, denn kein Individuum, keine Auslegungsgemeinschaft, keine Institution kann der Notwendigkeit und damit auch den Unwägbarkeiten und Gefahren des Interpretierens entfliehen.

Die methodische Basis von *sola scriptura* ist also das unabschließbare eigene Lesen. Verfahren eines *„close readings“* wie es etwa in der Literaturwissenschaft der Mitte des 20. Jahrhunderts[31] entwickelt und von der Amsterdamer Schule[32] für die Exegese fruchtbar gemacht wurde, oder intratextuelle Interpretationsverfahren wie sie in der semiotisch-kritischen Exegese

---

[29] Luther, Assertio, 73.

[30] Ebd.

[31] Vgl. Empson, William, 7 Types of Ambiguity. A Study of its Effects in English Verse, 2nd Revised Edition London 1949.

[32] Vgl. Wolff-Steger, Anke, Die Bibel ist eine große Erzählung – und die Erzählung geht weiter. Frans Breukelmann zum 100. Geburtstag, in: TuK 150 (39/2), Dortmund 2016, 21–31.

ausgearbeitet werden,[33] kommen dem methodischen Ansatz von *sola scriptura* sehr nah. Konkret heißt das: *Bevor* ich zu einem Kommentar greife, lese und interpretiere ich die Schrift selbst und zwar nach den Regeln der Philologie, ganz gleich, in welcher Sprache die Schrift vorliegt:

> Zuerst musste nach dem Beiseitelegen aller menschlichen Schriften umso mehr und umso nachhaltiger allein über den [Heiligen] Schriften geschwitzt werden, je gegenwärtiger die Gefahr ist, dass jemand sie im eigenen Geist versteht, so dass der Brauch eines beharrlichen Studiums uns schließlich – nach der Überwindung einer solchen Gefahr – des Geistes der Schrift gewiss machen würde, der überhaupt nicht gefunden wird, außer in der Schrift.[34]

Wie ist diese Notwendigkeit harter und beharrlicher Interpretationsarbeit als Zumutung für alle zu kombinieren mit der steilen These von der Klarheit der Schrift? Luthers *assertio* gibt darauf eine plausible Antwort: Die These von der Klarheit der Schrift ergibt sich aus der vergleichenden Zuordnung eines Zugangs zur Schrift, der bei der Schrift selbst beginnt und sie allein als Richter der eigenen Interpretation anerkennt, gegenüber Verfahren, die erst ein Studium von Kommentaren und dogmatischen Systemen einfordern, bevor auch nur eine Seite der Schrift aufgeschlagen werden kann. Gegenüber dem zweiten Verfahren ist das erste, das bei der Schrift selbst beginnt „klarer und gewisser"[35]; denn auch die Kommentare und Dogmen und Lehrsysteme müssen ja erst gelesen und verstanden werden und was man dann im besten Fall verstanden hat, ist gegenüber der Schrift Sekundärliteratur. Wenn ich verstehe, wie Origenes, ein Konzil oder das römisch-katholische Lehramt in einer bestimmten Äußerung Paulus verstanden hat, habe ich noch nicht Paulus verstanden. Ja, es kommt eine weitere Unklarheit in diesen Weg über die Sekundärliteratur hinzu: es potenziert das mögliche Missverständnis, denn vielleicht habe ich ja den Kommentar oder das Dogma missverstanden, denn auch diese müssen doch „bis ins Unendliche"[36] interpretiert werden.

Diese Abwägung der beiden Wege in die Schrift führt Luther dann auch zu seiner programmatischen Formulierung, die ich – zumindest teilweise – auf Latein zitiere, um zwei Alternativen der Übersetzung kenntlich machen zu können, die zu sehr verschiedenen Perspektiven auf Luthers *sola scriptura* führen. Die entscheidende Passage lautet:

---

[33] Vgl. Alkier, Stefan, Neues Testament, UTB 3405, Tübingen/Basel 2010, 139–174.
[34] Luther, Assertio, 79.
[35] A.a.O., 81.
[36] A.a.O., 77.

> Man muss nämlich hier mit der Schrift als Richter ein Urteil fällen, was [aber] nicht geschehen kann, wenn wir nicht der Schrift in allen Dingen, die den Vätern beigelegt werden, den ersten Rang einräumen. Das heißt, ut sit ipsa per sese certissima, facillima, apertissima, sui ipsius interpres, omnium omnia probans, iudicans et illuminans [...].[37]

Die gut gelungene Übersetzung der *assertio*, die Sibylle Rolf vorgelegt hat, übersetzt philologisch vertretbar wie folgt: „Das heißt, dass sie durch sich selbst ganz gewiss ist, ganz leicht zugänglich, ganz verständlich, ihr eigener Ausleger, alles von allen prüfend, richtend und erleuchtend". Ich schlage dagegen vor, die Superlative *certissima, facillima, apertissima* nicht mit „ganz" wiederzugeben, sondern ihre superlativische Bedeutung auch in der Übersetzung beizubehalten, denn die Einleitung mit „das heißt" (hoc est) zeigt doch das folgende als Erläuterung der im vorherigen stehenden Vorordnung der Schrift als Primärliteratur vor die Sekundärliteratur. Demnach ist die Schrift „durch sich selbst *am gewissesten, am leichtesten zugänglich, am klarsten*" und zwar als Alternative zu einer Auslegungspraxis, die erst die Sekundärliteratur und dann erst von dem Vorverständnis und den Setzungen der Sekundärliteratur ausgehend die Schrift interpretiert. Es geht bei Luthers *sola scriptura* nicht um die Ablehnung der Sekundärliteratur, also auch nicht um die Ablehnung der Tradition als solcher, sondern es geht zunächst und vor allem anderen um die Vorgabe der Schrift. Keine Lehre und kein Lehramt, sei es der Papst oder die Universitätsprofessoren, sei es ein Dogma oder eine wissenschaftliche Hypothese, soll der Interpretation der Schrift normierend vorangestellt werden. Keine Interpretation darf sich an die Stelle der zu interpretierenden Schrift setzen. Die Schrift ist immer reicher, offener, lebendiger als eine ihrer Interpretationen. Diese Einsicht führt zur Demut der Interpretation.

„Auf diese Weise stellt sich Luther als ein Theologe dar, der gleichsam alle Kräfte seines Intellekts, seines Glaubens, seines Affekts, seines Herzens und seines Gewissens aufbietet, um den Inhalt, das Wort der Schrift zu hören und zu empfangen."[38]

Luthers *sola scriptura* deformiert christlichen Glauben nicht zu einer Buchreligion. Es steht wegen der Dynamik seines Interpretaionsverständnisses jedem Schriftpositivismus entgegen. Die Schrift ist Luther zufolge vielmehr ein Notbehelf für das lebendige und deshalb Leben schaffende und Leben ermöglichende Wort Gottes. Luther kritisiert die Verschriftlichung des

---

37 A.a.O., 79–81.

38 Mostert, Walter, Scriptura sacra sui ipsius interpres. Bemerkungen zu Luthers Verständnis der Heiligen Schrift (1979), in: Ders., Glaube und Hermeneutik. Gesammelte Aufsätze, Herausgegeben von Pierre Bühler und Gerhard Ebeling unter Mitwirkung von Jan Bauke, Adrian M. Berger, Peter Koller und Peter Wydler, Tübingen 1998, 9–41, hier: 10.

Evangeliums sogar als „eyn grosser abbruch und ein geprechen des geystis“[39], zugleich aber gilt ihm die Schrift als notwendiges, weil zuverlässigstes und klarstes Medium der Kontinuität des Evangeliums unter den historischen und semiotischen Bedingungen menschlicher Kommunikation. Deswegen tritt er nicht nur für den rechtlichen Primat der Heiligen Schrift ein, sondern erklärt sie allein zum Richter aller den Glauben betreffenden Wahrheitsbehauptungen. Nur der Schrift kommt deshalb die Funktion zu, normierende Norm aller theologischen Aussagen zu sein.

Die gleichermaßen intellektuelle wie existentielle Hingabe an die Schriftauslegung steht gerade nicht in Widerspruch zu der Freiheit Luthers gegenüber dem überlieferten Kanon, der dazu führte, dass Luther einen eigenen Kanon kreierte, den es in dieser Gestalt vor ihm nicht gegeben hat.[40] Im alttestamentlichen Teil folgt er der Anordnung der Septuaginta bzw. der Vulgata, lässt aber nur solche Bücher als kanonisch gelten, die auch auf Hebräisch bzw. Aramäisch überliefert sind. Im Neutestamentlichen Teil gelten ihm die Briefe des Jakobus und Judas, der 2. Petrusbrief und die Johannesapokalypse nicht etwa als kanonisch, sondern als apokryph.

Luthers *sola scriptura* ermöglicht es geradezu, die Polyphonie des Kanons wahrzunehmen und sogar antagonistisch Schrift mit Schrift zu kritisieren.[41] Ihm geht es nämlich um den Zusammenhang der Schrift, wie er es trefflich in einer Predigt formulierte: „Du musst scripturam sacram nicht stückweise ansehen, sed integram.“[42] Diese hermeneutische Überzeugung von der Übersummativität der Teile drückt sich auch in der viel zitierten, aber oft aus dem Zusammenhang gerissenen Formulierung der Selbstauslegung der Schrift aus („scriptura [...] sui ipsius interpres“ [43]). Das führt Luther aber nicht zu einer Harmonisierung der Polyphonie der Schrift, sondern vielmehr zu einem intertextuellen Auslegungsverfahren einerseits und zu einem rezeptionsästhetischen Kriterium im Konflikt der sich widerstreitenden Stimmen der biblischen Schriften andererseits.

Die von Luther eingeforderte fortwährende Lektüre aller biblischen Schriften nimmt nicht nur deren Übereinstimmungen wahr, sondern auch ihre Differenzen und unvermittelbaren Widersprüche. Sie verschafft dem beharrlichen Studierenden die intertextuelle Kompetenz, Schriften miteinander in Beziehung zu setzen und sich gegenseitig erläutern oder auch kritisieren zu lassen. Wer etwa Jesu letztes Wort am Kreuz, wie er es im Markus- und im Matthäusevangelium liest, auf die Gottesferne eines Verzweifelten

39 Zit. nach Beutel, Albrecht, Erfahrene Bibel. Verständnis und Gebrauch des verbum dei scriptum bei Luther, in: Ders., Protestantische Konkretionen. Studien zur Kirchengeschichte, Tübingen 1998, 66–103, 75.

40 Vgl. dazu Körtner, Ulrich H. J., Arbeit am Kanon. Studien zur Bibelhermeneutik, Leipzig 2015, 20ff.

41 Vgl. Beutel, Bibel, 85.

42 Luther, Martin, Predigten des Jahres 1539, WA 47, 681, 1–2.

43 Luther, Assertio, 79–81.

reduziert, dem verhilft der intertextuelle Verweis darauf, dass Jesus hier einen Psalm betet, zu einem ganz anderen Verständnis dieses ergreifenden Verses im Rahmen der markinischen und matthäischen Darstellung der Kreuzigung Jesu:

> Mein Gott, mein Gott, warum hast Du mich verlassen" eröffnet Psalm 22, der mit der Zuversicht des Kommens des Reiches Gottes endet: „Denn des HERRN ist das Reich, und er herrscht unter den Völkern. Ihn allein werden anbeten alle Großen auf Erden; vor ihm werden die Knie beugen alle, die zum Staube hinabfuhren und ihr Leben nicht konnten erhalten. Er wird Nachkommen haben, die ihm dienen; vom Herrn wird man verkündigen Kind und Kindeskind. Sie werden kommen und seine Gerechtigkeit predigen dem Volk, das geboren wird. Denn er hat's getan.[44]

Liest man die Schrift *„integram"*, so legt sie sich auf diese intertextuelle Weise selbst aus und führt nicht nur zu einem besseren Verständnis dunkler Stellen, sondern zu einer Gesamtperspektive, die durchaus auch Passagen der Schrift in Frage stellen kann.

Die methodischen Verfahren des *sola scriptura* im Sinne eines intratextuellen *close readings* und eines intertextuellen Wahrnehmens und aufeinander Beziehens der Polyphonie der Schrift sind methodische Leitprinzipien, die gerade auch im heutigen Diskurs neutestamentlicher Wissenschaft hoch aktuell und interdisziplinär plausibel reformulierbar sind.[45]

Die rezeptionsästhetische Pointe des *sola scriptura* gerät aber damit allein noch nicht in den Blick. Die klügste und philologisch korrekteste Interpretation eines biblischen Textes kann nämlich nicht machen, dass die Schrift als Wort Gottes wahrgenommen wird und als solche wirkt. Die Wirksamkeit der Schrift als Wort Gottes entzieht sich der Machbarkeit des menschlichen Geistes, welcher Methoden auch immer er sich bedient. „Was Christum treibet" kann als hermeneutisch-theologische Leitperspektive immerhin noch im Streit der Interpretationen diskutiert werden. *Dass* Christum treibet, ist aber dem Wirken des Geistes der Schrift vorbehalten.

---

44 Ps 22,29–33

45 Vgl. dazu Alkier, Stefan u. a., Kanon und Intertextualität. Kleine Schriften des Fachbereichs Evangelische Theologie der Goethe-Universität Frankfurt am Main 1, Frankfurt am Main 2010; Schwöbel, Sola Scriptura, 24–27.

III.

Die folgende Thesenreihe basiert auf meinem Studium zentraler Texte Martin Luthers, insbesondere seiner Verteidigungsschrift *Assertio omnium articulorum Martini Lutheri per bullam Leonis X. novissimam damnatorum*[46]. Sie soll aber weniger ein Beitrag zur Lutherexegese sein, als vielmehr der Versuch, auf der Basis der vorangestellten Überlegungen das epistemologische, hermeneutische und methodologische Potential des reformatorischen Konzeptes *sola scriptura* für die gegenwärtige Schriftauslegung in akademischen, schulischen und kirchlichen Kontexten im Allgemeinen und für die Konzipierung der exegetischen Fächer im Zusammenhang Evangelisch-Theologischer Fakultäten im Besonderen aufzuzeigen. Damit möchte ich einen Beitrag zur Bewältigung der schwelenden „Grundlagenkrise der modernen evangelischen Theologie"[47] und ihrer exegetischen Fächer leisten, die nicht zuletzt von der enzyklopädischen Unsicherheit darüber geprägt ist, was denn die verschiedenen theologischen Disziplinen als Teilperspektiven eines gemeinsam vertretenen Gesamtzusammenhangs verbindet. Durch die Krise des reformatorischen Schriftprinzips besteht heute keine Übereinstimmung mehr darüber, was *Evangelische Theologie*, *Evangelische kirchliche Praxis* und *Evangelischer Religionsunterricht* sein sollen und welche Aufgaben die theologischen Disziplinen für die Profilierung *Evangelischer* Theologie und ihrer transdisziplinären Praxisrelevanz zu bewältigen haben.[48]

---

46 Luther, Assertio, 71–217.

47 Pannenberg, Krise, 13: „Die Auflösung der Lehre von der Schrift bildet die Grundlagenkrise der modernen evangelischen Theologie."

48 Vgl. u. a. Alkier, Stefan u. a. (Hg.), Evangelische Theologie an Staatlichen Universitäten. Konzepte und Konstellationen Evangelischer Theologie und Religionsforschung, Göttingen 2010; Buntfuß, Fremde, Berlin/Boston 2014; Schulz, Heiko (Hg.), Evangelische Theologie. Eine Selbstverständigung in enzyklopädischer Absicht, Kleine Schriften des Fachbereichs Evangelische Theologie der Goethe-Universität Frankfurt am Main 7, Leipzig 2016.

Sola scriptura als epistemologisches, hermeneutisches, methodologisches und theologisches Konzept. 20 Thesen:[49]

1. *Sola scriptura* ist eine epistemologische Antwort auf die Frage, wo unter den Bedingungen menschlicher Kommunikation das Wort Gottes „am gewissesten, am leichtesten zugänglich, am klarsten"[50] gesucht werden kann.
2. *Sola scriptura* verweist nicht nur auf den Primat der Heiligen Schrift, sondern zugleich auf die unhintergehbare Notwendigkeit und ebenso auf die Möglichkeit der Auslegung der Heiligen Schrift durch jeden wohlwollenden Rezipienten mit dem „Geist der Urteilsfähigkeit und Leidenschaft"[51]. *Sola scriptura* steht für die *Zumutung und die Unhintergehbarkeit der Interpretation* und damit zugleich für die *Unverfügbarkeit des Wortes Gottes.*
3. Jede Interpretation muss *als* Interpretation begriffen und kommuniziert werden. Sie kann und darf den Interpretationsgegenstand nicht ersetzen. Die Schrift ist reicher als nur eine ihrer Interpretationen.
4. Sinn kann nicht von den Schriftzeichen abstrahiert werden und diese damit überflüssig machen. Sinn muss in jedem Rezeptionsvorgang neu erschlossen werden.
5. Das Alleinstellungsmerkmal der Schrift (*sola*) bezieht sich ausschließlich auf die normierende und dadurch kritische Funktion der Schrift gegenüber allen ihren Auslegungen und Transformationen.
6. Die biblischen Schriften weisen mindestens drei Kommunikationssituationen auf:
   a. Die Kommunikationssituationen zur Zeit ihrer Entstehung.
   b. Die Kommunikationssituationen qua Transposition in den Kanon.
   c. Die Kommunikationssituationen ihrer Rezeptionen.
7. Religions-, literatur- und theologiegeschichtlich sind alle Kommunikationssituationen der biblischen Schriften gleichermaßen relevant.
8. Normativ sind die biblischen Schriften nicht in der Kommunikationssituation ihrer Entstehung, sondern durch die Transposition in den Kanon.
9. *Scriptura* wird als Konzept des Kanons aus Altem und Neuem Testament begriffen, das nicht gebunden ist an eine einzige Version bzgl. Sprache, Auswahl und Reihenfolge der biblischen Bücher.

---

49 Ausführlich habe ich diese Thesen erläutert und begründet in meinem Beitrag Sola scriptura als epistemologisches, hermeneutisches, methodologisches und theologisches Konzept der Schriftauslegung. 20 Thesen und ihre Erläuterungen, in: Alkier, Stefan (Hg.), unter Mitarbeit von Dominic Blauth und Max Botner, Sola Scriptura 1517–2017. Rekonstruktionen – Kritiken – Transformationen – Performanzen, Tübingen 2019 (im Druck).

50 Luther, Martin, Assertio omnium articulorum, in: WA 7; 97,23 (meine Übersetzung).

51 Luther, Assertio, 73.

10. Die intertextuelle Schreibweise der neutestamentlichen Schriften verwebt sie unauflösbar mit den Heiligen Schriften Israels.
11. Der Kanon als Konzept der Zusammenstellung des Alten und des Neuen Testaments ist die Fortsetzung der intertextuellen Schreibweise der neutestamentlichen Schriften.
12. Das primäre Kriterium der Interpretation ist die Schrift selbst als Vorgabe ihrer Zeichen und deren intratextueller (grammatischer, syntagmatischer, semantischer, pragmatischer) und intertextueller Textur.
13. Der Kanon wird als intertextuelle Lektüreanweisung begriffen, die das Zusammenlesen jedes einzelnen Buches der Bibel mit allen anderen Büchern in alle Richtungen eröffnet. Dadurch legt sich die Schrift selber aus.
14. Die intertextuelle Lektüre der Schrift lässt die Polyphonie ihrer Schriften wahrnehmbar werden. Die diversen Stimmen der Schrift können sich gegenseitig verstärken, ergänzen oder widersprechen.
15. Im Akt des Lesens sind Syntheseleistungen zu vollbringen, die den Zusammenhang der Schriften herstellen und im Vollzug der theologischen Interpretation die diversen Stimmen der Schrift gewichten.
16. Die christologische Makroproposition ist kanontheologisch und kanongeschichtlich belastbar. Sie sollte aber nicht als ‚Mitte der Schrift' interpretiert werden, sondern als dynamisches Objekt, das der Schrift vorausliegt und ihr als solches entzogen bleibt.
17. Das dynamische Objekt der Schrift ist die Auferweckung des Gekreuzigten. Die neutestamentlichen Schriften entstehen als Interpretanten dieses Ereignisses.
18. Die „Krise des Schriftprinzips" basiert auf einer irrtümlichen Alternative von Text und Geschichte. Die gegenwärtige Krise der historisch-kritischen Methode bietet die Chance der Überwindung der Krise des Schriftprinzips mittels einer geschichts- und kommunikationstheoretisch reflektierten Zuordnung von Text und Geschichte.
19. Die Schrift verdankt sich nicht nur einem geschichtlichen Ereignis, sie ist selbst ein geschichtliches Ereignis, das sich als Zeichenprozess begreifen lässt – und das gilt auch für alle Interpretationen.
20. *Sola scriptura* verlegt den *Ort* der Wahrheitsfrage von der Institution in den existenziellen Lebensvollzug. Die Schriftauslegung ist daher für jeden ein lebenslanger Prozess.

Literaturverzeichnis

Alkier, Stefan u. a., Kanon und Intertextualität. Kleine Schriften des Fachbereichs Evangelische Theologie der Goethe-Universität Frankfurt am Main 1, Frankfurt am Main 2010.

Alkier, Stefan u. a. (Hg.), Evangelische Theologie an Staatlichen Universitäten. Konzepte und Konstellationen Evangelischer Theologie und Religionsforschung, Göttingen 2010.

Alkier, Stefan, Das Kreuz ist keine Metapher. Hermeneutische, politische und theologische Verpflichtungen der Jesus-Christus-Geschichte, in: Ders. u. a. (Hg.), unter Mitarbeit von Michael Rydryck, Neutestamentliche Wissenschaft in gesellschaftlicher Verantwortung. Studien im Anschluss an Eckart Reinmuth, Leipzig 2017, 15-34.

Alkier, Stefan, Das Neue Testament im Kreis der theologischen Fächer. Neutestamentliche Wissenschaft als Beitrag zur Erschließung eines evangelischen Wirklichkeitsverständnisses, in: Buntfuß, Markus (Hg.), Fremde unter einem Dach? Die theologischen Fächerkulturen in enzyklopädischer Perspektive, TBT 163, Berlin/Boston 2014, 43-67.

Alkier, Stefan, Neues Testament, UTB 3405, Tübingen und Basel 2010.

Alkier, Stefan, Sola scriptura als epistemologisches, hermeneutisches, methodologisches und theologisches Konzept der Schriftauslegung. 20 Thesen und ihre Erläuterungen, in: Alkier, Stefan (Hg.), unter Mitarbeit von Dominic Blauth und Max Botner, Sola Scriptura 1517-2017. Rekonstruktionen – Kritiken – Transformationen – Performanzen, Tübingen 2019 (im Druck).

Alkier, Stefan, Unerhörte Stimmen – Bachtins Konzept der Dialogizität als Interpretationsmodell biblischer Polyphonie, in: Köhlmoos, Melanie u. a. (Hg.), Wahrheit und Positionalität, Kleine Schriften des Fachbereichs Evangelische Theologie 3, Leipzig 2012, 45-70.

Alkier, Stefan, Urchristentum. Zur Geschichte und Theologie einer exegetischen Disziplin, BHTh 83, Tübingen 1993.

Backhaus, Knut, Aufgegeben? Historische Kritik als Kapitulation und Kapital von Theologie, in: ZThK 114 (2017), 260-288.

Becker, Eve-Marie, Sola Scriptura als bibelwissenschaftliches Prinzip, in: ZNT 39/40 (2017), 25-35.

Beutel, Albrecht, Erfahrene Bibel. Verständnis und Gebrauch des verbum dei scriptum bei Luther, in: Ders., Protestantische Konkretionen. Studien zur Kirchengeschichte, Tübingen 1998, 66-103.

Buntfuß, Markus u. a. (Hg.), Fremde unter einem Dach? Die theologischen Fächerkulturen in enzyklopädischer Perspektive, TBT 163, Berlin/Boston 2014.

Dochhorn, Jan, Die Kirche und das Alte Testament, in: ZNT 39/40 (2017), 59-76.

Eichhorn, Johann Gottfried, 'Johann Salomo Semler', in: Allgemeine Bibliothek der biblischen Literatur 5. Vol. 1. Stück, Leipzig 1793, 1-183.

Eilenberger, Wolfram, Das Werden des Menschen im Wort. Eine Studie zur Kulturphilosophie Michail M. Bachtins, Legierungen 5, Zürich 2009.

Empson, William, 7 Types of Ambiguity. A Study of its Effects in English Verse, 2nd Revised Edition London 1949.

Körtner, Ulrich H. J., Arbeit am Kanon. Studien zur Bibelhermeneutik, Leipzig 2015.

Kropatscheck, Friedrich, Das Schriftprinzip der lutherischen Kirche I. Die Vorgeschichte. Das Erbe des Mittelalters, 1904.

Lauster, Jörg, Prinzip und Methode. Die Transformation des protestantischen Schriftprinzips durch die historische Kritik von Schleiermacher bis zur Gegenwart, Tübingen 2004.
Lincicum, David, Ferdinand Christian Baur and the Theological Task of New Testament Introduction, in: Bauspiess, Martin u. a. (Hg.), Ferdinand Christian Baur und die Geschichte des frühen Christentums, WUNT 333, Tübingen 2014, 91-105.
Luther, Martin, Assertio omnium articulorum Martini Lutheri per bullam Leonis X. novissimam damnatorum. 1520, in: Martin Luther, lat.-dt. Studienausgabe, hrsg. von Wilfried Härle u. a., Bd. 1, 2006, 71-217.
Luther, Martin, Predigten des Jahres 1539 (WA 47).
Luther, Martin, Schriften, Predigten, Disputationen 1520/21 (WA 7).
Mostert, Walter, Scriptura sacra sui ipsius interpres. Bemerkungen zu Luthers Verständnis der Heiligen Schrift (1979), in: Ders., Glaube und Hermeneutik. Gesammelte Aufsätze, Herausgegeben von Pierre Bühler und Gerhard Ebeling, unter Mitwirkung von Jan Bauke, Adrian M. Berger, Peter Koller und Peter Wydler, Tübingen 1998, 9-41.
Novalis, Schriften. 2. Das philosophische Werk I, hrsg. von Reinhard H. Samuel in Zusammenarbeit mit Hans-Jürgen Mähl und Gerhard Schulz, Darmstadt ³1981.
Pannenberg, Wolfhart, Die Krise des Schriftprinzips, in: Ders., Grundfragen systematischer Theologie. Gesammelte Aufsätze, Göttingen ³1979, 11-21.
Reinmuth, Eckart, Neutestamentliche Historik, Probleme und Perspektiven, THLZ.F 8, Leipzig 2003
Reinmuth, Eckart, Sola scriptura. Eine neutestamentliche Anmerkung, in: ZNT 39/40 (2017), 159-172.
Schröter, Marianne, Aufklärung durch Historisierung. Johann Salomo Semlers Hermeneutik des Christentums, HBEA 44, Berlin 2012.
Schulz, Heiko (Hg.), Evangelische Theologie. Eine Selbstverständigung in enzyklopädischer Absicht, Kleine Schriften des Fachbereichs Evangelische Theologie der Goethe-Universität Frankfurt am Main 7, Leipzig 2016.
Schüssler, Hermann, Der Primat der Heiligen Schrift als Theologisches und kanonistisches Problem im Spätmittelalter, VIEG 86, Wiesbaden 1977.
Schwöbel, Christoph, Sola Scriptura – Schriftprinzip und Schriftgebrauch, in: Heckel, Ulrich u. a. (Hg.), Luther heute. Ausstrahlungen der Wittenberger Reformation, UTB 4792, Tübingen 2017, 1-27.
Semler, Johann Salomo, Lebensbeschreibung von ihm selbst abgefaßt I, Halle 1781.
Strecker, Christian, Das Gewesene, das Fremde und die Exegese. Die jüngeren Grundlagendebatten in Geschichtswissenschaft und Kulturanthropologie und ihre Bedeutung für die biblische Wissenschaft, in: Ders., Kontexte der Schrift II. Kultur, Politik, Religion, Sprache – Text, Wolfang Stegemann zum 60. Geburtstag, Stuttgart 2005, 120-131.
Vollenweider, Samuel, Die historisch-kritische Methode – Erfolgsmodell mit Schattenseiten. Überlegungen im Anschluss an Gerhard Ebeling, in: ZThK 114 (2017), 243-259.
Wagner, Falk: Auch der Teufel zitiert die Bibel. Das Christentum zwischen Autoritätsanspruch und Krise des Schriftprinzips, in: Ziegert, Richard (Hg.), Die Zukunft des Schriftprinzips, 1994, 236-258.
Wick, Peter, Vom „sola scriptura"-Prinzip zu einem „Prä" der Heiligen Schrift, in: ZNT 39/40 (2017), 213-228.
Wischmeyer, Oda, Sola scriptura, claritas scripturae und sacra scriptura sui ipsius interpres. Kritische Überlegungen aus exegetischer und hermeneutischer Sicht, in: ZNT 39/40 (2017), 229-242.
Wolff-Steger, Anke, Die Bibel ist eine große Erzählung – und die Erzählung geht weiter. Frans Breukelmann zum 100. Geburtstag, in: TuK 150 (39/2), Dortmund 2016, 21-31.
Wrede, William, Über Aufgabe und Methode der sogenannten Neutestamentlichen Theologie, in: Strecker, Georg (Hg.), Das Problem der Theologie des Neuen Testaments, WdF 367, Darmstadt 1975, 81-154.

Sola Scriptura

Eine reformatorische Lösung, ihre Problemkonstellation und ihre wegweisenden Perspektiven

Traugott Jähnichen

Einleitung

Eine grundlegende, bis heute die Konfessionen prägnant unterscheidende Innovation aus der Zeit der Reformation ist die Neubewertung der biblischen Überlieferung. Dabei werden einerseits der Buchstabensinn der Bibel und dementsprechend die biblischen Ursprachen in den Mittelpunkt gerückt und andererseits wird die Bibel in verschiedene Verkehrs- und Landessprachen übersetzt, so dass sich nunmehr größere Teile der Bevölkerung als bisher mit den biblischen Traditionen vertraut machen können. Sowohl der Rückgriff auf die biblischen Ursprachen wie auch die Übersetzungen und damit die auf Verständlichkeit und Auslegung der Schrift zielenden Impulse der Reformatoren sind darin begründet, dass den biblischen Schriften gegenüber der kirchlichen Tradition wie auch den kirchlichen Autoritäten eine übergeordnete Bedeutung zugemessen wird. Im Blick auf diese Neuorientierung wird in theologischen Debatten häufig pauschalisierend von dem „reformatorischen Schriftprinzip" als einer Grundlage des evangelischen Glaubensverständnisses gesprochen. In diesem Beitrag soll gezeigt werden, dass dieser Begriff, vor allem der Terminus „Prinzip", höchst voraussetzungsreich und in vielerlei Hinsicht problematisch ist. Es wird versucht, sowohl die zentrale Relevanz der Schrift für die Reformatoren, wie sie in dem Wort „sola" zum Ausdruck kommt, wie auch die Bedingungen und Grenzen der Formel „sola scriptura" aufzuzeigen.

1. Das Wort Gottes als mündliches Wort des Evangeliums und als *Heilige Schrift*

Martin Luther hat unermüdlich die Mündlichkeit des Evangeliums betont: Weil Evangelium auf Deutsch ja als „gute Botschaft, gute Mär ... , gut Geschrei"[1] zu bezeichnen ist, soll dieses Evangelium nach Christi Befehl in aller Welt ausgerufen werden, um die Botschaft von der Überwindung von Sünde, Schuld und Tod durch Christus allen Menschen bekannt zu machen. Alles das, was Christus seinen Schülern/innen gepredigt und gelehrt – und gerade nicht selbst aufgeschrieben – hat, sollen die Nachfolger Christi wiederum ihren Schüler/innen lehren und predigen: „Gehet hin und machet zu Jüngern/Schülern alle Völker, taufet sie auf den Namen des Vaters und des Sohnes und des Heiligen Geistes und lehret sie halten alles, was ich euch befohlen habe." (Mt 28,19f) Die weiter zu gebende Lehre Christi und die Lehrer-Schüler-Verhältnisse in seiner Nachfolge sind wesentlich durch persönliche Begegnungen und mündlich-dialogische Kommunikationsprozesse unter Anwesenden, also durch „Interaktion"[2], bestimmt. In ähnlicher Weise hat Paulus den Vorrang der mündlichen Anrede zum Ausdruck gebracht, wenn er betont, dass der Glaube als Voraussetzung der den Menschen rettenden Anrufung Gottes aus dem Hören der Predigt (vgl. Röm 10,14) kommt und es deshalb Prediger bedarf. Eine unmittelbare Entsprechung und Aufnahme findet diese Überlegung in der Confessio Augustana, wenn es in These V heißt, dass zur Erlangung des Glaubens das „Amt eingesetzt (ist), welches das Evangelium verkündet und die Sakramente darreicht."[3] Stets hat Luther in diesem Sinn „auf das verbum vocale hingewiesen, das äußere, gesprochene Wort, das dem Menschen durch Verkündigung und Sakrament begegnet als das Mittel, durch das die Gabe des Heiligen Geistes mitgeteilt wird."[4] Die Kirche ist daher immer dort zu finden, wo „rein gelehrt wird und die Sakramente recht verwaltet werden."[5]

Das lebendige Wort – die Predigt, die Lehre, das seelsorgerlich-tröstende Wort und nicht zuletzt das im Vollzug der Sakramente sinnlich erfahrbare Wort – ist somit das Wort Gottes für uns heute. Es muss daher immer wieder

---

1 Luther, Martin, Vorrede zum Neuen Testament, in: Luthers Vorreden zur Bibel, Bornkamm, Heinrich (Hg.), Frankfurt 1983, 168.

2 Für diese Art der Kommunikation hat Niklas Luhmann den Begriff der „Interaktion" geprägt. Vgl. Luhmann, Niklas, Soziale Systeme. Grundriss einer allgemeinen Theorie, Frankfurt am Main ^{4}1991, 560ff.

3 Confessio Augustana, These 5, in: Grane, Leif, Die Confessio Augustana. Einführung in die Hauptgedanken der lutherischen Reformation, Göttingen ^{2}1980, 54.

4 Grane, Confessio, 56.

5 Confessio Augustana, These VII, in: Grane, Confessio, 70.

neu ausgesagt werden, eine bloße Rezitation der Schrift ist unzureichend.[6] Das Wort Gottes soll von Menschen für andere Menschen mit ihren jeweiligen Lebensverhältnissen in neuer Weise „versprochen" werden. Nur so kommt es in einem prägnanten Sinn zur „Kommunikation des Evangeliums"[7].

Das mündliche Wort im Allgemeinen ist „instantan"[8], d. h. es ruft unmittelbar eine Vielzahl von Erfahrungen und Erinnerungen wach und führt so beim Hörer zu komplexeren Gedankenketten, die ihn mit einbeziehen und weit mehr als eine passive Rezeption bedeuten. In diesem Sinn ist gerade das lebendige Wort des Evangeliums an konkrete Menschen adressiert und richtet sich „ad personam". Es kommt also immer zugleich auf das „Hören" an. Die Adressaten der Anrede, insbesondere die Hörer der Predigt, tragen nämlich durch ihre Art und Weise des Umgangs mit dem Gehörten, das sich – so insbesondere in vielen Kirchen des Südens – auch in spontanen und deutlich wahrnehmbaren Reaktionen äußern kann, wesentlich zum Gelingen dieser Kommunikation bei. In theologischer Perspektive ist es der Heilige Geist, der sowohl auf Seiten der Prediger wie auf Seiten der Hörenden wirkt und durch dessen Wirken die Schrift lebendig wird. Durch seine – freilich nicht objektiv aufweisbare und auch nicht durch menschliches Handeln herbeizuzwingende – Präsenz werden eine Predigt, ein Seelsorgegespräch oder eine Lehre zum lebendigen Wort Gottes. Dies ist in der These V der Confessio Augustana mit der Formulierung gemeint, dass der Heilige Geist den Glauben wirkt, „wo und wann es Gott gefällt."[9]

Dieses lebendige Wort, die viva vox evangelii, ist somit Gottes Wort und menschliches Wort zugleich. Als menschliches Wort ist es wesentlich bezogen auf das Wort, das allen menschlichen Bemühungen „vorangeht"[10] und auf dem alles andere beruht: Das „Wort, das Gott mitten unter den Menschen und ... an alle Menschen gerichtet, gesprochen hat, spricht und sprechen wird. Es ist das Wort seines Tuns an den Menschen, für die Menschen, mit den Menschen."[11] Es ist Gottes Wort und als solches ein eminent wirkmächtiges Wort, durch das Gott die Welt ins Leben rief (vgl. Gen 1,3 u. a.). Dieses Wort war im Anfang, es war bei Gott, es ist gottgleich und in Jesus von Nazareth Mensch geworden (vgl. Joh 1,1–14). Glaube bedeutet daher, besonders

---

6 Im Islam ist die Koran-Rezitation ein wesentliches Zentrum der religiösen Praxis, wobei die Schönheit des rezitierten Wortes im Mittelpunkt steht. Im Vergleich zur Rezitation kommt der Auslegung eine eher untergeordnete Rolle zu. Vgl. Kermani, Navid, Gott ist schön. Das ästhetische Erleben des Koran, München 1999.

7 So klassisch und prägnant: Lange, Ernst, Zur Theorie und Praxis der Predigtarbeit, in: Ders., Predigen als Beruf. Aufsätze zu Homiletik, Liturgie und Pfarramt, hrsg. von Schloz, Rüdiger, München 1982, 9–51, hier: 45.

8 McLuhan, Marshall, Kultur ohne Schrift (1953), in: Baltes, Martin u. a., Medien verstehen. Der McLuhan-Reader, Mannheim 1997, 68–76, hier: 74.

9 These V der Confessio Augustana, in: Grane, Confessio, 54.

10 Barth, Karl, Einführung in die evangelische Theologie, Gütersloh [2]1977, 20.

11 A.a.O., 21.

prägnant im johanneischen Schrifttum zum Ausdruck gebracht, die Anerkennung Jesu als den Christus und das Vertrauen auf ihn als dem von Gott gesandten Wort. Jesus Christus als das eine Wort Gottes ist daher das Zentrum aller christlichen Verkündigung und darf durch keine andere Botschaft ergänzt oder gar verdrängt werden. Dieses „eine Wort Gottes" wird „in der Heiligen Schrift bezeugt", wie es in der ersten These der Barmer Theologischen Erklärung explizit zum Ausdruck gebracht worden ist.[12]

Das lebendige Wort des Evangeliums ist, nachdem es sowohl in der Geschichte Israels wie in der Urgemeinde zunächst unmittelbar als Rede Gottes gehört, mündlich überliefert und schließlich aufgeschrieben wurde, auf die für uns grundlegenden Schriften der Bibel verwiesen. Die in Prophetenbotschaften und -reden, in Gesetzes- und Weisheitsworten sowie in Predigten, Erzählungen oder in Gesprächen verkündigte und erinnerte Wahrheit des Wortes Gottes wurde in Manuskripten gesammelt und tradiert. Im Alten Testament wird verschiedentlich auf die Bedeutung des geschriebenen Wortes bzw. von Büchern hingewiesen, um auf diese Weise grundlegende Erfahrungen des Volkes mit Gott in Erinnerung zu halten. So sind die von Baruch niedergeschriebenen Worte des Jeremia wesentlich eine Merkhilfe zur Verlesung der Botschaft[13], an verschiedenen Stellen wird auf Bücher als Hilfen der Erinnerung verwiesen. Um die Zeiten zu überdauern und so schließlich im „kollektiven Gedächtnis"[14] des Volkes Gottes präsent gehalten zu werden, bedarf es der Schriftlichkeit. Die Schriftlichkeit verweist freilich ihrerseits wiederum, wie es in Ex 17,14-16 exemplarisch formuliert ist, auf die Mündlichkeit, denn Mose soll das Geschriebene dem Josua einprägen. An dieser Stelle, an der in der Heiligen Schrift erstmals das Wort „sefär" (Schrift) begegnet und somit die Schriftlichkeit selbst thematisiert wird, ist ein doppelter Verweiszusammenhang feststellbar: Die Schrift verweist auf das Gehörte und Niedergeschriebene sowie auf das neu Auszusagende, indem die Rede Gottes an Mose über den „Umweg" der Schrift dessen Rede an Josua anleitet.[15] Diese Logik zielt letztlich auf das In-Gang-Halten der mündlichen Kommunikation über die Erfahrungen des Volkes mit Gott.

Im Neuen Testament findet sich ein ähnlich strukturiertes Verhältnis von Mündlichkeit und Schriftlichkeit. Das Wort Gottes begegnet den Menschen in der Person des Jesus von Nazareth. Seine Taten und Reden sind nur

---

12 These 1 der Barmer Theologischen Erklärung, in: Burgsmüller u. a., Die Barmer Theologische Erklärung. Einführung und Dokumentation, Neukirchen 1984, 34.

13 Vgl. Willi-Plein, Ina, Spuren der Unterscheidung von mündlichem und schriftlichem Wort im Alten Testament, in: Sellin, Gerhard u. a. (Hg.), Logos und Buchstabe. Mündlichkeit und Schriftlichkeit im Judentum und Christentum der Antike, Tübingen 1997, 77–90, hier: 78–81.

14 Vgl. grundlegend: Assmann, Jan, Religion und kulturelles Gedächtnis, München 2000.

15 Vgl. Krochmalnik, Daniel, Amalek. Gedenken und Vernichtung in der jüdischen Tradition, in: Hanno Loewy u.a . (Hg.), Erinnern – Gedächtnis – Sinn: authentische und konstruierte Erinnerung, Frankfurt am Main / New York 1996, 121–136, hier: 126.

ausschnitthaft in den Evangelien festgehalten: „Wenn aber eines nach dem anderen aufgeschrieben werden sollte, so würde ... die Welt die Bücher nicht fassen, die zu schreiben wären." (Joh 21,25) Kennzeichnend für das Neue Testament ist neben den die Reden und Taten Jesu exemplarisch erinnernden Evangelien die Briefliteratur. Diese Briefe sind für bestimmte Menschen in einer konkreten Situation geschrieben – dies gilt im Grundsatz auch für die Johannes-Apokalypse (vgl. Apk 1,4ff) und mit Einschränkungen für das lukanische Werk (vgl. insbesondere Lk 1,1–4). Insofern zielen sie ganz wesentlich auf persönliche Bindungen und verweisen an verschiedenen Stellen darauf, dass sie gleichsam eine Art Hilfsmittel sind, um einen direkten Besuch und eine persönliche Begegnung vorzubereiten oder einer möglichen persönlichen Konfrontation die Schärfe zu nehmen (vgl. Röm 1,10ff; 1 Kor 4,18f; 2 Kor 1,15ff u. a.). Noch deutlicher wird in den Schlusspassagen des 2. und des 3. Johannesbriefes der höhere Rang der Mündlichkeit hervorgehoben, weshalb vieles Weitere, was zu sagen wäre und was grundsätzlich wohl auch hätte geschrieben werden können, auf die persönliche Begegnung verschoben wird (vgl. 2 Joh 12f; 3 Joh 13f). Gleichzeitig sind durch die schriftliche Medialität der Briefe wie der anderen Schriften des Neuen Testaments diese über den Situationsbezug hinaus von der konkreten, in den Briefen z. T. explizit benannten Kommunikationssituation abgekoppelt und tragen dazu bei, die in Christus konstituierte Gemeinschaft der Glaubenden durch die Zeiten hindurch zu begründen.[16]

Diese teils expliziten und teils impliziten Hinweise zur tendenziellen Überordnung der Mündlichkeit über die Schriftlichkeit in den biblischen Büchern spiegeln auf ihre Weise antike Diskussionen über die Möglichkeiten und Grenzen schriftlicher Kommunikation wider. Allerdings werden in der Bibel keine grundsätzlichen Vorbehalte gegenüber der Schriftlichkeit geäußert, die etwa den Einwänden Platons vergleichbar wären. Nach Platon spricht gegen die Schriftlichkeit, dass das geschriebene Wort die Deutlichkeit und Sicherheit in der Sache sowie eine dialogische Struktur nur vortäusche und wehrlos gegen Missverständnisse oder sogar Missdeutungen sei sowie zu wenig Bezug auf konkrete Adressaten nehme.[17]

Demgegenüber werden in der Bibel die Bedeutung der Schrift und nicht zuletzt der Appell an die Verlesung der Schriften wiederholt eingeschärft (vgl. AT, Pls). Zudem gab es zwischen der mündlichen Rede und der Manuskriptkultur seit der Antike bis zur frühen Neuzeit wohl keinen allzu

---

16 Vgl. hierzu insbesondere das dritte Kapitel der Dissertationsschrift von Kuntze, Simon, Die Mündlichkeit der Schrift. Eine Rekonstruktion des lutherischen Schriftprinzips, Diss. Bochum 2018, 5 –59.

17 Vgl. insbesondere Platon, Phaidros, Werke, Bd. 5, 183; 275d –276b. Vgl. dazu Brumlik, Micha, Schrift, Wort und Ikone. Wege aus dem Bilderverbot, Frankfurt am Main 1994, 44f.

„harte(n) Bruch“[18], sondern eine noch relativ enge Beziehung. Die Manuskripte wurden zumeist laut vor Anderen oder bei individuellem Lesen halblaut gelesen bzw. gemurmelt, was das Einprägen großer Teile der biblischen Überlieferung bei vielen Theologen/innen in der Christentumsgeschichte gut erklärt. Manuskripte hatten zudem eine relativ geringe Verbreitung, so dass auch für gebildete Menschen die Erinnerung des Gehörten oder Gelesenen selbstverständlicher und Lernen vorrangig als ein mündlicher Vorgang vorzustellen war.[19] Mit der Erfindung des Buchdrucks in der frühen Neuzeit ändert sich das Verhältnis von stärker mündlichen zu schriftlichen Wissenskulturen, da gedruckte Bücher vor allem in Gelehrtenkreisen seit dem 16. Jahrhundert[20] und in einer breiteren Öffentlichkeit seit dem 19. Jahrhundert eine größere Verbreitung fanden. Nun tritt an die Stelle des mündlichen Lernens zunehmend das individuelle Lesen und Lernen, das auch den Bereich der religiösen Bildung und den Umgang mit den „gedruckten“ Bibelausgaben bestimmt. In der Konsequenz dieser Veränderung wird in neueren theologischen Beiträgen die Schriftlichkeit in das Zentrum des Bibelverständnisses gerückt. Dabei wird die Vorstellung des – in der Regel individuellen, zugespitzt: einsamen – Lesers der Schrift betont, der die Schrift auslegt und der in diesem Prozess zugleich selbst von der Schrift ausgelegt wird.[21] Pointiert stellt Körtner die These auf, dass die „bisherige Wort-Gottes-Theologie ... das glaubensbegründende Wortgeschehen einseitig als mündliche Kommunikation gedeutet“ habe. „Wohl will sich das Wort Christi bzw. das Evangelium oder Kerygma in mündlicher Kommunikation Gehör verschaffen. Aber es bezieht sich auf die Schrift und provoziert die Produktion neuer Schriften. Ebenso wie das Christentum Religion des Wortes ist, ist es Buchreligion.“[22] Diese These einer tendenziellen Gleichrangigkeit von mündlicher und

---

[18] McLuhan, Kultur, 70.

[19] Dass Platon (Phaidros) die „Erfindung“ der Schrift als dramatischen Einbruch in die Form des Lernens interpretiert und einen Verlust der Gedächtniskultur befürchtet, markiert die unmittelbare Reaktion im Übergang von der dominant mündlichen zur zunehmend schriftlich geprägten Wissenskultur. Aus heutiger Sicht ist die Einführung des Buchdrucks im Vergleich zur Manuskriptkultur die deutlich „härtere“ Zäsur. Noch einmal neu stellen sie diese Fragen am „Ende der Gutenberg-Galaxis“. Vgl. McLuhan, Marshall, Die magischen Kanäle. Understanding Media, Dresden / Basel ^{2}1995, 182ff.457ff.

[20] Gauger, Hans-Martin, Geschichte des Lesens, in: Günther, Hartmut, u. a. (Hg.), Schrift und Schriftlichkeit. Writing and its Use, Berlin / New York 1994, 65 –84, hier: 76 geht für die Zeit zu Beginn des 16. Jhs. von 5% Lesern/innen in den Städten aus, was ca. 1 % der Gesamtbevölkerung ausmachen würde. Großzügige Schätzungen kommen auf maximal 4 % der Bevölkerung.

[21] Vgl. Körtner, Ulrich H., Theologie des Wortes Gottes. Positionen – Probleme – Perspektiven, Göttingen 2001, 345f; Beutel, Albrecht, Erfahrene Bibel, in: Ders., Protestantische Konkretionen. Studien zur Kirchengeschichte, Tübingen 1998, 66–103, hier: 89.

[22] Körtner, Theologie, 20f.

schriftlicher Kommunikation des Evangeliums wäre für Luther nicht vorstellbar gewesen, sie beruht offenkundig auf späteren Erfahrungen einer stark durch die Buchkultur geprägten religiösen Praxis. Durch die Betonung der Gleichrangigkeit wird somit die seit der Reformationszeit mit Nachdruck betonte „Mündlichkeit" der Schrift und implizit die herausgehobene theologische Stellung der Predigt im Protestantismus seit der Reformationszeit faktisch relativiert.

Demgegenüber ist daran zu erinnern, dass die Besonderheit der mündlichen Kommunikation in der potentiell jedem Dialog innewohnenden Chance besteht, dass hier direkter und unmittelbarer als im Prozess des Lesens ein „Sich-jemandem-Mitteilen" bzw. „Mit-jemandem-in-Verbindung-Treten" im Sinn einer Selbstmitteilung an einen anderen stattfinden kann. Eine Selbstmitteilung benötigt den – idealer Weise anwesenden – Anderen unabdingbar zur Kommunikationsleistung und in diesem Sinne ist das Wort Gottes als göttliche Selbsterschließung durch die Mündlichkeit des Evangeliums wesentlich auf die Hörer und ihre „instantanen" Reaktionen angewiesen. Indem in der Bibel Begegnungen zwischen Gott und den Menschen durch Berichte, das Erzählen von Geschichten, Prophezeiungen, Gebete oder durch aus diesen Begegnungen resultierende Gebotstafeln erinnert werden, zielen diese geschriebenen Worte auf neue Ansprache und entsprechend neue Begegnungen.

Diese Betonung eines Vorrangs der Mündlichkeit bedeutet jedoch nicht, das Geschriebene zu diskreditieren. Dem Geschriebenen kommt die Funktion zu, das Gesprochene zu entindividualisieren und auf diese Weise durch die Zeiten hindurch die Fortführung der Kommunikation des Evangeliums zu ermöglichen. Dementsprechend ist ebenso nachdrücklich herauszustellen, dass wir das Wort Gottes immer „nur aus zweiter Hand: nur im Spiegel und Echo des biblischen Zeugnisses kennen"[23] können. Den biblischen Zeugen kommt deshalb „in ihrem Verhältnis zu Gottes Wort eine einmalige und einzigartig ausgezeichnete Stellung"[24] zu, weil sie die primären, insofern unmittelbaren und in der Regel mündlichen Adressaten dieses Wortes gewesen sind. Insofern ist die Heilige Schrift das Medium zur Erinnerung sowie zur Verbreitung des Wortes Gottes, das stets auf das genuin mündliche Wort Gottes und letztlich auf Christus, das inkarnierte Wort Gottes, zurückverweist.[25]

---

23 Barth, Einführung, 30.

24 A.a.O., 27.

25 Die Interpretation Barths ist sicherlich häufig im Sinn einer philonisch-platonischen Deutung der Schrift (so die Kritik von Wick, Peter Ein Text, viele Auslegungen. Zukunftsperspektive für den kirchlichen Umgang mit den Heiligen Schriften, in: Grötzinger, Albrecht u. a. (Hg.), Das Christentum an der Schwelle zum 3. Jahrtausend, Stuttgart u. a. 2002, 83f) missverstanden worden, als ob hinter den Worten der Schrift eine absolute Idee, hinter den Erscheinungen eine Wesensgestalt zu finden

Ein Medium ist eine Form, welche die Unwahrscheinlichkeit der Kommunikation bearbeitet, d. h. die Möglichkeit wird erhöht, dass eine Kommunikation ihre Adressaten erreicht. Historisch gesehen war das erste Verbreitungsmedium die Schrift, welche die raumzeitlichen Grenzen der Mündlichkeit und damit die Gegenwärtigkeit von Sprechenden und Hörenden überwunden hat. Durch die Schrift entsteht eine Gleichzeitigkeit des Ungleichzeitigen, weil in der Gegenwart verschiedene vergangene Gegenwarten, durch die Schrift vermittelt, kombiniert und dadurch vergegenwärtigt werden können.[26] Insofern ist das lebendige Wort des Evangeliums wesentlich auf die Schrift angewiesen. Zudem ermöglicht die Schrift durch die Möglichkeiten des Lesens und Wiederlesens vielfältige Bemühungen einer verständlichen Aneignung und Auslegung des Gelesenen. Im Sinn einer verstehenden Aneignung der Schrift haben sich im Verlauf der Kirchengeschichte ausgehend von einer allegorischen Auslegung[27] über die Hermeneutik des dreifachen Schriftsinns bis hin zur Lehre vom vierfachen Schriftsinn in der mittelalterlichen Theologie[28] sehr früh diverse Regeln der Auslegung als Vorformen der modernen Hermeneutik entwickelt.

2. Das reformatorische *Prae* der Schrift im Horizont der Sicherung der Mündlichkeit des Evangeliums

Die Sammlung und Verschriftlichung der überwiegend mündlichen Kommunikation von Propheten, Lehrern oder auch Philosophen führt zu der Frage, ob und in welchen schriftlichen Dokumenten deren lebendiges Wort einigermaßen authentisch aufbewahrt wird. Im Judentum wie im Christentum führt die Bearbeitung dieser Frage zur Ausbildung des Kanons. Ursprünglich

---

sei. Demgegenüber geht es nach Barth allein um den Verweisungszusammenhang der Schrift auf das mündliche Evangelium und auf Christus.

26 Vgl. Luhmann, Niklas, Die Gesellschaft der Gesellschaft, Frankfurt am Main 1997, 202f. 249ff.

27 Das ntl. Beispiel hierfür ist das Gleichnis vom Sämann, dem bereits im Markus-Evangelium eine allegorische Auslegung beigegeben ist, vgl. Mk 4, 13–20. In der jüdischen wie in der griechischen Antike ist diese Auslegungsform üblich, sie engt allerdings zugleich die Deutung von Gleichnissen oder anderer religiöser Texte ein.

28 Die Allegorese beruht auf der Differenz von „Buchstabe“ bzw. „Wort“ und „Bedeutung“. Diese Lehre vom zweifachen Schriftsinn wurde durch Origenes, der das Schriftverständnis in einen buchstäblichen, einen moralischen und einen geistlichen Sinn ausdifferenzierte, weiterentwickelt. Seit dem 4. Jahrhundert wurde sodann die im westlichen Mittelalter verbreitete Lehre vom vierfachen Schriftsinn zur klassischen Auslegungsregel, die neben der buchstäblich-historischen Interpretation im Sinn der geistlichen Tugenden Glaube, Liebe und Hoffnung eine allegorische, eine moralische und eine anagogische Auslegung unterschied.

ist der Kanon ein Instrument aus dem Bereich des Bauwesens, wobei hier der Kanon als Maßstab und Richtschnur, in übertragener Bedeutung auch als Vorbild oder Modell fungierte. Daraus entwickelte sich die Vorstellung des Kanons als einer Regel und Norm. Kanon umschreibt letztlich eine Regel oder ein Gesetz, das mit größter Genauigkeit und Formstrenge im Prozess der exakten Tradierung der Vorgaben weitergegeben wird, wobei die kanonischen Texte „in ihrer Verbindlichkeit gesteigert ... sowie (mit) schlechthin normative(r) Geltung“[29] überliefert werden. Insofern verbindet der Kanon eine grundlegende inhaltliche Verbindlichkeit mit einer strengstens formellen Festlegung.[30] Die Einschärfung solcher Beachtung der Traditionsvorgaben findet sich bereits an einzelnen Stellen in den biblischen Schriften, in verschiedenen sog. Kanonformeln.[31]

In der alten Kirche hat sich im Prozess der Kanonbildung als ein wesentliches Kriterium der gottesdienstliche und damit der mündlich bewährte Gebrauch der entsprechenden Schriften, die schließlich in den Kanon aufgenommen worden sind, herausgebildet. In diesem Sinn kann man mit Karl Barth von einer Selbstdurchsetzung der zum Kanon gewordenen neutestamentlichen Schriften sprechen, die sich im Prozess einer jahrhundertelangen gottesdienstlichen Praxis „imponiert“ haben: Die „Bibel ist schon darum Kanon, weil sie es ist. Aber sie ist es, indem sie sich als solcher imponiert.“[32] Insofern ist seit Anbeginn der Herausbildung des Kanons eine Spannung zwischen der Autorität des biblischen Zeugnisses und der kirchlichen Tradition festzustellen: Einerseits unterstellt sich die Kirche im Blick auf ihre Verkündigung und Theologie der Norm der biblischen Schriften als der „maßgebliche(n) Bezeugung“[33] der Christusoffenbarung, andererseits hat die Kirche mit ihren bindenden Entscheidungen diese Autorität – so insbesondere nach Ansicht der römisch-katholischen Theologie – begründet, nach evangelischer Ansicht lediglich festgeschrieben.[34]

---

29 Assmann, Religion, 82.

30 Vgl. A.a.O., 83.142ff.

31 Vgl. Dtn 4,2 „Ihr sollt nichts dazu tun zu dem, was ich euch gebiete, und sollt auch nichts davon tun, auf dass ihr bewahrt die Gebote des Herrn, eures Gottes, die ich euch gebiete.“ Vgl. auch Apk 22,18f: „Wenn jemand etwas dazusetzt, so wird Gott zusetzen auf ihn die Plagen, die in diesem Buch geschrieben stehen. Und wenn jemand etwas davon tut von den Worten des Buches dieser Weissagung, so wird Gott abtun seinen Anteil vom Baum des Lebens ...“.

32 Barth, Karl, Die Kirchliche Dogmatik. Die Lehre vom Wort Gottes, Bd. I/1, Zürich 1932, 110. Letztlich war der gottesdienstliche Gebrauch der „Schriften“ das maßgebliche Kriterium bei der Herausbildung des Kanons, wobei auch einzelne lokale Traditionen, in denen z.B. der Hebräer-Brief oder die Johannes-Apokalypse in Geltung standen, berücksichtigt wurden.

33 Barth, Einführung, 30.

34 Vgl. Käsemann, Ernst (Hg.), Das Neue Testament als Kanon. Dokumentation und kritische Analyse zur gegenwärtigen Diskussion, Göttingen 1970.

Grundsätzlich trägt der Kanon wesentlich zur Identitätsstiftung bei, indem eine geheiligte Tradition – in Abgrenzung zu anderen Traditionen und Gruppen – eine sich als „heilig" verstehende Gemeinschaft konstituiert.[35] In diesem Sinn lassen sich alle christlichen Konfessionen ungeachtet aller sonstigen Differenzen als Tradierungs- und Interpretationsgemeinschaften des biblischen Kanons verstehen.

Allerdings haben die Fragen der Interpretation der biblischen Schriften in der Christentumsgeschichte immer wieder zu tiefgreifenden Kontroversen geführt. In einer langen Folge von Konzilsbeschlüssen hat sich im Prozess der Herausbildung der Lehrentscheidungen der antiken Kirche die Befugnis zur autoritativen Interpretation der Bibel bei gravierenden Streitfragen auf Entscheidungen der Konzilien konzentriert. Im Hintergrund stand die Vorstellung, dass in der Kirche neben der Tradierung des Kanons eine mündliche, auf die Apostel zurückgehende und nicht schriftlich fixierte Tradition lebendig ist, die bei der Auslegung mit einzubeziehen ist. Schriftlich fixierte und mündliche Tradition stehen hier nebeneinander, die Kirche sorgt in diesem Modell für eine angemessene Integration beider Traditionen. Nach und nach ist insbesondere in der westlichen Kirche die letztgültige Kompetenz über die Auslegung der Schrift auf die Hierarchie der Kirche und schließlich auf die päpstliche Autorität übertragen worden. Diese Praxis kritisierte Martin Luther als eine der „Mauern" der „Romanisten", mit der diese ihre Machtstellung über die Christenheit zu festigen versuchten. Stattdessen dürfen und sollen nach Luther alle Christen die Schrift auslegen, „sich des Glaubens annehmen, ihn zu verstehen und zu verfechten und alle Irrtümer zu verdammen."[36] Glaube und Schrift stehen hier in einer untrennbaren Wechselwirkung, die Berufung auf die Schrift als der höchsten Autorität in allen Glaubensdingen steht allen Christen offen.

Die Formel „Sola scriptura" bedeutet in diesem Kontext vor allem eine polemische Formel gegenüber der mündlichen Tradition der Kirche als gleichrangig neben der Schrift und dem damit implizierten Auslegungsmonopol eines kirchlichen Lehramtes. Gleichzeitig hat Luther mit der Betonung der Orientierung an dem verbum externum der Schrift den sich unmittelbar auf das Wirken des Heiligen Geistes berufenden Charismatikern der Reformationszeit eine klare Regel, den Kanon, als Bewertungsmaßstab ihrer Predigten und Schriften vorgehalten.

„Sola scriptura" ist somit wesentlich eine Abgrenzungsformel gegen die hierarchische Lehrautorität der Kirche wie gegen die unmittelbaren Erfahrungen von Charismatikern. Beide bezogen bzw. beziehen sich auf den Heiligen Geist, der einerseits in den Ämtern der Kirche verortet sowie gesichert

---

35 Vgl. Assmann, Religion, 127.

36 Luther, Martin, An den christlichen Adel deutscher Nation von des christlichen Standes Besserung, in: WA 6, 412.

und andererseits persönlich direkt erfahren wird. Demgegenüber band Luther das Wirken des Geistes exklusiv an den Wortlaut der Schrift, wofür der Begriff „sola“ steht. Freilich sind die Schrift und ihre mündliche Verkündigung immer untrennbar zusammen zu sehen, nur durch das Wirken des Geistes im Akt der Verkündigung wird das Wort der Schrift lebendig, weckt den Glauben und vermittelt den Gläubigen Orientierung. „Die exklusive Autorität der Schrift beruht gerade auf der Mündlichkeit des Evangeliums. Das reformatorische Schriftprinzip des sola sciptura muss darum nicht etwa durch eine reformatorische Verstehenslehre ergänzt werden, stellt vielmehr, recht verstanden, selbst schon eine prinzipielle hermeneutische Anleitung dar: Es dient dazu, die wesenhafte Mündlichkeit des schriftlich fixierten Evangeliums zu erfassen.“[37]

Sofern und weil häufig die Formel „sola scriptura“ diese Mündlichkeit des Evangeliums zu verdecken droht, kann die Suche nach einer alternativen Formulierung sinnvoll sein. Der entsprechende Vorschlag von Peter Wick, besser von einem „Prae“ der Schrift an Stelle des „sola“ zu sprechen[38], dürfte hier hilfreich sein. Auch bei Luther geht es ja um den unbedingten Vorrang der Schrift. Zeitlich (erste Zeugen) wie auch sachlich kommt der Schrift ein nicht einholbarer Vorrang zu, sie ist der Maßstab für alle Aussagen des Glaubens.

3. Die *Klarheit* der Schrift in der Konsequenz ihrer christologischen Auslegung

Für Luther waren die Allgemeinverständlichkeit und die Klarheit der biblischen Schriften zentrale Voraussetzungen seines Schriftverständnisses. Trotz mancher Vielstimmigkeit und auch einiger Spannungen im Schriftzeugnis hat er die hohe Eindeutigkeit der Schrift in den zentralen Glaubensaussagen mit Nachdruck betont, wie es insbesondere in seiner Kontroverse mit Erasmus von Rotterdam deutlich wird. Die Betonung der „claritas“ der Schrift ist letztlich die entscheidende Pointe, mit der Luther die Legitimation des päpstlichen Lehramtes wie auch die in dieser Hinsicht sehr ähnliche Position des Erasmus in Frage stellte. So polemisierte Luther gegen die skeptische Haltung des Erasmus, dass keine sicheren Behauptungen (assertiones) auf der Grundlage der biblischen Schriften aufgestellt werden könnten. Erasmus hatte in der Vorrede seiner „Diatribe de libero arbitrio“ herausgestellt,

---

[37] Beutel, Albrecht, In dem Anfang war das Wort. Studien zu Luthers Sprachverständnis, Tübingen 1991, 243.

[38] Vgl. Wick, Peter, Vom „sola scriptura“-Prinzip zu einem „Prae“ der Heiligen Schrift, in: ZNT 39/40 (2017), 213–227.

dass er sich als Skeptiker verstehen könnte, soweit dies im Blick auf die unantastbare Autorität der Heiligen Schrift und die Satzungen der Kirche erlaubt sei, denen er sich bereitwillig unterwerfen will, selbst wenn er deren Meinungen nicht verstehe: „Daher habe ich so wenig Freuden an festen Behauptungen, dass ich leicht geneigt bin, mich auf die Seite der Skeptiker zu schlagen, wo immer es durch die unverletzliche Autorität der Schrift und die Entscheidung der Kirche erlaubt ist, denen ich meine Überzeugungen überall gerne unterwerfe, ob ich nun verstehe, was sie vorschreibt, oder ob ich es nicht verstehe.“[39]

Diese Position rief Luthers schärfsten Widerspruch hervor. Insbesondere kritisierte er die skeptische Haltung[40] des Erasmus in Verbindung mit seiner gleichzeitigen Bereitschaft, sich den Satzungen und Entscheidungen der Kirche bedingungslos zu unterwerfen. Demgegenüber kann die Kirche nach Luther ohnehin nichts festsetzen, was nicht in der Schrift festgesetzt ist. Somit müsse grundsätzlich die Freiheit und Möglichkeit bestehen, auch über Lehrentscheidungen der Kirche auf der Grundlage der Schrift zu urteilen, wie es Luther mit Berufung auf Paulus (1 Kor 14,29) herausstellte, dass die Christen berechtigt seien, „Richter über die Lehrentscheidungen der Kirche zu sein.“[41] Auch die Haltung einer bloßen Unterwerfung unter die biblischen Schriften, ob sie verständlich sind oder nicht, wurde von Luther kritisch hinterfragt, der seinerseits auf ein wirkliches Verstehen der biblischen Botschaft drängte. Ein solches Verstehen der Schrift ist nach Luthers Ansicht aufgrund der Klarheit der Schrift möglich. Zwar gestand er zu, dass „viele Stellen in der Schrift undeutlich und dunkel sind“, allerdings nicht wegen der „Erhabenheit der Dinge“[42], die dort verhandelt werden. Die Dunkelheit sah er allein der mangelnden Kenntnis einiger Worte und einiger grammatischer Fragen geschuldet, was jedoch keineswegs daran hindert, die Grundlinien und Grundaussagen der Schrift zu verstehen. Ein rechtes Verstehen der Grundaussagen der Schrift ist nämlich durch die Erkenntnis Christi eröffnet, so dass das Zentrum der Schrift, das Evangelium Christi und die damit zusammenhängenden Hauptstellen im Sinn einer Gesamtbotschaft der Bibel klar und eindeutig zu verstehen sind. Dementsprechend ist Christus die Mitte und der Schlüssel zum Verständnis der ganzen Schrift, die „Siegel (sind) gebrochen ... das höchste Geheimnis an den Tag getreten ... nämlich Christus, der Sohn Gottes, (der) Mensch geworden ist“[43], ferner die Haupt-

---

39 Erasmus von Rotterdam, De libero arbitrio, in: Welzig, Werner (Hg.), Ausgewählte Schriften, übersetzt von Lesowsky, Winfried, Bd. 4, Darmstadt 1969, 6.

40 „Spiritus sanctus non est Scepticus“. Luther, Martin, De servo arbitrio, in: Luther, Martin, Lateinisch-Deutsche Studienausgabe, hrsg. von Wilfried Härle, u. a., Bd. 1, Leipzig 2006, 232.

41 A.a.O., 231.

42 A.a.O., 235.

43 Ebd.

stücke, „dass Gott dreifaltig ist und ein einziger, dass Christus für uns gelitten hat und herrschen wird in Ewigkeit."[44] Angesichts dieser sicher in der Schrift zu erkennenden Grundlagen des Glaubens hielt es Luther für wenig relevant, dass „irgendein Zeichen (d. h.: der Schrift) in Dunkelheit liegt."[45] Grundsätzlich ist durch Christus die zentrale Botschaft der Schrift eröffnet, um alle Schriften der Bibel recht verstehen zu können.[46]

Ein angemessenes Verstehen der Schrift – nicht zuletzt im Blick auf ihre „dunklen Stellen" – ist nach Luther allein von ihrer christologisch bestimmten Mitte her möglich und von dieser Mitte her lässt sich angemessen die Selbstauslegung der Schrift thematisieren. Auf der Grundlage der Christusbotschaft lässt sich das gesamte Zeugnis der Schrift ungeachtet aller Vielstimmigkeit und auch Spannungen in einer einheitlichen Perspektive deuten. Damit ist keine Suche nach Uniformität gemeint, Spannungen bleiben bestehen, sie werden benannt, kritisch bewertet – das ist ein Unterschied zwischen Luther und heutigen Perspektiven, in denen Ambiguitätstoleranz[47] eingefordert wird – und durch den Versuch von Hierarchisierungen innerhalb der Schrift relativiert.

Dementsprechend finden sich bei Luther äußerst differenzierte Würdigungen der biblischen Schriften. Im Blick auf das Alte Testament stellte Luther pointiert heraus, dass dieses – insbesondere hinsichtlich der gesetzlichen Regelungen – einzig den Juden gegeben wurde. Da sich im Alten Testament aber auch allgemeine ethische Regeln im Sinn einer natürlichen Sittlichkeit finden, daneben prophetische Hinweise auf Christus, eindrückliche Exempel des Glaubens und darüber hinaus viele vernünftige Vorschläge, über die es sich lohnt, intensiv nachzudenken und sie ggf. zu übernehmen, ist es für Christen geboten, das Alte Testament wertzuschätzen und keinesfalls zu verwerfen.[48] Auch hinsichtlich einzelner Schriften des Neuen Testaments finden sich bei Luther teilweise sehr kritische Bewertungen. Letztlich führt diese Herangehensweise zu einer Hierarchisierung der biblischen Bücher, wie sie Luther an verschiedenen Stellen explizit und begründet dargelegt hat. Diese Herangehensweise respektiert den Kanon als Zeugnis der Christusbotschaft, nimmt aber innerhalb des Kanons von der christologisch bestimmten Mitte her deutliche Differenzierungen vor.

Dementsprechend konkretisierte Luther insbesondere in der einleitenden „Vorrede" von 1522 zum Neuen Testament unter der Überschrift „Welches die rechten und edelsten Bücher des Neues Testaments sind"[49] seine

---

44 Ebd.

45 A.a.O., 237.

46 Vgl. A.a.O., 235.237.

47 Vgl. Bauer, Thomas, Die Vereindeutigung der Welt. Über den Verlust an Mehrdeutigkeit und Vielfalt, Stuttgart 2018.

48 Vgl. Luther, Martin, Ein Unterricht, wie sich die Christen in Mose schicken sollen, in: WA 16, 363–393.

49 Luther, Vorreden, 173f.

Überlegungen zur Hierarchisierung der Schriften. So begründete er die Vorrangstellung des Johannesevangeliums sowie der Briefe des Paulus – speziell des Römerbriefs – und des Petrus. In diesen Büchern sah er den „Kern und Mark“[50] unter allen biblischen Büchern, die daher am allermeisten und äußerst intensiv zu lesen sind. Demgegenüber beurteilte er die synoptischen Evangelien, in denen die Werke und Wundertaten Christi beschrieben sind, als eher nachrangig. Neben dieser Vorrangstellung und Würdigung bestimmter Schriften findet sich an verschiedenen Stellen in den Vorreden zu den neutestamentlichen Büchern scharfe Kritik, wie die weithin bekannte Verurteilung des Jakobusbriefs als „recht stroherner Epistel“.[51] Der Jakobusbrief wurde von Luther einer theologischen Sachkritik unterzogen, wenn er diesen im Widerspruch zur Rechtfertigungslehre des Paulus gesehen hat.[52] So problematisierte er insbesondere das Gesetzesverständnis des Jakobus: Indem dieser das Gesetz als Gesetz der Freiheit (vgl. Jak 2,12) bezeichnet, steht er nach Luther in einem Gegensatz zu Paulus, nach dem das Gesetz ein Ausdruck der Knechtschaft, des Zornes und des Todes ist. Darüber hinaus kritisierte Luther am Jakobusbrief, dass dort eine explizite Lehre über Christus fehlt. In diesem Zusammenhang stellte er den bekannten „Prüfstein, alle Bücher zu tadeln“[53], auf, nämlich zu prüfen, ob die jeweiligen Schriften „Christum treiben oder nicht“.[54]

Neben diesen theologisch-sachkritischen Argumenten finden sich bei Luther frühe Hinweise auf eine historische Argumentation, wenn er etwa den Judasbrief als Exzerpt aus dem zweiten Brief des Petrus und daher den Verfasser als einen späteren Schüler des Apostels ansieht. In ähnlicher Weise stellte er die historisch argumentierende Überlegung an, dass der Verfasser des Jakobus-Briefes „irgendein guter frommer Mann gewesen“ ist, der „etliche Sprüche von der Apostel Jünger gefasst und also aufs Papier geworfen hat.“[55] Denselben Gedanken äußerte er schließlich auch in der Vorrede zum Hebräerbrief, als dessen Verfasser er sich weder Paulus noch irgendeinen anderen Apostel vorstellen konnte, so dass auch hier das historische Argument laut wird, dass dieser Brief „vielleicht lange hernach“[56], d. h. lange nach der Zeit der Apostel, verfasst worden sein könnte. Daneben führte Luther auch im Blick auf den Hebräerbrief theologisch-sachkritische Argumente an, wenn er etwa die Vorstellung einer lediglich einmaligen Buße (vgl. Hebr. 6,4ff) in Frage stellte.

Schließlich äußerte sich Luther zur Johannes-Apokalypse recht ablehnend, die er weder als prophetische noch als apostolische Schrift würdigen

50 Ebd.
51 A.a.O., 174.
52 Vgl. Luther, Martin, Vorrede auf die Episteln S. Jakobi und Judä (1522), in: A.a.O., 215f.
53 Luther, Vorreden,, 216.
54 Ebd.
55 A.a.O., 217.
56 A.a.O., 214.

wollte. Hier kritisierte er in besonderer Weise, dass die überbordende Bildmetaphorik zu einer großen Unklarheit bei der Auslegung führe, während doch Petrus, Paulus und vor allem Christus selbst „ohne Bilder oder Gesichte" sprechen. Diese Kritik ist vor dem Hintergrund einer häufig assoziativ-willkürlichen und unmittelbar aktualisierenden Interpretation der Johannes-Apokalypse speziell in Krisenzeiten[57] – so auch in der Reformationszeit – nachvollziehbar, zeigt aber gleichfalls ein gewisses Maß an subjektiven Vorlieben Luthers bei seiner Bewertung. Dies wird deutlich, wenn Luther die Johannes-Apokalypse für eine Schrift hielt, die Christus weniger „hell und rein dargebe"[58], und betonte, dass sich sein eigener „Geist ... in das Buch nicht schicken"[59] könne.

Zusammenfassend hat Luther als Regeln somit verschiedene Kriterien zur Beurteilung neutestamentlicher Schriften angeführt. Zentrales Kriterium der Würdigung einer Schrift ist die Frage, ob diese „Christum treibet", also eine Lehre von Christus und seiner Bedeutung für die Menschen enthält. In diesem Sinn werden diejenigen Schriften, in denen das Christuszeugnis randständig ist oder durch eine zu starke Betonung des Gesetzes verdunkelt zu werden droht, kritisch beurteilt. Ein weiterer Grund der theologischen Sachkritik ist nach Luther eine überbordende Metaphorik, etwa in der Johannes-Apokalypse, da diese leicht zu Fehlinterpretationen führen könne. Schließlich argumentierte Luther zumindest in Ansätzen „historisch", indem er die Frage der Apostolizität der Verfasser als weiteres Bewertungskriterium der neutestamentlichen Schriften hervorhob und Schriften, für die kaum eine apostolische Verfasserschaft anzunehmen sei, in ihrer Bedeutung relativierte. Insgesamt führen diese Überlegungen zu einer begründeten Hierarchisierung der Schriften, so dass bei Luther der Verweis auf den Vorrang der Autorität der Schrift im Sinn des „sola scriptura" stets mit theologischen und teilweise auch historischen Bewertungsmaßstäben einherging.

Eine solche Hierarchisierung der Schriften ist im Übrigen bereits in der Verkündigung Jesu im Neuen Testament vorgeprägt, wenn Jesus anlässlich der Problematik der Ehescheidung die Schöpfungserzählung der Mose-Thora überordnet (vgl. Mt 19,1ff). Eine ähnlich begründete Hierarchisierung findet sich ferner in den Aussagen zum Sabbatgebot, wenn in Anlehnung an die hohe Stellung des Menschen in Ps 8 und mit Verweis auf den Umgang Davids mit den Schaubroten (vgl. Mk 2,25–27) eine Relativierung dieses Gebotes begründet wird (vgl. Mk 2,27f). Eine solche Logik findet sich ebenso in der Argumentation des Paulus, etwa wenn er mit dem Hinweis auf das zeitlich später hinzugekommene Gesetz dessen Relevanz insgesamt in Frage

---

57 Vgl. Werbick, Wolfgang, Die Angst durchkreuzen. Ermutigung aus dem Glauben, Freiburg im Breisgau 2017, 53 –64.

58 Luther, Vorreden, 219.

59 Ebd.

stellt (vgl. Gal 3,17f). Solche Hierarchisierungen angesichts konkreter theologischer Sachfragen sind im Blick auf die jeweilige Relevanz von biblischen Schriften oder einzelnen Passagen Ausdruck eines theologisch reflektierten und sachgemäßen Umgangs mit der Bibel. Die diese Entscheidungen begründenden Argumente müssen offengelegt werden, um sie kritisieren und ihnen im kontinuierlichen Prozess der Auslegung der Schriften ggf. auch mit guten Gründen widersprechen zu können. Daher sind solche Urteile über biblische Schriften oder über einzelne Abschnitte nie endgültig, sondern durch neue Einsichten oder veränderte Herausforderungen und Kontexte revidierbar. Diese Haltung zollt dem Kanon Respekt und ist Ausdruck einer tiefen Ernsthaftigkeit, eröffnet aber auch die theologisch begründete Möglichkeit, einzelne Schriften oder Passagen in ihrer Bedeutung zu relativieren.

4. Die Problematik des *Schriftprinzips* der altprotestantischen Orthodoxie

Das bei Luther – und in ähnlicher Weise bei anderen Reformatoren – ausweisbare Schriftverständnis ist bereits in der Zeit der altprotestantischen Orthodoxie in problematischer Weise verändert worden, in dem es in der lutherischen Orthodoxie bereits seit dem 17. Jahrhundert zur Ausbildung eines stärker formal und weniger inhaltlich bestimmten Schriftverständnisses kam. Beginnend mit Johann Gerhard (1582–1637) entwickelte der Altprotestantismus in kontroverstheologischer Perspektive eine eigenständige Schriftlehre, die im Sinn eines „Principiums" in den Prolegomena den eigentlichen Lehraussagen vorangestellt und nach und nach als ein eigenständiger dogmatischer „locus" immer breiter entfaltet wurde.[60] Dabei spielte der „bis dahin nur in den rationalen Wissenschaften benutzte aristotelische Begriff des Prinzips" eine zentrale Rolle, der nunmehr „auf die Heilige Schrift angewandt"[61] wurde. In Analogie zu den auf rationalen Schlussfolgerungen basierenden Wissenschaften, die deduktiv von obersten Prinzipien ausgehend ein wissenschaftliches Aussage-System entwickelten, entstand eine Konzeption der theologischen Wissenschaft, die aus der Heiligen Schrift als ihrem Grundprinzip alle weiteren Erkenntnisse abzuleiten versuchte. Dementsprechend übernahm Gerhard die dem aristotelischen Verständnis gemäßen Bestimmungen der Prinzipienlehre: In diesem Sinn „ist ein Prinzip ein erstes, unmittelbar gegeben, keines Beweises bedürftig, nicht hinterfragbar, wahr, keiner Kritik ausgesetzt, widerspruchslos, seine Beglaubigung in

60 Vgl. Haspel, Michael, Sozialethik in der globalen Gesellschaft. Grundlagen und Orientierung in protestantischer Perspektive, Stuttgart 2011, 193f.

61 Wallmann, Johannes, Vom Katechismuschristentum zum Bibelchristentum, in: Ders., Pietismus-Studien, Tübingen 2008, 251.

sich tragend, voll genügsam und keine Ergänzung bedürftig."[62] Dieses Wissenschaftsverständnis haben verschiedene Theologen der lutherischen Orthodoxie in einem weiteren Schritt mit der in Anlehnung an 2 Tim 3,16 begründeten Vorstellung einer Verbalinspiration der Heiligen Schrift verknüpft. Auf diese Weise konzipierte man ein letztlich unmittelbar auf Gott zurückführbares Prinzip, so dass die Geltung des altprotestantischen „Schriftprinzips" im Sinn eines „übernatürlichen Prinzips"[63] verstanden werden konnte.

In diesem Kontext wurde die auf Luther zurückgehende Hierarchisierung des Kanons mit der Unterscheidung von wichtigeren und unwichtigeren Schriften zunächst noch beibehalten. Explizit hat diese Differenzierung David Hollaz (1649–1713) zu Beginn des 18. Jahrhunderts aufgegeben und eine solche hierarchisierende Unterscheidung innerhalb der kanonischen Bücher für unnötig erklärt.[64] Damit hat sich eine tiefgreifende Wandlung von der reformatorischen Konzeption der christlogisch begründeten „sola scriptura" zum altprotestantischen Prinzip der „tota scriptura" vollzogen, die schließlich durch den Pietismus – bei aller sonstigen Differenz zur lutherischen Orthodoxie – aufgenommen und sogar verstärkt worden ist. Philipp J. Spener bezog sich ebenfalls explizit auf 2 Tim 3,16 und propagierte im Sinne seiner kirchenreformerischen Vorstellungen mit Nachdruck den Vorschlag, sich intensiv und allein auf das Studium der Heiligen Schrift – im Sinn des tota scriptura – zu konzentrieren. In den collegia pietatis von Spener wurde daher die kontinuierliche Durcharbeitung und Kenntnis der ganzen Schrift zum Ziel der Bibellektüre.[65] Diese Konzeption theologischer Bildung wurde durch August Herrmann Franke nicht nur im Blick auf das Engagement von Pfarrern und interessierten Gemeindegliedern, sondern zunehmend als Grundmodell des Schulunterrichts aufgenommen, so dass die Bibellektüre in den vom Pietismus begründeten Reformschulen zur Grundlage des gesamten Unterrichts wurde.[66] In diesem Zusammenhang hat der Pietismus nicht nur die Intensivierung der Bibellektüre befördert, sondern vor allem den Anspruch der autoritativen Geltung aller Schriftstellen in neuer Weise betont. Im Zuge dieser Veränderung ist die Relevanz der Bibel nicht nur, wie in der lutherischen Tradition, für die Glaubenslehre, sondern auch für Fragen der Lebensführung als maßgebend herausgestellt worden. Dadurch dass der Pietismus die praxis pietatis und somit eine deutlich stärkere Berücksichtigung der Heiligung im Vergleich zur Reformationszeit betonte, wurde seither die Vorstellung der autoritativen Geltung der „tota

62 Ebd.
63 A.a.O., 252.
64 Vgl. Ebd.
65 Vgl. Haspel, Sozialethik, 194f.
66 Vgl. Wallmann, Katechismuschristentum, 253f.

scriptura“ nach und nach auf alle Fragen der Lebensführung ausgeweitet und damit schließlich auch als Basis der evangelischen Ethik verstanden.[67]

Sowohl die lutherische Orthodoxie wie auch der Pietismus haben auf der Grundlage der Verbalinspiration sowie der Übernahme der aristotelischen Konzeption des „Prinzips“ eine letztlich uneingeschränkte Ineinssetzung von Gottes Wort und Schriftwort vorgenommen, dessen völlige Irrtumslosigkeit und uneingeschränkte Geltung mit Nachdruck herausgestellt wurde. Die Schrift ist nun nicht mehr Medium des „Wortes Gottes“, sondern mit diesem identisch. Viele der sich aus dieser Veränderung ergebenden Konflikte haben sich erst im 19. und im 20. Jahrhundert in voller Schärfe entzündet, so manche Kontroversen zwischen einzelnen Strömungen der Naturwissenschaften und theologischen Deutungen der Schöpfungsberichte oder auch Auseinandersetzungen über Fragen der Lebensführung, wie z.B. im Blick auf die gesellschaftliche und kirchliche Rolle von Frauen oder sexualethische Themen.

Ausblick: Der christliche Glaube als „Wortreligion“ und die Vielfalt von Methoden als Konsequenz eines ernsthaften Umgangs mit den Schriften der Bibel

In Aufnahme der Grundlagen des reformatorischen Schriftverständnisses ist der christliche Glaube dezidiert als „Wortreligion“ zu charakterisieren. Er ist im strengen Sinn des Wortes keine – wie etwa der Islam – „Buch- oder Schriftreligion“. Das Wort Gottes liegt allen menschlichen Worten und Interpretationsbemühungen stets voraus und bleibt unverfügbar. Im Prozess der Kommunikation des Evangeliums wird das Wort der Schrift durch das Wirken des Geistes je und je lebendig, es wird neu zum Wort Gottes und übersteigt in seiner Bedeutung das schriftlich fixierte Wort der Bibel. Allerdings bleibt die Kommunikation des Evangeliums grundlegend auf das Schriftwort angewiesen, es ist das Medium des Wortes Gottes, dem ein unbedingter Vorrang, ein „Prae“ zukommt.

Die sich aus diesem Verständnis ableitende Suche nach Regeln der Auslegung der Schrift ist eine Aufgabe von Theologie und Kirche, die sich seit der Zeit der Kanonbildung entwickelt hat. Im Vergleich zu den traditionellen Interpretationen der Schrift hat Luther einerseits das buchstäbliche Verständnis der biblischen Botschaft stärker als die Tradition betont, und andererseits zugleich den theologischen Sinn der jeweiligen biblischen Aussagen in den Mittelpunkt gestellt. Exemplarisch lässt sich dies an Hand der Psalmenauslegungen Luthers deutlich machen, die er über den Buchstabensinn

67 Vgl. Frey, Christopher Die Ethik des Protestantismus, Gütersloh 1998, 97ff.

hinaus immer wieder als unmittelbare Worte Christi zu verstehen und zu interpretieren gelernt hat. Dementsprechend hat er im Bemühen um ein geistliches Verständnis der Psalmen deren Beziehung auf Christus als den „eigentliche(n) Sinn des Psalmisten“[68] dargestellt. Insofern ist die geistliche Auslegung der Schrift eine theologisch reflektierte Form, über den bloßen Buchstaben hinaus den Sinn theologischer Aussagen im Gesamtzusammenhang des biblischen Zeugnisses zu erfassen. Auf diese Weise hat Luther durchaus einzelne Aspekte etwa der traditionellen Lehre vom vierfachen Schriftsinn in seiner Bibelhermeneutik „aufgehoben“, ohne sich jedoch sklavisch an diese Lehre im Sinne einer methodischen Anleitung zur Bibelinterpretation zu richten.[69] Dementsprechend gehen bei ihm „geistliches Verstehen und Dringen auf den eigentlichen Sinn der Bibel Hand in Hand.“[70] Luther strebte ein allmähliches Hineinwachsen in ein vertieftes Bibelverständnis auf der Basis permanenter Beschäftigung mit der Bibel im Dreischritt von oratio – tentatio – meditatio im Sinn eines „Anfechtungstrostes“[71] an, wobei es letztlich der Geist Gottes selbst ist, „der in der Schrift lebt ... den Affekt“ erfasst und auf diese Weise „die Erfahrung (schafft) und ... so Verständnis“[72] hervorruft. Er war davon überzeugt, „dass die Schrift ihre Kraft und Gültigkeit erweisen würde, wenn man sie nur in den jeweils zur Lösung anstehenden Fragen zur Geltung brachte. Dieser Vertrauensvorschuss ist ... konstitutiv für Luthers Hermeneutik.“[73]

In der Konsequenz dieses Bibelumgangs ist die heute sich durchsetzende Methodenvielfalt zu begrüßen. Die Dominanz einer einzigen Methode, etwa als Folge der Konzentration auf den Buchstabensinn und in der Vertiefung historischer Überlegungen die historisch-kritische Methode, ist ebenso problematisch wie ein prinzipielles Verdikt über eine einzelne Methode. Vielmehr sind neben der dominanten Orientierung an der historisch-kritischen Methode ergänzend sozialgeschichtliche, psychoanalytische oder literatur-geschichtliche Zugänge sinnvoll, nicht zuletzt auch stärker praktisch orientierte Methoden wie der Bibliolog oder das Bibliodrama. Alle diese Methoden können die Suche nach der geistlichen, letztlich auf Christus bezogenen Mitte der Schrift anleiten. Vielfalt der Methoden und die Suche nach der Einheit der Schrift sind, ähnlich wie es Luther im Kontext seiner Überlegungen zur „claritas“ der Schrift ausgedrückt hat, in die Perspektive

---

68 Hermann, Rudolf, Luthers Schriftauslegung, in: Ders., Studien zur Theologie Luthers und des Luthertums. Gesammelte und nachgelassene Werke II, hrsg. von Beintker, Horst, Berlin 1981, 313.

69 Vgl. Beutel, Albrecht u. a., Lutherjahrbuch 77, Göttingen 2010.

70 Hermann, Schriftauslegung, 313.

71 Kupsch, Alexander, Luthers liturgischer Schriftgebrauch, in: Zimmerling, Peter u. a. (Hg.), Martin Luther als praktischer Theologe, Leipzig 2017, 84 –101, hier: 97f.

72 Hermann, Schriftauslegung, 314.

73 Zimmerling, Peter, Luthers praktisch-theologische Überlegungen als Massstab für kirchliche Theorie und Praxis heute?, in: Ders u. a. (Hg.), Martin Luther als praktischer Theologe, Leipzig 2017, 17–29, hier: 25.

des organisierenden Zentrums der Schrift, der Lehre von Christus, zu stellen. Insofern lässt sich das „sola sciptura“ allein vom „solus Christus“ her angemessen als Basis des reformatorischen Schriftverständnisses interpretieren.

Literaturverzeichnis

Assmann, Jan, Religion und kulturelles Gedächtnis, München 2000.
Barth, Karl, Die Kirchliche Dogmatik. Die Lehre vom Wort Gottes, Bd. I/1, Zürich 1932.
Barth, Karl, Einführung in die evangelische Theologie, Gütersloh ^{2}1977.
Bauer, Thomas, Die Vereindeutigung der Welt. Über den Verlust an Mehrdeutigkeit und Vielfalt, Stuttgart 2018.
Beutel, Albrecht, Erfahrene Bibel, in: Ders., Protestantische Konkretionen. Studien zur Kirchengeschichte, Tübingen 1998.
Beutel, Albrecht, In dem Anfang war das Wort. Studien zu Luthers Sprachverständnis, Tübingen 1991.
Beutel, Albrecht u. a., Lutherjahrbuch 77, Göttingen 2010.
Brumlik, Micha, Schrift, Wort und Ikone. Wege aus dem Bilderverbot, Frankfurt am Main 1994.
Burgsmüller u. a., Die Barmer Theologische Erklärung. Einführung und Dokumentation, Neukirchen 1984.
Erasmus von Rotterdam, De libero arbitrio, in: Welzig, Werner (Hg.), Ausgewählte Schriften, übersetzt von Lesowsky, Winfried, Bd. 4, Darmstadt 1969.
Frey, Christopher Die Ethik des Protestantismus, Gütersloh 1998.
Gauger, Hans-Martin, Geschichte des Lesens, in: Günther, Hartmut, u. a. (Hg.), Schrift und Schriftlichkeit. Writing and its Use, Berlin / New York 1994.
Grane, Leif, Die Confessio Augustana. Einführung in die Hauptgedanken der lutherischen Reformation, Göttingen ^{2}1980.
Haspel, Michael, Sozialethik in der globalen Gesellschaft. Grundlagen und Orientierung in protestantischer Perspektive, Stuttgart 2011.
Hermann, Rudolf, Luthers Schriftauslegung, in: Ders., Studien zur Theologie Luthers und des Luthertums. Gesammelte und nachgelassene Werke II, hrsg. von Beintker, Horst, Berlin 1981.
Käsemann, Ernst (Hg.), Das Neue Testament als Kanon. Dokumentation und kritische Analyse zur gegenwärtigen Diskussion, Göttingen 1970.
Kermani, Navid, Gott ist schön. Das ästhetische Erleben des Koran, München 1999.
Körtner, Ulrich H., Theologie des Wortes Gottes. Positionen – Probleme – Perspektiven, Göttingen 2001.
Krochmalnik, Daniel, Amalek. Gedenken und Vernichtung in der jüdischen Tradition, in: Hanno Loewy u.a . (Hg.), Erinnern – Gedächtnis – Sinn: authentische und konstruierte Erinnerung, Frankfurt am Main / New York 1996.
Kuntze, Simon, Die Mündlichkeit der Schrift. Eine Rekonstruktion des lutherischen Schriftprinzips, Diss. Bochum 2018.
Kupsch, Alexander, Luthers liturgischer Schriftgebrauch, in: Zimmerling, Peter u. a. (Hg.), Martin Luther als praktischer Theologe, Leipzig 2017.
Lange, Ernst, Zur Theorie und Praxis der Predigtarbeit, in: Ders., Predigen als Beruf. Aufsätze zu Homiletik, Liturgie und Pfarramt, hrsg. von Schloz, Rüdiger, München 1982.
Luhmann, Niklas, Die Gesellschaft der Gesellschaft, Frankfurt am Main 1997.

Luhmann, Niklas, Soziale Systeme. Grundriss einer allgemeinen Theorie, Frankfurt am Main 41991.
Luther, Martin, An den christlichen Adel deutscher Nation von des christlichen Standes Besserung, in: WA 6.
Luther, Martin, De servo arbitrio, in: Luther, Martin, Lateinisch-Deutsche Studienausgabe, hrsg. von Wilfried Härle, u. a., Bd. 1, Leipzig 2006.
Luther, Martin, Ein Unterricht, wie sich die Christen in Mose schicken sollen, in: WA 16.
Luther, Martin, Vorrede zum Neuen Testament, in: Luthers Vorreden zur Bibel, Bornkamm, Heinrich (Hg.), Frankfurt 1983.
McLuhan, Marshall, Die magischen Kanäle. Understanding Media, Dresden / Basel 21995.
McLuhan, Marshall, Kultur ohne Schrift (1953), in: Baltes, Martin u. a., Medien verstehen. Der McLuhan-Reader, Mannheim 1997.
Wallmann, Johannes, Vom Katechismuschristentum zum Bibelchristentum, in: Ders., Pietismus-Studien, Tübingen 2008.
Werbick, Wolfgang, Die Angst durchkreuzen. Ermutigung aus dem Glauben, Freiburg im Breisgau 2017.
Wick, Peter, Ein Text, viele Auslegungen. Zukunftsperspektive für den kirchlichen Umgang mit den Heiligen Schriften, in: Grötzinger, Albrecht u. a. (Hg.), Das Christentum an der Schwelle zum 3. Jahrtausend, Stuttgart u. a. 2002.
Wick, Peter, Vom „sola scriptura"-Prinzip zu einem „Prae" der Heiligen Schrift, in: ZNT 39/40 (2017), 213–227.
Willi-Plein, Ina, Spuren der Unterscheidung von mündlichem und schriftlichem Wort im Alten Testament, in: Sellin, Gerhard u. a. (Hg.), Logos und Buchstabe. Mündlichkeit und Schriftlichkeit im Judentum und Christentum der Antike, Tübingen 1997.
Zimmerling, Peter, Luthers praktisch-theologische Überlegungen als Massstab für kirchliche Theorie und Praxis heute?, in: Ders u. a. (Hg.), Martin Luther als praktischer Theologe, Leipzig 2017.

Was für eine Hermeneutik braucht die Bibeldidaktik?

Hanna Roose

Einleitung

> Eine ganz eigenartige Erscheinung lässt sich im Zusammenhang mit den Kenntnissen der Schüler beobachten: In der Tat wissen die meisten nicht viel; dennoch beklagen sich viele darüber, dass im Bibelunterricht ‚immer das Gleiche' behandelt würde, das ihnen längst zum Hals heraushinge. Dieser offenkundige Widerspruch ist sicher nicht einfach mit Gedankenlosigkeit und Unlust der Schüler zu erklären, sondern hängt damit zusammen, dass in der Tat häufig die gleichen Texte behandelt werden, aber eben *nicht* so, dass die Schüler zur Auseinandersetzung angeregt werden. Oft werden biblische Geschichten nur rasch zitiert, um eine bestimmte Norm zu belegen, z. B. Gen 2 zum Stichwort ‚Umweltverantwortung', die 7. Seligpreisung (Mt 5,9) zum Stichwort ‚Friedenspflicht der Christen', Psalm 23 zum Stichwort ‚Vertrauen', Wunder Jesu zum Erweis der Messianität usw. Offenbar sind es in den Augen der Schüler immer die gleichen Schlagworte, die an ihnen vorüberziehen. Sie sehen sich mit dem Anspruch konfrontiert, diese biblischen Aussagen kritiklos zu akzeptieren und sich zu eigen zu machen.[1]

Diese Diagnose von Horst Klaus Berg, die auf einer empirischen Erhebung aus dem Jahr 1993 beruht, ist m. E. nach wie vor aktuell. Sie markiert bibeldidaktische Fragen bezüglich der Auswahl biblischer Texte und der Art ihrer Behandlung. Der zweite Aspekt – also die Frage, wie wir (im Unterricht) angemessen mit der Bibel umgehen – ist ein eminent hermeneutischer und soll daher genauer beleuchtet und zu den hermeneutischen Überlegungen von Peter Wick in Beziehung gesetzt werden.

1. Vom „Prä" der Heiligen Schrift

Horst Klaus Berg beklagt eine Deutung biblischer Texte, die von vorab feststehenden Normen und Programmen her kommt und das bestätigt, was bereits vorausgesetzt war. Er kontrastiert ein Vorgehen, das die Schüler zur

1 Berg, Horst, Klaus, Grundriss der Bibeldidaktik. Konzepte – Modelle – Methoden, München 1993, 20.

Auseinandersetzung mit biblischen Texten anregt, mit einem Vorgehen, das biblische Texte als Belege für bestimmte Normen ausgibt. Peter Wick plädiert in diesem Zusammenhang für das hermeneutische „Prä" der Heiligen Schrift.[2] Er kontrastiert das „Prä" der Schriften mit einem „Prä" von Axiomen. Zu Philo heißt es: „Axiomatisch ist festgelegt, um was es in diesen Büchern geht: Um die Allmacht Gottes, die Schöpfung und vor allem um die Ethik. [...] Die konkreten Gebote sind nicht mehr Resultat der Auslegung der vorgeordneten Tora, sondern die Ethik selbst ist vorgeordnet, und das muss heißen, ein bestimmtes Verständnis von Ethik, bei Philo eine Art von jüdisch-platonischer Ethik."[3]

Berg und Wick liegen hier ganz auf einer Linie. Angesichts dieser gedanklichen Nähe ist dann erstaunlich, dass Berg „biblische Grundbescheide" formuliert. Fällt er damit nicht hinter seinen bibeldidaktischen Ausgangspunkt zurück und formuliert nun doch so etwas wie Axiome, die den Texten vorgeordnet werden? Berg bestimmt seine Grundbescheide als „Verdichtungen biblischer Erfahrungen"[4]. Das Verhältnis zwischen Grundbescheid und Einzeltext charakterisiert er als ambivalent: „Einerseits erwachsen die Grundbescheide, die die Auslegung von biblischen Überlieferungsstücken ausrichten, ja erst aus der Beobachtung vieler einzelner Texte. Gleichzeitig sollen die Grundbescheide die Interpretation der Einzeltexte an Grundlinien ausrichten."[5] Diese Ausrichtung an Grundlinien ist lernpsychologisch deshalb wichtig, weil vernetztes Bibelwissen als sehr viel nachhaltiger angesehen wird als die punktuelle Kenntnis einzelner Texte.[6] Diese Vernetzung steht aber immer in Gefahr, sich im Sinne einer apriorischen axiomatischen Setzung zu verfestigen. Das zeigt sich noch deutlicher als bei Horst Klaus Berg in der Diskussion um die Bibeldidaktik von Gerd Theißen.[7] Dieser

---

2 Vgl. Wick, Peter, Vom „sola scriptura"-Prinzip zu einem „Prä" der Heiligen Schrift, ZNT 39/40 (2017), 213–228.

3 Wick, Peter, Ein Text – viele Auslegungen. Zukunftsperspektiven für den kirchlichen Umgang mit den Heiligen Schriften, in: Grözinger, Albrecht u. a. (Hg.), Das Christentum an der Schwelle zum 3. Jahrtausend, Stuttgart u. a. 2002, 77–90, 82.

4 Berg, Grundriss, 78.

5 Ebd.

6 Vgl. dazu Rupp, Hartmut, Kontinuität und Vielfalt. Wie kann man sich die Fülle biblischer Texte merken? In: Büttner, Gerhard u. a. (Hg.), Zwischen Kanon und Lehrplan, Schriften aus dem Comenius-Institut Bd. 20, Münster 2009, 143–151.

7 Theißen, Gerd, Zur Bibel motivieren. Aufgaben, Inhalte und Methoden einer offenen Bibeldidaktik, Gütersloh 2003.

spricht in seiner Bibeldidaktik von zwei „Grundaxiome[n] christlichen Glaubens“ (dem Monotheismus und dem Erlöserglauben)[8] und 14 „Grundmotive[n] biblischen Glaubens“[9]. Peter Müller sieht hierin ein „hermeneutisches Prinzip mit axiomatischer Geltung“[10] und kritisiert: „Der Text wird nicht als solcher wahrgenommen, sondern als Konkretion eines Motivs, das die Exegese [!] herausgearbeitet hat und vorgibt.“[11] Er hält es aber durchaus für sinnvoll, Text-Pools mit „vergleichbaren Texten“[12] anzulegen. Die Frage, die sich dann aufdrängt, ist allerdings die, welche Kriterien greifen, um bestimmen zu können, welche Texte vergleichbar sind, welcher Text also in welchen Text-Pool gehört.

Bibeldidaktik lässt sich damit in hermeneutischer Hinsicht beschreiben als Balanceakt zwischen axiomatischer Festlegung und erratischer Vereinzelung biblischer Texte. Es geht – positiv gewendet – um flexibel gehaltene Vernetzungsstrategien. Gerhard Büttner und Oliver Reis legen die Vernetzung daher weitgehend in die Hände der RezipientInnen.[13] „Wenn es denn so ist, dass Kinder (und auch Erwachsene) bei der Begegnung mit einer Bibelstelle diese in Bezug setzen zu bereits bekannten, dann dürfte es wichtig sein, einmal danach zu fragen, welche Bibelstelle denn nach der Meinung der Rezipienten zu einer bestimmten anderen ‚gehört‘.“[14]

2. Biblische Texte als perspektivische Auslegungen der Wirklichkeit

Ein zweiter Aspekt im schulischen Umgang mit der Bibel, den Horst Klaus Berg in dem Eingangszitat kritisiert, betrifft den Anspruch an die Schülerinnen und Schüler, biblische Aussagen kritiklos zu akzeptieren. Nun würde keine Lehrkraft explizit formulieren, dass sie mit diesem Anspruch auftritt. Und dennoch halte ich Bergs Diagnose auch an diesem Punkt für zutreffend. Dort, wo biblische Erzählungen (implizit) als Belege für axiomatische Set-

---

8 A.a.O., 133–138.

9 A.a.O., 138–173.

10 Müller, Peter, Schlüssel zur Bibel. Eine Einführung in die Bibeldidaktik, Stuttgart 2009, 88.

11 Ebd.

12 Ebd.

13 Büttner, Gerhard u. a., Wie werden Kinder zu (biblischen) Theologen oder wie entsteht kohärentes Bibelwissen? in: RPäB 47 (2001), 43–54.

14 Büttner, Gerhard u. a., „Kinder als Exeget/innen“ – Zuspruch für eine kindertheologische Bibeldidaktik, in: Ders. u. a. (Hg.), „Man hat immer ein Stück Gott in sich“. Mit Kindern biblische Geschichten deuten, JaBuKi Sonderband Teil 2: Neues Testament, Stuttgart 2006, 7–15, 12.

zungen gelten, können sich die Schülerinnen und Schüler nicht in vielfältiger Weise zu dem biblischen Text verhalten, sondern sie müssen sich – mit einem sehr viel engeren Spielraum – zu dem betreffenden Axiom positionieren. Dieses wird aber im Unterricht oftmals gar nicht offen zur Disposition gestellt, sondern unhinterfragt vorausgesetzt. Wer könnte schon gegen Umweltverantwortung oder Frieden etc. sein?

Auch dort, wo biblische Erzählungen (implizit) als historische Tatsachenberichte präsentiert werden, entsteht der Eindruck, als ginge es um die fraglose Hinnahme von Berichtetem.[15] Eine kurze Sequenz aus dem Religionsunterricht in einer 3. Klasse mag das illustrieren.[16] Die Lehrkraft erzählt von Mose und dem brennenden Dornbusch. Sie schließt mit dem Auftrag Gottes an Mose, zum Pharao zu gehen, damit das Leiden aufhört.

> L: Das hat Mose sich also nicht ausgedacht, sondern woher hat Mose diesen Auftrag bekommen? Wer kann das noch einmal sagen?
> Stimme aus der Klasse (ruft rein): Gott.
> L: Wer hat Mose diesen Auftrag gegeben?
> Frank: Gott.
> L: Und wenn man einen Auftrag bekommt, dann ... kann man den ablehnen?
> Stimmen aus der Klasse: Nein! Nein!
> L: So! Du kriegst jetzt noch ein zweites Blatt, dort hast du ... Marie?

Die Alternative „ausgedacht oder von Gott" verweist Gott und damit die Erzählung vom brennenden Dornbusch in den Bereich des Faktischen – im Unterschied zum Fiktiven, Ausgedachten, „Scheinbaren". Suggestiv legt die Lehrkraft der Klasse die Aussage nahe, dass „man" – also nicht nur Mose, sondern (wir) alle! – einen Auftrag von Gott nicht ablehnen können. Damit ist für sie diese Unterrichtsphase beendet. Dass die Lehrkraft trotz dieser massiven Suggestion keineswegs eine missionarische Intention verfolgt, zeigt der Fortgang des Gespräches, zu dem es allerdings nur deshalb kommt, weil eine sehr aufgeweckte Schülerin einen Einwand erhebt:

> Marie: Ich hab noch eine Frage.
> L: Ja.
> Marie: Ehm also, aber heute passiert das doch gar nicht mehr, dass Gott mit einem spricht?
> L: Nein. Mit den meisten Menschen nicht. Aber vielleicht gibt es doch den ein oder anderen, mit dem Gott schon mal gesprochen hat.
> ...

---

15 Berg, Grundriss, 32–33.

16 Roose, Hanna „War das wirklich so?" – Mose im Religionsunterricht der Grundschule: Zwischen Tatsachenbericht und fiktiver Erzählung, in: Bucher, Anton A. u. a. (Hg.), „Darüber denkt man ja nicht von allein nach ..." Kindertheologie als Theologie für Kinder, JaBuKi 12, Stuttgart 2013, 147–158, 152–154.

L: Aber angeblich soll es Menschen geben, ich kann nur sagen, was ich gehört habe, ich hab noch nie mit so einem Menschen gesprochen, mit dem er schon gesprochen hat. Aber wie gesagt, es passiert nur ganz selten.

Auffällig ist hier der Bruch zwischen dem suggestiven Stil im ersten Teil und der großen Zurückhaltung und Unsicherheit, die die Lehrkraft im zweiten Teil erkennen lässt. Sie „rudert" komplett zurück und qualifiziert das, was Mose widerfahren ist, als etwas ganz Besonderes. Dass Gott auch für uns heute einen Auftrag haben könnte oder auch nur mit uns spricht, erscheint nun äußerst unwahrscheinlich. Es erfolgt auch kein moralischer Appell im Sinne von „Seid bereit!" Der suggestive Stil aus dem ersten Teil erweist sich damit als ein unreflektierter Fundamentalismus, der die Kinder – offenbar ungewollt – dem Anspruch aussetzt, die biblische Erzählung fraglos hinzunehmen.

Ganz anders stellt es sich dar, wenn biblische Texte als perspektivische Auslegungen der Wirklichkeit erkennbar gemacht werden, wie Peter Wick betont. Denn: „Die Wirklichkeit kann immer von neuen Perspektiven her betrachtet werden."[17] Zu diesen Perspektiven kann ich meine eigene facettenreich in Beziehung setzen. Von Lehrkräften wird dieser Ansatz jedoch oft als Überforderung (der Schülerinnen und Schüler? der Lehrkraft selbst?) empfunden. Zu Weihnachten klagen einige Grundschullehrkräfte darüber, dass sie in der dritten und vierten Klasse nicht recht wüssten, was sie noch machen sollten, weil die Weihnachtsgeschichte ja bereits in der ersten und zweiten Klasse Thema gewesen sei. Oft weichen sie dann auf „Weihnachten in anderen Ländern" aus. Mein Vorschlag, in den höheren Grundschulklassen die lukanische und die matthäische Geburtserzählung als zwei unterschiedliche perspektivische Auslegungen, als „narrative Christologie"[18], zu thematisieren, wurde als zu anspruchsvoll zurückgewiesen. Aufschlussreich ist hier, welches Problem die Lehrkräfte antizipieren: Die Kinder könnten fragen, „was stimmt".

In dieser Befürchtung zeigt sich deutlich die implizite Engführung der Wahrheitsfrage biblischer Texte auf den Grad ihrer Übereinstimmung mit dem, was „tatsächlich" passiert ist. Eine zentrale bibeldidaktische Aufgabe besteht darin, diese hermeneutische Engführung in Richtung eines perspektivischen Wahrheitsverständnisses zu erweitern. Christian Bühler macht in diesem Zusammenhang ein erfahrungsbezogenes Wahrheitsverständnis stark:

„Wenn der Bezug eines biblischen Textes auf Erfahrung ‚wirklich' gelingt, dann zeigt sich seine ‚Wahrheit': seine Aussagerichtung, sein Sinn,

---

17 Wick, Peter, Exegese und Realität Über das Wirklichkeitsverständnis eines multimethodischen Ansatzes, in: Gelardini, Gabriella, Festschrift für E. Stegemann, Stuttgart 2005, 267–281, 272.

18 Böttrich, Christfried, Themen des Neuen Testaments in der Grundschule. Ein Arbeitsbuch für Religionslehrerinnen und Religionslehrer, Stuttgart 2001, 35–51.

seine Weisung. Unter dieser Voraussetzung ist jeder biblische Text ‚wahr'. Schöpfung etwa als Antwort auf die Frage: Worin besteht der tragende Grund unseres Lebens? Gibt es ein Leben vor dem Tod?"[19]

Das Elementarisierungsmodell von Nipkow und Schweitzer kennt als eine Dimension die Frage nach den elementaren Wahrheiten.[20] Diese Dimension lässt sich explizieren als die Frage nach der Relevanz eines Themas für die Lehrkraft und die Schülerinnen und Schüler.[21] Im Rahmen der Unterrichtsvorbereitung muss die Lehrkraft ihr persönliches Verhältnis zum Thema klären. Sie muss auch versuchen zu antizipieren, welche Relevanz das Thema bzw. der biblische Text für die Schülerinnen und Schüler haben könnte.

Im Blick auf persönliche Perspektivierungen der Wahrheitsfrage scheint mir gerade für den schulischen Kontext jedoch wichtig, dass ein biblischer Text zu einem gegebenen Zeitpunkt für eine bestimmte Schülerin auch nach intensiver Auseinandersetzung „stumm" bleiben kann. Er lässt sich für sie in ihrer derzeitigen Situation möglicherweise *nicht* auf eigene Erfahrungen beziehen, er bleibt – für sie, jetzt und hier – irrelevant und damit im Sinne Bühlers „unwahr".

Neben dieser persönlich-individuellen Perspektivierung der Wahrheitsfrage geht es m. E. aber auch darum, normierte Relevant-Setzungen (mindestens) einer Religions- oder Glaubensgemeinschaft ins Spiel zu bringen.[22] Denn der konfessionelle Religionsunterricht ist nach Art. 7,3 GG positionell an die Religionsgemeinschaft gebunden, die ihn verantwortet. „Damit ist eine hermeneutische Reflexion der Bibel als des kanonischen Texts der (konfessionellen) Kirchen erforderlich."[23] Was könnte das heißen? Peter Wick skizziert die ekklesiologisch-kanonische Dimension biblischer Hermeneutik folgendermaßen:

> Wir haben in unserer Stadt viele Straßen, die zu schmal sind, um von beiden Seiten her befahren werden zu können. Auch dort, wo es gute Gründe für beide Fahrrichtungen gibt, muss die Gemeinschaft festlegen, in welche Richtung das Einbahnschild steht, ansonsten wäre ein gemeinschaftlicher Verkehr auf dieser

---

19 Bühler, Christian, Ist die Bibel wahr? In: Lämmermann, Godwin u. a. (Hg.), Bibeldidaktik in der Postmoderne, Festschrift für Klaus Wegenast, Stuttgart 1999, 44–49, 48.

20 Vgl. Nipkow, Karl-Ernst u. a., Religionsunterricht und Entwicklungspsychologie. Elementarisierung in der Praxis, Gütersloh ^{2}1997, 178–179.

21 Vgl. Büttner, Gerhard, u. a., Einführung in den Religionsunterricht. Eine kompetenzorientierte Didaktik, Stuttgart 2015, 27.

22 Vgl. Büttner, Gerhard u. a., Glaubenswissen – konstruktivistisch gelesen, in: Büttner, Gerhard u. a. (Hg.), Glaubenswissen, Jahrbuch für konstruktivistische Religionsdidaktik 6, Babenhausen 2015, 9–18.

23 Guttenberger, Gudrun, Neuere hermeneutische Tendenzen in der neutestamentlichen Fachwissenschaft und ihre Relevanz für die Bibeldidaktik, in: Roose, Hanna u. a. (Hg.), „Es ist schwer einzuschätzen, wo man steht". Jugend und Bibel, JaBuKi 2, Stuttgart 2018, 24–37, 25.

> Straße nicht möglich. Christliche Gemeinschaften, Gemeinden und Kirchen werden nicht darum herumkommen, gewisse – besonders ethische – Textauslegungen für den ‚Verkehr' innerhalb der Gemeinschaft als verbindlich zu erklären und andere als unverbindlich. Im jeweiligen Binden und Lösen der für die Gemeinschaft geltenden Normativität von konkretisierenden Textauslegungen findet und vollzieht eine Gemeinschaft ihre von anderen Gemeinschaften unterscheidbare Autorität.[24]

Bezogen auf den schulischen Religionsunterricht sind hier m. E. einige Differenzierungen notwendig:

1. Schulischer Religionsunterricht ist nicht (mehr) „Kirche in der Schule". Die Positionalität des Religionsunterrichts nach Art. 7,3 bezieht sich – nach evangelischem Verständnis – nicht auf die Schülerinnen und Schüler, sondern allein auf die Lehrkraft und die Perspektivierung der Inhalte.[25] Bezogen auf die Bibelhermeneutik bedeutet das: Evangelischer Religionsunterricht hat die Aufgabe, christliche Lesarten biblischer Texte samt ihres normativ-kanonischen Anspruchs einzuspielen, *ohne die Schülerinnen und Schüler darauf zu verpflichten.*[26] Die Bibel ist eben für das Christentum nicht nur Weltliteratur. Sie erhebt als kanonischer Text – anders als etwa „Faust" – normative Ansprüche, von denen die Schülerinnen und Schüler wissen sollten.
2. Die Gemeinschaft, in der schulischer Religionsunterricht stattfindet, ist keine kirchliche, sondern eine schulische. Ethische Textauslegungen zur Bibel, die eine Kirche für verbindlich erklärt (vgl. das Zitat von Wick), sind nicht automatisch verbindlich für das Schulleben. Biblischer Unterricht in der Schule muss deshalb zwischen moralischer Erziehung, die auf die Übernahme ganz bestimmter Normen zielt, und ethischer Bildung, die ethische Normen kritisch reflektiert, unterscheiden.[27] Das ist nicht immer selbstverständlich. Dazu ein Beispiel: Gewalt kann im Lebensraum Schule nicht toleriert werden. Daher führen z. B. viele Grundschulen in Niedersachsen das Programm „Faustlos" durch, ein Programm zur Gewaltprävention, bei dem die Schülerinnen und Schüler trainieren, Konflikte gewaltfrei zu lösen. Das Erziehungsprogramm gehört damit in den Bereich der Moralerziehung, die hier jedoch explizit zum Unterrichtsgegenstand wird. Die Grenze zwischen Moralerziehung

---

24 Wick, Text, 89–90; vgl. auch Seite 39.

25 Vgl. Schröder, Bernd, Konfessionalität und kooperativer Religionsunterricht in evangelischer Perspektive, in: Woppowa, Jan u. a. (Hg.), Kooperativer Religionsunterricht, Stuttgart 2017, 35.

26 Vgl. Hoegen-Rohls, Christina, Literarisches Lernen im Deutschunterricht und Biblisches Lernen im jugendtheologisch ausgerichteten Religionsunterricht – grundsätzliche Erwägungen zur Textarbeit im Fächervergleich, in: Roose, u. a., Jugend, 43–44.

27 Vgl. Roose, Hanna Die Friedensbotschaft Jesu als Bildungsmotiv, in: ZPT 65 (2013), 350–352.

und ethischer Bildung droht dabei zu verwischen. Das zeigt sich in Äußerungen von Lehrkräften, die:

a) die Durchführung des Programms von Lehrkräften im Unterricht (und nicht im Rahmen von AGs durch Sozialarbeiter) als Indoktrination empfinden, die dem Bildungsanspruch des Unterrichts nicht gerecht wird,
b) die Durchführung des Programms als genuine Aufgabe des Faches Religion ansehen, weil es dieses Fach mit biblisch fundierter Moralerziehung zu tun habe,
c) das Programm religiös durch Rekurs auf die Friedenspflicht der Christen (s. o.) legitimieren.

Eine christliche Kirche mag die Friedensbotschaft Jesu zum verbindlichen Maßstab einer biblischen Hermeneutik erklären. Als Thema ethischer Bildung im schulischen Religionsunterricht wäre sie dennoch als partikulare, perspektivische Wahrheit kenntlich zu machen.

3. Da der konfessionelle Religionsunterricht zunehmend in einem konfessionell-kooperativen, interreligiösen Kontext steht, der außerdem durch die zunehmende Anzahl an Konfessionslosen geprägt ist, kann es sinnvoll sein, im evangelischen Religionsunterricht nicht nur christliche Lesarten biblischer Texte ins Spiel zu bringen, sondern z. B. auch jüdische. Gerade im Blick auf alttestamentliche Texte spricht m. E. aus bibeldidaktischer Sicht viel für ein Modell der „doppelten Leseweise“ (C. Dohmen; E. Zenger). Bezogen auf Texte wie Ps 22; Jes 11 und Micha 5 erscheint es mir wichtig, jüdische von christlich-christologisch aufgeladenen Deutungen für die Schülerinnen und Schüler erkennbar zu unterscheiden und an die jeweiligen Religionsgemeinschaften zurück zu koppeln. Wie sich die Schülerinnen und Schüler individuell zu diesen Lesarten verhalten, ist ihnen – unabhängig von ihrer formalen Religionszugehörigkeit – überlassen.

3. Ein Text, viele Auslegungen

Der Verzicht auf axiomatische Setzungen „hinter“ dem Text eröffnet die Möglichkeit, auf biblische Schriften offene Textmodelle anzulegen: Ein Text bringt dann viele Auslegungen hervor. Peter Wick plädiert dafür, dass die Kirche diesen Weg gehen sollte:

„Ein solcher Weg ist für die Kirche der interpretierende Umgang mit ihren heiligen Texten, weg von der Versuchung, die biblische Vielfalt hin auf ein Eines zu verstehen, hin zum Bemühen darum, von den axiomatisch prä-gesetzten Heiligen Schriften schon den kleinsten Vers hin zur Vielfältigkeit des Lebens kreativ zu interpretieren.“[28]

Wick empfiehlt der wissenschaftlichen Exegese daher, sich für neue Methoden und Perspektiven zu öffnen.[29] Die Frage, wie man vom einen Text zu vielen Auslegungen kommt, verdient in hermeneutischer Hinsicht eine genauere Betrachtung. Offene Textmodelle scheinen nach möglichst offenen methodischen Zugängen zu verlangen. In der Bibeldidaktik wären solche offenen Methoden etwa Fantasiereisen sowie kreative und produktionsorientierte Zugänge. Die Rezeptionsästhetik gewinnt dabei entscheidend an Gewicht. Nun geht es Peter Wick aber auch darum, den „Text als Text“ stark zu machen. Das ist deshalb wichtig, weil er die Kraft entwickeln soll, bisherige Rezeptionen zu verändern. Das heißt: Der biblische Text ist nicht nur offen für eine unendliche Anzahl an Deutungen, er ist auch widerständig, er kann sich – bei eingehender Analyse – eingeschliffenen Deutungsmustern widersetzen. Deshalb sind auch geschlossene, textorientierte Methoden wichtig.

Blickt man von hier aus auf aktuelle Diskussionen in der Literaturdidaktik, so zeigen sich deutliche Parallelen. In einem viel rezipierten Beitrag bestimmt der Literaturdidaktiker Kaspar Spinner literarisches Lernen anhand von 11 Aspekten:

1. Beim Lesen und Hören Vorstellungen entwickeln.
2. Subjektive Involviertheit und genaue Wahrnehmung miteinander ins Spiel bringen.
3. Sprachliche Gestaltung aufmerksam wahrnehmen.
4. Perspektiven literarischer Figuren nachvollziehen.
5. Narrative und dramatische Handlungslogik verstehen.
6. Mit Fiktionalität bewusst umgehen.
7. Metaphorische und symbolische Ausdrucksweise verstehen.
8. Sich auf die Unabschließbarkeit des Sinnbildungsprozesses einlassen.
9. Mit dem literarischen Gespräch vertraut werden.
10. Prototypische Vorstellungen von Gattungen / Genres gewinnen.
11. Literaturhistorisches Bewusstsein entwickeln.[30]

Hier ist nicht der Raum, um auf alle Aspekte im Einzelnen einzugehen. Ich hebe einige Punkte hervor, die für unseren Zusammenhang besonders interessant sind. Die Zweipoligkeit von Widerständigkeit und Offenheit zeigt sich deutlich in der Forderung, die sprachliche Gestaltung aufmerksam wahrzunehmen (3) und die narrative und dramatische Handlungslogik zu verstehen (5) einerseits und der Forderung, sich auf die Unabschließbarkeit

---

28 Wick, Peter, Text, 87.

29 Vgl. Ebd., 88.

30 Spinner, Kaspar, Literarisches Lernen, in: Praxis Deutsch 200 (2006), 6–16. Vgl. Winkler, Iris, „Subjektive Involviertheit und genaue Wahrnehmung miteinander ins Spiel bringen“. Überlegungen zur Spezifikation eines zentralen Konzepts für den Literaturunterricht, in: Leseräume 2 (2015), 154–168.

des Sinnbildungsprozesses einzulassen (8) und mit dem literarischen Gespräch[31] vertraut zu werden (9) andererseits.

Literaturtheoretisch geht das sogenannte Heidelberger Modell des literarischen Gesprächs von einer nicht-intentionalen, polyvalenten Bedeutungsvielfalt literarischer Texte aus. Insofern kann es im Unterricht nicht darum gehen herauszufinden, was der Autor bzw. die Autorin mit dem Text sagen wollte, sondern darum, Bedeutungsfacetten in einem unabschließbaren Vorgang der Interpretation aufzuspüren. Im Hintergrund steht die Hermeneutik Schleiermachers in Verbindung mit aktuellen dekonstruktivistischen Positionen, wie sie v. a. Manfred Frank herausgearbeitet hat.[32] Die Pointe dieses Theoriebezugs liegt darin, dass zwischen literarischem Verstehen und dem Gespräch ein unmittelbarer Zusammenhang postuliert wird.

„Verstehen wird als dynamischer, gesprächsförmiger Prozess gedacht: als inneres Selbstgespräch, als Gespräch mit einem Text und als Gespräch mit einem realen Gegenüber. Dieser Prozess ist prinzipiell sprachlich, individuell und letztlich unabschließbar: er kennt ‚kein endgültiges Wort'."[33]

Insofern kann der Literaturdidaktiker Gerhard Härle pointiert formulieren: „Am Anfang aller Literatur ist das Gespräch."[34]. Mit dieser theoretischen Verortung betont das literarische Gespräch weniger die Subjektivität des Verstehens als vielmehr seine Offenheit und Unabschließbarkeit. Genau deshalb stellt das Gespräch mit mehreren Teilnehmenden die adäquate Realisierungsform dar.[35] Die hermeneutische Modellierung von Verstehen im Sinne eines gesprächsförmigen Prozesses, der prinzipiell sprachlich und letztlich unabschließbar ist, scheint mir – trotz ihrer anderen theoretischen Herkunft – in hohem Grade anschlussfähig zu sein an die hermeneutischen Überlegungen von Peter Wick, der jedoch auf die Bedeutung des Gesprächs nicht explizit eingeht. Methodisch ergibt sich daraus eine Fokussierung sprachgebundener Zugänge, die im Religionsunterricht – gerade in Kontexten von Inklusion – nicht unumstritten ist.

---

31 Roose, Hanna, Literarische und theologische Gespräche – eine interdisziplinäre Perspektive, in: Theo-Web. ZRelPäd 15 (2016), 207–222.

32 Vgl. Frank, Manfred, Das Sagbare und das Unsagbare. Studien zur deutsch-französischen Hermeneutik und Texttheorie, Frankfurt am Main [4]2000.

33 Steinbrenner, Marcus u. a., Verstehen und Nicht-Verstehen im Gespräch. Das Heidelberger Modell des Literarischen Unterrichtsgesprächs. leseforum.ch. Online-Plattform für Literalität, 2010, 227.

34 Härle, Gerhard, Literarische Gespräche im Unterricht. Versuch einer Positionsbestimmung, in: Ders. u.a. (Hg.), Wege zum Lesen und zur Literatur, Baltmannsweiler 2004, 137–168, 137.

35 Vgl. Garbe, Christine, „Kein endgültiges Wort". Das Konzept des Literarischen Unterrichtsgesprächs im Diskurs der aktuellen Literaturdidaktik. In Steinbrenner, Marcus u. a. (Hg.), „Seit ein Gespräch wir sind und hören voneinander". Das Heidelberger Modell des Literarischen Unterrichtsgesprächs in Theorie und Praxis, Baltmannsweiler 2011, 67–97, 80–81.

Die Balance zwischen den beiden genannten Polen – einerseits der Offenheit, andererseits der Widerständigkeit biblischer Texte – ist prekär. Die Schwierigkeit, beide Pole auszubalancieren, verschärft sich im schulischen Kontext dadurch, dass geschlossene Methoden (die nach einer richtig-falsch-Logik funktionieren) die Erwartungen von Schülerinnen und Schülern an Schule bestätigen (nach dem Motto: „Hier geht es um richtige Lösungen, die die Lehrkraft von vornherein kennt."), das Postulat der prinzipiellen Unabgeschlossenheit von Deutungsprozessen diese Erwartungen jedoch unterläuft. Denn hier reiht sich die Lehrkraft idealerweise ein in die Gemeinschaft der Suchenden und der Deutungsprozess kommt zu keinem abschließenden Ergebnis. Das kann bei Schülerinnen und Schülern zu Irritation und Frustration führen. Empirisch gestützte Analysen literarischer Gespräche zeigen, dass die Schülerinnen und Schüler die Lehrkraft aus ihrer angestammten Rolle als Expertin nicht entlassen und sich enttäuscht zeigen, denn: „Am Schluss weiß ich trotzdem nicht, was der Text sagt."[36]

Die Verschränkung von geschlossenen und offenen Aufgabenstellungen in der Auseinandersetzung mit dem Text macht es für die Schülerinnen und Schüler zusätzlich schwierig zu erkennen, in welchem „Setting" sie sich gerade befinden. Das zeigt ein Ausschnitt aus einer Partnerarbeit in einer 7. Gesamtschulklasse zur Erzählung vom Gelähmten in Mk 2,1–12.[37] Die SchülerInnen erhalten den Text der Wundererzählung und eine auszufüllende Tabelle auf einem Arbeitsblatt. Sie

1. markieren in Einzelarbeit mit unterschiedlichen Farben die unterschiedlichen Wortarten (Substantive, Verben) und
2. zählen, wie oft bestimmte Akteure im Text vorkommen.
3. Außerdem klären sie unbekannte Wörter (mit Hilfe von Tablets) und
4. beschreiben, wie ein bestimmtes Wort verwendet wird (in der Tabelle). Dazu stehen den Schülerinnen und Schülern unterschiedliche Kategorien zur Verfügung („Randnotiz", „präzisiert die Situation", ...), sie können aber auch selbständig Beschreibungen formulieren.

An die Einzelarbeit schließt eine Partnerarbeit an. Die Schülerinnen und Schüler sitzen in der Regel zu viert an Gruppentischen und sollen nun jeweils zu zweit zusammenarbeiten und ihre Ergebnisse vergleichen. Aw und Cw bilden eine Zweiergruppe. Sw sitzt mit ihrer Partnerin am selben Tisch über Eck.

---

36 Härle, Gerhard „... und am Schluss weiß ich trotzdem nicht, was der Text sagt". Grundlagen, Zielperspektiven und Methoden des Literarischen Unterrichtsgesprächs, in: , Steinbrenner, Gespräch, 29–65.

37 Roose, Hanna, Jugendtheologie in Partnerarbeit? In: Theo-Web. ZRelPäd 17 (2018), 146–162.

32 Sw kommt zurück. Als sie hinter Aw vorbei geht, sagt sie zu ihr: Frau S hat gesagt, Jesus ist auch ein Substantiv.
33 Aw: Schön für euch. (Sie wendet sich wieder Cw zu.)
34 Aw (zu Cw): Ich habe beim Gelähmten „Veranschaulichung vom Leiden eines Menschen". Aber ich weiß nich, ob das richtig ist. Ich glaub ich hab das falsch gemacht.
35 Cw: Stimmt doch. Weil er leidet ja (schaut theatralisch an die Decke).
36 Aw (schmunzelt): Ja genau.
37 Cw: Ja. (Schreibt das auf).
38 Aw: Bei Dach
39 Cw: Was hast du bei Dach hingeschrieben?
40 Aw: Randinformation.
41 Cw: Was is denn ne Randinformation?
42 Aw: S'is wie ne Nebeninformation.
43 Cw (gleichzeitig): Was nich wichtig is?
44 Aw: Ja. Glaub schon.
45 Cw: Nebensächliche Information.
46 Aw: Ja, is nich so wichtig.
47 Cw schreibt.
48 Aw: Aber ich weiß wie gesagt nich, ob das richtig is. ... Was hast du als nächstes?
49 Cw: For-ma-tion. Ich hab jetzt einfach nebensächliche Information hingeschrieben. Und bei Bett?
50 Aw: Bei Bett hab ich präzisiert die Situation.
...
61 Cw: Brenn-, brennsiert.
62 Aw: Präzisiert die Situation.
63 Cw (schaut auf das Arbeitsblatt von Aw): P-R-Ä-Z (Aw nickt. Cw beginnt, abzuschreiben).
64 Aw (steht mit ihrem Arbeitsblatt in der Hand auf). Ich frag mal, ob das überhaupt richtig is. Was ich geschrieben hab.
65 Cw: Ja.
66 Aw geht zur Lehrerin: Is das richtig?
67 L: Ich weiß nich, ob das richtig ist. Wenn du das, wenn du das so siehst, die Verwendung, dann wird das richtig sein. (Aw schlurft zurück an den Tisch. Lehrerin ruft ihr nach, so dass auch Cw es hören kann:) Außerdem hast du doch ne Partnerin, mit der du das jetzt besprechen kannst.
68 Cw (zu Aw): Ja.
Während der verbleibenden Zeit in der Partnerarbeit schreibt Cw ab, was Aw sich notiert hat. An einigen Stellen fragt sie nach und Aw gibt Erklärungen zu bestimmten Wörtern.

Auffällig ist hier, dass die beteiligten Schülerinnen die Aufgabenstellungen durchgängig im Sinne einer richtig-falsch-Logik modellieren und bearbeiten. Bei der Frage, ob „Jesus" ein Substantiv ist, kommt es zu einem regelrechten „Machtkampf" mit Siegern und Verlierern. Die Lehrerin gibt hier auf Nachfrage eine eindeutige Antwort und bestätigt damit die richtig-falsch- Modellierung durch die Schülerinnen. Anders verhält es sich für die Lehrkraft offenbar bei der letzten Aufgabenstellung. Sie weist die Rolle der

Expertin hier explizit zurück (67) und „ermächtigt" die Schülerinnen. Sie charakterisiert die letzte Aufgabe als einen individuellen Deutungsprozess, der performative Züge hat. Außerdem verweist sie die Schülerinnen auf das gemeinsame Gespräch, in dem sie sich (gleichberechtigt) austauschen können. Mimik und Gestik der Schülerin, die die Lehrkraft gefragt hat, verraten, dass sie mit dieser Antwort nicht glücklich ist. Die Schülerinnen bleiben der richtig–falsch– Logik weiterhin verhaftet, Aw übernimmt (notgedrungen) die Rolle der Expertin (die Lehrkraft hat sie da ja „im Stich gelassen"), Cw schreibt bei ihr ab und lässt sich die „richtigen" Antworten erklären. Zu einer gemeinsamen gesprächsförmigen Suche kommt es nicht.

Das Beispiel zeigt, welche hohen Anforderungen eine Hermeneutik der Unabschließbarkeit der Interpretation, die gleichzeitig die Widerständigkeit des Textes stark macht, an diejenigen stellt, die sich auf sie einlassen.

Fazit

Was für eine Hermeneutik braucht die Bibeldidaktik? Drei Kernthesen aus der Hermeneutik von Peter Wick haben sich als bibeldidaktisch in hohem Maße anschlussfähig erwiesen:

1. das „Prä" der Heiligen Schrift,
2. biblische Texte als perspektivische Auslegungen der Wirklichkeit,
3. ein Text, viele Auslegungen.

Die hermeneutische Bedeutung des Gesprächs scheint mir im Zuge dieser Überlegungen noch unterbelichtet. Die Sprachförmigkeit des Verstehens bedarf angesichts intensiver Debatten um Inklusion der didaktischen Legitimation. Mein Eindruck ist, dass bestimmte schulische Kontexte eine hermeneutisch erweiterte Bibeldidaktik erfordern, die nicht-sprachliche Formen der Auseinandersetzung stärker berücksichtigen kann. Die Gestaltung prinzipiell unabgeschlossener Interpretationsprozesse läuft eingespielten schulischen Logiken entgegen und muss dauerhaft eingeübt werden. Die Verschränkung dieses Prozesses mit geschlossenen Formen der Textwahrnehmung verschärft die Herausforderung und erfordert ein hohes Maß an Transparenz hinsichtlich der jeweils geltenden Modellierungen.

Literaturverzeichnis

Berg, Horst Klaus, Grundriss der Bibeldidaktik. Konzepte – Modelle – Methoden, München 1993.

Böttrich, Christfried, Themen des Neuen Testaments in der Grundschule. Ein Arbeitsbuch für Religionslehrerinnen und Religionslehrer, Stuttgart 2001.

Bühler, Christian, Ist die Bibel wahr? In: Lämmermann, Godwin u.a. (Hg.), Bibeldidaktik in der Postmoderne, Stuttgart u. a. 1999, 44–49.

Büttner, Gerhard u. a., Wie werden Kinder zu (biblischen) Theologen oder wie entsteht ein kohärentes Bibelwissen? In: RPäB 47 (2001), 43–54.

Büttner, Gerhard u. a., Glaubenswissen – konstruktivistisch gelesen, in: Büttner, Gerhard u. a. (Hg.), Glaubenswissen, Jahrbuch für konstruktivistische Religionsdidaktik 6, Babenhausen 2015, 9–20.

Büttner, Gerhard u. a., „Kinder als Exeget/innen" – Zuspruch für eine kindertheologische Bibeldidaktik, in: Ders. u. a. (Hg.), „Man hat immer ein Stück Gott in sich". Mit Kindern biblische Geschichten deuten, JaBuKi Sonderband Teil 2: Neues Testament, Stuttgart 2006, 7–15.

Büttner, Gerhard u. a., Einführung in den Religionsunterricht. Eine kompetenzorientierte Didaktik, Stuttgart 2015.

Dohmen, Christoph, Das Konzept der doppelten Hermeneutik. Eine Zusammenfassung, in: Ders. u. a. (Hg.), Hermeneutik der Jüdischen Bibel und des Alten Testaments, Stuttgart 1996, 133–209.

Frank, Manfred. Das Sagbare und das Unsagbare. Studien zur deutsch-französischen Hermeneutik und Texttheorie. Frankfurt am Main [4]2000.

Fricke, Michael: „Schwierige" Texte im Religionsunterricht. Theoretische und empirische Elemente einer alttestamentlichen Bibeldidaktik für die Primarstufe, Göttingen 2005.

Garbe, Christine, „Kein endgültiges Wort". Das Konzept des Literarischen Unterrichtsgesprächs im Diskurs der aktuellen Literaturdidaktik, in Steinbrenner, Marcus u. a. (Hg.), „Seit ein Gespräch wir sind und hören voneinander". Das Heidelberger Modell des Literarischen Unterrichtsgesprächs in Theorie und Praxis, Baltmannsweiler 2011, 67–97.

Guttenberger, Gudrun: Neuere hermeneutische Tendenzen in der neutestamentlichen Fachwissenschaft und ihre Relevanz für die Bibeldidaktik, in: Roose, Hanna u. a. (Hg.): „Es ist schwer einzuschätzen, wo man steht". Jugend und Bibel, JaBuKi 2, Stuttgart 2018, 24–37.

Härle, Gerhard, Literarische Gespräche im Unterricht. Versuch einer Positionsbestimmung, in: Ders. u. a. (Hg.), Wege zum Lesen und zur Literatur, Baltmannsweiler 2004, 137–168.

Hoegen-Rohls, Christina, Literarisches Lernen im Deutschunterricht und Biblisches Lernen im jugendtheologisch ausgerichteten Religionsunterricht – grundsätzliche Erwägungen zur Textarbeit im Fächervergleich, in: Roose, Hanna u. a. (Hg.), „Es ist schwer einzuschätzen, wo man steht". Jugend und Bibel, JaBuKi 2, Stuttgart 2018, 38–48.

Müller, Peter, Schlüssel zur Bibel. Eine Einführung in die Bibeldidaktik, Stuttgart 2009.

Nipkow, Karl-Ernst u. a., Religionsunterricht und Entwicklungspsychologie. Elementarisierung in der Praxis, Gütersloh [2]1997.

Roose, Hanna, „War das wirklich so?" – Mose im Religionsunterricht der Grundschule: Zwischen Tatsachenbericht und fiktiver Erzählung, in: Bucher, Anton A. u. a . (Hg.),

„Darüber denkt man ja nicht von allein nach ..." Kindertheologie als Theologie für Kinder, JaBuKi 12, Stuttgart 2013, 147–158.
Roose, Hanna, Die Friedensbotschaft Jesu als Bildungsmotiv, in: ZPT 65 (2013), 341–352.
Roose, Hanna, Literarische und theologische Gespräche – eine interdisziplinäre Perspektive, in: Theo-Web. ZRelPäd 15 (2016), 207–222.
Roose, Hanna, Jugendtheologie in Partnerarbeit? In: Theo-Web. ZRelPäd 17 (2018), 146–162.
Rupp, Hartmut, Kontinuität und Vielfalt. Wie kann man sich die Fülle biblischer Texte merken? In: Büttner, Gerhard u. a. (Hg.): Zwischen Kanon und Lehrplan, Münster 2009, 143–151.
Schleiermacher, Friedrich, Hermeneutik und Kritik. Mit einem Anhang sprachphilosophischer Texte Schleiermachers, hrsg. und eingeleitet von Frank, Manfred, Frankfurt am Main 1977.
Schröder, Bernd, Konfessionalität und kooperativer Religionsunterricht in evangelischer Perspektive, in: Woppowa, Jan u. a. (Hg.), Kooperativer Religionsunterricht, Stuttgart 2017, 26–44.
Spinner, Kaspar, Literarisches Lernen, in: Praxis Deutsch 200 (2006), 6–16.
Steinbrenner, Marcus u. a., Verstehen und Nicht-Verstehen im Gespräch. Das Heidelberger Modell des Literarischen Unterrichtsgesprächs. leseforum.ch. Online-Plattform für Literalität 2010, 1–15.
Theißen, Gerd, Zur Bibel motivieren. Aufgaben, Inhalte und Methoden einer offenen Bibeldidaktik, Gütersloh 2003.
Wick, Peter, Ein Text – viele Auslegungen. Zukunftsperspektiven für den kirchlichen Umgang mit den Heiligen Schriften, in: Grözinger, Albrecht u. a. (Hg.), Das Christentum an der Schwelle zum 3. Jahrtausend, Stuttgart u. a. 2002, 77–90.
Wick, Peter, Exegese und Realität Über das Wirklichkeitsverständnis eines multimethodischen Ansatzes, in: Gelardini, Gabriella, Festschrift für E. Stegemann, Stuttgart 2005, 267–281.
Wick, Peter, Wie beeinflussen traditionelle (mentale) Bilder die Lektüre biblischer Texte? Überlegungen aus exegetischer Sicht, in: VvAa 2 (2017), Heft 1, 71–83.
Wick, Peter, Vom „sola scriptura"-Prinzip zu einem „Prä" der Heiligen Schrift, in: ZNT 39/40 (2017), 213–227.
Winkler, Iris, „Subjektive Involviertheit und genaue Wahrnehmung miteinander ins Spiel bringen". Überlegungen zur Spezifikation eines zentralen Konzepts für den Literaturunterricht, in: Leseräume 2 (2015), 154–168.
Zenger, Erich, Thesen zu einer Hermeneutik des Ersten Testaments nach Auschwitz, in: Dohmen, Christoph u. a. (Hg.): Eine Bibel – zwei Testamente. Positionen biblischer Theologie, Paderborn u. a. 1955, 143–158.

„Das Wort sie sollen lassen stahn ..."

Überlegungen zu Schrift und Schriftgebrauch in der kirchlichen Praxis

Annette Kurschus

1. „Das Wort sie sollen lassen stahn..." oder: Wie und warum die Schrift lesen?

> Das Wort sie sollen lassen stahn / und kein Dank dazu haben; / er [sc. Christus vgl. Strophe 2] ist bei uns wohl auf dem Plan / mit seinem Geist und Gaben. (EG 362)

Als Martin Luther wohl in den späten 20er oder frühen 30er Jahren des 16. Jahrhunderts[1] diese vierte Strophe des Chorals ‚Ein feste Burg ist unser Gott' dichtete war der institutionelle Konnex von Kirche und Wissenschaft ungleich enger als heute. Gleiches gilt für den gerade durch die Reformation entscheidend revitalisierten Bezug von Theologie und religiöser Praxis – und hier wiederum von Bibel und Frömmigkeit. Was immer die Reformation sonst gewesen sein mag: Sie erfuhr und verstand, erklärte und inszenierte sich als Bibelbewegung, die auf der akademischen Höhe ihrer Zeit ihre biblischen Erkenntnisse und Überzeugungen vertrat und zugleich entschlossen popularisierte. In beinahe grenzenlosem Vertrauen in die claritas der Schrift gab sie dabei die Quelle ihrer Erkenntnisse, die Bibel, ausdrücklich auch den Nichttheologinnen und Nichttheologen in die Hand. Entsprechend ist denn auch Luthers Choral getragen von höchstem Zutrauen in die Selbstdurchsetzungskraft des Wortes. Denn, so die Forschung, anders als man es heute annehmen würde, ist das „sie sollen lassen stahn" nicht als Imperativ bzw. als Forderung oder Mahnung zu verstehen, sondern futurisch im Sinne eines Müssens.[2] Sie, die Gegner Luthers, werden gar nicht anders können, als die Geltung des Wortes und dessen Bestand zu konstatieren. Weil Christus im und am Wort und bei denen, die es treiben, auf dem Plan und am Werk ist

---

1 Zur Entstehung und Deutung vgl. Thomke, Hellmut, Das Wort sie sollen lassen stahn. Überlegungen zur Sprache und zur poetischen Form von Luthers Liedern am Beispiel des Reformationsliedes „Ein feste Burg ist unser Gott.", in: JLH 1985, 79–89 sowie Staats, Reinhart, „Ein feste Burg ist unser Gott". Die Entstehung des Liedes im Abendmahlsstreit, ThLZ 123 (1998), 115–126.

2 A.a.O., 79.

„mit seinem Geist und Gaben." Instruktiv ist auch die rätselhafte Wendung „und kein Dank dazu haben." Ausleger schlagen die saloppe Übertragung vor: „Ob sie wollen oder nicht". Denn „Dank haben" bedeute bei Luther oft, einen Gedanken, eine Absicht, einen Zweck zu hegen.[3] Dies scheint mir auch jenseits der reformatorischen Polemik nachdenkenswert, denn immerhin klingen so verstanden im Zusammenhang der Selbstdurchsetzung des Wortes auch Absichtslosigkeit und Zweckfreiheit mit.

Unterdessen hat sich viel geändert. Ecclesia und Academia haben sich zu weithin je eigenen Welten entwickelt – mit je eigenen Routinen und Rationalitäten, Problemen und Aporien. Wohl auch mit je eigenen Fremdsprachen und Sprachfehlern. Der einst so enge Konnex von Frömmigkeit und Schriftlektüre ist brüchig geworden. Und wenn nicht alles täuscht, dann wird die Bibel – auch im Protestantismus – aus einem Buch der Getauften zunehmend wieder zu einem Buch der Gelehrten; aus einem Buch der Glaubenden zu einer Lektüre der Studierten; aus der Sicht der Gemeinde zu einem Buch der Pfarrerinnen und Pfarrer; aus der Sicht der Pfarrerinnen und Pfarrer zu einem Buch der Professorinnen und Professoren – und, das ahne ich mehr als dass ich es wüsste, aus Sicht des Systematikers, der Kirchengeschichtlerin oder der Praktischen Theologin weitgehend zu einem Buch der Exegeten.

Höchst fraglich – um nicht zu sagen unhaltbar – ist die hermeneutische und interreligiöse Sorglosigkeit, mit der Luther meinte, einen Text der Hebräischen Bibel wie etwa den 46. Psalm, der dem Choral „Ein feste Burg" zugrunde liegt, direkt und exklusiv christologisch von der im Neuen Testament bezeugten Botschaft vom Sterben und Leben des Messias und Gottessohnes Jesus von Nazareth her deuten zu können. Dass, wie es Luther propagierte, das Wort Gottes im theologisch qualifizierten Sinne als rettende und heilschaffende Gottesgabe nur in dem Wort der Schrift gehört und gefunden werden könne, ist – innerhalb wie außerhalb der Kirche – zunehmend erklärungsbedürftig. Und wohl mehr und mehr allererst erfahrungsbedürftig. Noch grundsätzlicher kann man fragen, ob nicht das Wort als schriftgestütztes Medium in den Bilderfluten der Gegenwart ohnehin heillos in die Defensive geraten ist.

Und schließlich ist auch das Vertrauen in die einfache Selbst-Verständlichkeit der Schrift schwer erschüttert. Das Pathos der claritas hat – schon zu Luthers Zeiten und erst recht danach – Ärger und Leidwesen freigesetzt; darüber hinaus eine in diesem Ausmaß wohl kaum gewollte Pluralität von konkurrierenden Les-Arten, die der Reformationshistoriker Brad Gregory

---

[3] Ebd.

geradezu für das eigentliche, wenngleich völlig unbeabsichtigte Freiheitsvermächtnis der Reformation hält.[4] Wobei als Schatten protestantischer Pluralität oft auch die fundamentalistische Einfalt auf dem Plan ist. Die behauptet bekanntlich, nur man selber lasse „das Wort stahn" – im Unterschied zu denen, die anders hören und lesen und denken. Auch diese Haltung gab es bereits zu Luthers Zeiten. Dessen „Marseillaise [...] der Reformation", wie Heinrich Heine den Choral spöttisch nannte,[5] war womöglich zuerst gar nicht gegen die Altgläubigen gerichtet, sondern vielmehr gegen die oberdeutsch-schweizerische Abendmahlslehre.[6]

Theologie und Kirche, Pfarrersleute und Theologen werden heute kritisch danach gefragt, wie und warum überhaupt sie die Schrift lesen, sich auf sie beziehen und sich dabei von ihr angeredet erfahren. Deshalb braucht es den fortgesetzten und stets neu zu beginnenden Diskurs über das Verstehen der Schrift. Wir brauchen ihn innerhalb der theologischen Disziplinen, in und mit der Gesellschaft, in und zwischen den so genannten Buchreligionen und nicht zuletzt zwischen wissenschaftlicher Theologie und Kirche. Ich bin überzeugt, dass wir Pfarrer und Theologinnen und Studierenden und wir alle zusammen als Kirche ein Konzept (mindestens eins!) benötigen und einen Begriff (mindestens einen!) und eine Auskunft (mindestens eine!) auf die schlichten Fragen: „Warum und wozu lest ihr die Bibel?" und: „Warum und wozu braucht ihr die Bibel?" Um es mit Karl Barth zu formulieren: „Was ist das für ein Haus, zu dem die Bibel die Tür ist? Was tut sich da für ein Land auf, wenn sich uns die Bibel auftut?"[7] Für mich ist Barths Antwort eine nach wie vor inspirierende Perspektive: Das Proprium der Schrift sei „die neue Welt Gottes" als eine Welt, in der „nicht das Tun der Menschen" (ihre Geschichte, ihre Moral oder ihre Religion), sondern „das Tun Gottes die Hauptsache" sei. Gerade weil „die neue Welt Gottes" die herkömmliche Weltwahrnehmung herausfordert und in Frage stellt, in deren normativen Texten Gott, wenn überhaupt, dann doch nur als ein Protagonist unter vielen und gewiss nicht als Hauptfigur vorkommt. Und weil sie mit dem Akzent auf dem Tun Gottes und einer neuen Welt die Absichten und Zwecksetzungen der Gegenwart – der gesellschaftlichen wie der kirchlichen – heilsam stört und befremdet, dehnt und entgrenzt. Nochmals Barth: „Im Lichte dieser kommenden Welt ist ein David ein großer Mann trotz seinem Ehebruch und seinem bluttriefenden Schwert: ... In diese Welt werden die Zöllner und Huren eher

---

[4] Gregory, Brad, The Unintended Reformation and the Discovery of the Individual, in: Annette Kurschus u. a. (Hg.), Die Entdeckung des Individuums? Wie die Reformation die Moderne geprägt, Bielefeld 2017, 27–52, 42ff.

[5] Heine, Heinrich, Sämtliche Schriften hrsg. von Klaus Briegleb, München 1969ff (VI/I), 587.

[6] Gregory, Reformation, 42ff.

[7] Barth, Karl, Das Wort Gottes und die Theologie. Gesammelte Vorträge, München 1929, 18–32, 18. Vgl. Barth, Karl, Vorträge und kleinere Arbeiten 1914–1921, in: Barth, Karl, Gesamtausgabe III/48, hrsg. von Hans-Anton Drewes, Zürich 2012, 317–343.

eingehen als ihr zehnmal Feinen und Gerechten der guten Gesellschaft! In dieser Welt ist der wahre Held der verlorene Sohn.“[8]

Peter Wicks Plädoyer für ein Prae der Schrift als kritische Reformulierung eines starren oder erstarrten Prinzips des sola scriptura höre ich auch als Ruf, die Schrift aus ihren dogmatischen und ekklesialen Vereinnahmungen und Vereindeutigungen zu entlassen und somit ihrer Befremdungskraft neu ansichtig zu werden.

Was das heißen kann und wie dies womöglich gelingen kann, will ich im Folgenden – ohne Expertise in neutestamentlich-hermeneutischen, didaktischen und praktisch-theologischen Fachdiskursen – in der gottesdienstlich-liturgischen Praxis aufsuchen. Dort spiegeln und brechen sich wohl stets auch die großen theologischen und exegetischen Fragen und Haltungen zur Schrift.

2. „Unser Text sagt …“: – Die Nostrifizierung der Schrift und das Verbum externum

Ich beginne mit der Betrachtung einer Wendung, die Sie bewusst oder unbewusst, achselzuckend oder kopfschüttelnd gewiss selbst schon wahrgenommen haben: „Unser Text sagt …“.[9] Diese Formulierung liest man gelegentlich in Predigtmeditationen oder sogar in exegetischen Kommentaren – zugegebenermaßen älteren Datums. Gar nicht so selten hört man sie in Predigten; und – dies sei vorab betont – ich würde keine Wette wagen, dass keine meiner eigenen Predigten darunter ist. Besagte Floskel zu kritisieren ist leicht und nötig. Hermeneutisch und homiletisch ist sie zu kritisieren wegen ihrer ebenso naiven wie hybriden Vorstellung davon, dass und wie Texte etwas sagen. So wäre schlicht zu fragen, warum der Text denn nicht selbst das sagt, von dem der Prediger sagt, dass es der Text sage. Man muss den Eindruck gewinnen, der Text brauche die Predigerin, um das zu sagen, was er selbst und ohne sie gar nicht sagen kann.

Doch kommt es mir im Folgenden nicht auf das Sagen, sondern auf das Possessivpronomen Unser an. Auch hier ist Kritik angebracht. „Unser Text“: Das will Nähe und Zugehörigkeit, vielleicht gar Besitz suggerieren, belegt aber de facto das Gegenteil – nämlich eine offenbar als problematisch empfundene Distanz zwischen Text und Hörer, zwischen der Gegenwart und der Welt des Textes. Diese Distanz meint die Sprecherin unter anderem mit dem nostrifizierenden Pronomen überbrücken zu müssen.

---

8 Barth, Wort Gottes, 26.

9 Vgl. zum folgenden Engemann, Wilfried, »Unser Text sagt…«: Hermeneutischer Versuch zur Interpretation und Überwindung des »Texttods« der Predigt, in: ZThK 93 (1996), 450–480.

Was geschieht da? Meint die Predigerin, ein biblischer Text, eine biblische Aussage könne erst dann und nur dann zu uns sprechen, wenn sie auch unser Text, unsere Aussage geworden ist? Dann läge die knappe Wendung hermeneutisch betrachtet auf der gleichen Ebene wie jene Predigtaussagen, die uns versichern, dass „wir alle" als gegenwärtige volkskirchliche Hörerinnen und Hörer uns in genau derselben Situation befänden wie der blinde Bartimäus oder der versklavte Josef; und dass wir exakt dieselben Erfahrungen gemacht hätten wie eine der Konfliktparteien in den paulinischen Gemeinden. „Fände sich das Märchen vom ‚Wolf und den sieben Geißlein' zufällig" in der Bibel, so hätten „wir sicher auch alle schon einmal im Uhrkasten"[10] gesessen: So die bissige Replik von Wilfried Engemann. Weniger spitz, aber umso triftiger hat Christine Gerber in ihrem Buch „Paulus, Apostolat und Autorität oder Vom Lesen fremder Briefe"[11] darauf hingewiesen, dass das „Wir" und „Ihr" der Paulusbriefe eben nicht das Wir der heute Lesenden ist. Was sich ja zuverlässig allein daran zeigt, dass eine volkskirchliche Gemeinde sich wohl jederzeit gern mit dem Leib Christi in 1. Korinther 12 identifizieren ließe, aber keineswegs mit den Trunkenbolden, Räubern, Götzendienern und Ehebrechern, die „einige von euch" nach Kapitel 6 gewesen sind. Gerber betont als Literaturwissenschaftlerin und Theologin, der Gewinn liege gerade in der Fremdheit der neutestamentlichen Literaturen. „Wer sich bemüht, deren Fremdheit immer wieder wahrzunehmen, erkennt darin etwas über das eigene Fragen und mithin die eigene Gegenwart. Was, das lässt sich gerade nicht allgemeingültig festhalten."[12]

„Unser Text sagt...": So kritikwürdig diese Predigtfloskel ist, so kompliziert ist die Sache dahinter. Denn natürlich ist die Bibel in gleich mehrfachem Sinne „unser" Text. Das gilt – um diesen wunden Punkt des protestantischen Schriftprinzips zu benennen – bereits für die Kanonbildung, in der die frühen christlichen Lektüregemeinschaften, also die Kirchen, jene Textkorpora bestimmt haben, von denen sie sich bestimmt wussten und fürderhin bestimmt sein wollten. Es gilt aber auch gegenwärtig im alltagskulturellen Sinne. Denn so gewiss die Bibel nicht nur das Buch der Kirche und des Glaubens, sondern auch der abendländischen jüdisch-christlichen Kultur ist – also ein Buch der Dichterinnen, der Philosophen, der Maler und Musiker, der Dramatiker und Filmemacherinnen –, so verkürzt wird sie im Alltagsbewusstsein als Buch der gelebten Religion wahrgenommen: Vom Taufspruch bis zur Radioandacht, vom hochkirchlichen Gottesdienst bis zum Traktat oder Plakat in der Fußgängerzone. Und dies umso mehr, als die Kirchen sich angesichts des Traditionsabbruchs und des schwindenden Bewusstseins über die grundlegende biblische Signatur der Kultur zunehmend als nahezu

---

10 Engemann, Wilfried, Wider den redundanten Exzeß. Semiotisches Plädoyer für eine ergänzungsbedürftige Predigt, ThLZ 115 (1990), 786–800, 790.

11 Gerber, Christine, Paulus. Apostolat und Autorität oder vom Lesen fremder Briefe Theologische Studien, NF 6, Zürich 2012.

12 A.a.O., 93f.

einziger Ort und Hort der Pflege von Bibelwissen verstehen und verstehen müssen.

Wie aber kann trotzdem oder gerade deshalb jene Erfahrung der Differenz und Fremdheit bewahrt und wiedergewonnen werden, die Christine Gerber als Bedingung der Möglichkeit beschrieb, „etwas über das eigene Fragen und mithin über die eigene Gegenwart“[13] zu erfahren? Ins Grundsätzliche gewendet ist es gerade diese Fremdheit des Wortes als verbum externum bzw. verbum alienum – bei Luther finden sich beide Formulierungen – die einen Grundzug protestantischen Wort- und Glaubensverständnisses bildet. Wie aber kann sich eine heilsame und aufschlussreiche Fremdheit einstellen, wenn man in und mit der Schrift immer schon gleich beim Eigenen, bei „uns“, um nicht zu sagen bei sich selbst ist?

3. Die Gabe des Wortes und die Übergabe der revidierten Lutherübersetzung

Auch wenn die Schrift für Luther nicht mit dem verbum externum identisch ist, da es ihm entscheidend auf die viva vox evangelii, also auf das Predigtamt und die Sakramente als lebendige Mittler-Stimmen, ankommt, so ist das äußere Wort doch konstitutiv an die Schriftworte zurückgebunden. Die einzelnen Glaubenden und die Kirche erfahren sich reformatorisch betrachtet im pointierten und qualifizierten Sinne dem Wort als einem äußeren, heilvollen und bestimmenden Wort gegenübergestellt und so von ihm und mit ihm begabt. Die Frage ist: Wie und wo erfährt und zeigt gerade die protestantische Kirche, dass die Schrift in diesem qualifizierten Sinne eben nicht „ihr“ Text ist, sondern ihr Gegenüber?

Auf diese Frage bin ich im Kontext des vergangenen Reformationsjubiläumsjahres und hier wiederum im Umfeld der Einführung der revidierten Lutherübersetzung mehrfach gestoßen. Als Vorsitzende der Deutschen Bibelgesellschaft treibt mich zum einen die Frage um, ob wir mit der Marke, die die Lutherübersetzung immer war und im Jubiläumsjahr noch stärker wurde, nicht auch eine problematische Personalisierung billigend in Kauf genommen oder gar aktiv betrieben haben. Die Frage kommt in der ebenso gebräuchlichen wie verräterischen Abkürzung auf den Punkt, die aus der Lutherübersetzung, die ja de facto eine Wittenberger Gelehrten-Übersetzung war, eine Lutherbibel macht. Bekanntlich war Luther selbst durchaus in Sorge, seine Schriften könnten die Wahrnehmung der Schrift behindern und verdrängen. Und es wäre eine bittere Pointe, wenn sich diese Befürchtung ausgerechnet an seiner Bibelübersetzung bewahrheiten würde. Zu solcher

[13] Ebd.

Personalisierung gesellt sich die Tendenz zu einer wohl meist unbewussten Konfessionalisierung und protestantischen Nostrifizierung der Schrift.

Gewiss, die revidierte Lutherübersetzung ist eine konfessionelle, vom Rat der EKD angenommene Übersetzung; und es ist nur ehrlich, dies auch zu sagen. Aber gerade weil dem so ist, kommt es ebenso sehr darauf an, zu betonen, dass Luthers Übersetzung eben nicht einfach die Bibel ist. Und erst recht kommt es darauf an zu wissen, dass die Bibel – und zwar auch und gerade die Lutherübersetzung – nicht der Besitz der Kirche ist. Das ist leichter gesagt als getan. Davon zeugen die Gottesdienste zur Einführung der revidierten Lutherübersetzung. Was geschieht, wenn im Gottesdienst – wie beim zentralen Fernsehgottesdienst in der Stadtkirche Eisenach am 30. Oktober 2016 oder beim Gottesdienst in Herford zur Indienstnahme der seitens der westfälischen Landeskirche den Gemeinden für jede Predigtstätte zur Verfügung gestellten neuen Altarbibel[14] – eine neue Übersetzung zum Gebrauch übergeben wird?

Welche Haltungen da prägend und welche Überzeugungen da grundlegend sind, zeigen sich mindestens ebenso deutlich in den Gesten wie in den Worten. Der Fernsehgottesdienst in Eisenach ließ den Ratsvorsitzenden einen expliziten Übergabe-Akt vollziehen. Dies geschah gleichsam in einem performativen Sprechakt, der wie folgt lautete: „Heute übergebe ich hier in Eisenach die Lutherbibel 2017 an die Gemeinde hier in der Georgenkirche und an die Gliedkirchen der Evangelischen Kirche in Deutschland und ihre Dienste und Werke, an die Dekanate, Sprengel, Kirchenkreise und Kirchengemeinden und die kirchlichen Einrichtungen. Heute führe ich diese Bibel in den Dienst unserer Kirche ein. ... Ich bitte Sie: Nehmen Sie diese Bibel und lesen Sie aus ihr. [...] Diese Bibel ist für jeden und jede von uns meine Bibel, mein Buch. In Psalm 119 heißt es: ‚Dein Wort macht mich klug. Darum hasse ich alle falschen Wege'."[15]

Stimmig scheint mir im Sinne eines Prae der Schrift, dass bei dieser Übergabe mit dem Zitat aus Psalm 119 die Schrift selbst das letzte Wort über sich haben darf. Treffend – gerade im Blick auf die trübe Geschichte des Eisenacher Instituts in den 30er Jahren (für die Beseitigung des jüdischen Einflusses auf das kirchliche Leben) –, dass die Wahl auf ein alttestamentliches Wort fiel. Erfrischend und herausfordernd finde ich, dass mit dem Stichwort der Klugheit die Schrift explizit in einen Horizont der kognitiven Orientierung gestellt wird, statt in den weitaus erwartbareren der Liebe oder des

---

14 Zur Altarbibel als einem „unterschätzten protestantischen Charakteristikum" und „kollektivrepräsentativen Artefakt" vgl. jüngst Beckmayer, Sonja, Die Bibel als Buch. Eine artefaktorientierte Untersuchung zu Gebrauch und Bedeutung der Bibel als Gegenstand PTHe 154, Stuttgart 2018, 297–323 sowie Schwier, Helmut, Praktische Theologie und Bibel, in: Grethlein, Christian u. a. (Hg.), Praktische Theologie. Eine Theorie und Problemgeschichte, APTh 33, Leipzig 2007, 237–288.

15 Vgl. https://www.zdf.de/gesellschaft/gottesdienste/ev-festgottesdienst-aus-eisenach-102.html (abgerufen am 17.10.2018).

Trostes. Nachgerade mutig im Sinne der oben genannten Fremdheit ist es, dass die Schrift mit dem Stichwort des Hassens auch fremde und schroffe Töne anschlagen darf. Und allemal bewundere ich die freundlich-feierliche wie unverkrampft-zugewandte liturgische Präsenz, mit der Heinrich Bedford-Strohm die Übergabe vornahm.

Doch zugleich empfand ich auch leises Unbehagen bei dieser Übergabe. Und ich fragte mich je länger, je mehr: Wer ist es, der hier gibt? Und wer nimmt? Wessen Prae kommt hier zur Geltung? Wie wird in solchem Nehmen und Geben die Externalität des Wortes symbolisiert? Und wie wird deutlich, dass die Kirche creatura verbi ist, nicht aber Schrift und Wort creaturae ecclesiae sind? Und warum bloß – wenn nicht, um mit dem Frontcover des Buches auch die Marke „Luther 2017“ visuell in Szene zu setzten – war die Bibel auf dem Taufstein nicht aufgeschlagen, sondern geschlossen? Findet sich die Kirche nicht auch und gerade angesichts der Übergabe einer revidierten Übersetzung immer schon vor der aufgeschlagenen Schrift vor? Ist es nicht zumindest missverständlich, wenn die Kirche die Schrift in Gestalt ihres ersten Repräsentanten gleichsam – ja, wem eigentlich? – sich selbst übergibt?

Verstehen Sie mich recht, mir geht es überhaupt nicht um Kollegenschelte. Ich sitze im selben Boot und der Rat der EKD, dem ich angehöre, verantwortet die Fernsehgottesdienste des ZDF gemeinsam. Mir geht es hier vielmehr um die selbstkritische Frage, wie unsere Worte und Gesten unsere theologischen Überzeugungen wiederspiegeln oder konterkarieren.

Mit der Erfahrung von Eisenach im Rücken haben wir es in Westfalen folgendermaßen versucht: Die Gottesdienste zur Übergabe der Altarbibel, die mit meiner liturgischen Mitwirkung an vier Sonntagen an vier verschiedenen Orten der Landeskirche gefeiert wurden, fanden bewusst ohne performative Übergabe-Worte und streng genommen auch ohne einen eigentlichen Übergabe-Akt statt. Vielmehr wurde – nachdem während des Eingangsliedes die alte und geöffnete Altarbibel von einem Mitglied des Presbyteriums vom Altar genommen worden war – die revidierte Bibel geöffnet auf den Altar gelegt. Erst danach wurden vom Lesepult aus – also im bewussten räumlichen Gegenüber zum Altar und zur geöffneten Bibel – einige bibel- und worthermeneutische Lutherzitate verlesen und durch wenige deutende Sätze miteinander verbunden. Es folgte ein schrifttheologisch getöntes Gebet, woraufhin – wiederum vom Lektor bzw. der Lektorin und wiederum am Altar – die geöffnete revidierte Lutherbibel zur Schriftlesung aufgenommen wurde.

Wie gesagt, das war ein Versuch. Auch hier habe ich selbstkritische Fragen. Auch hier entdecke ich Missverständlichkeiten: Musste es eigentlich die leitende Geistliche sein, die den Gemeinden das Wort bringt, als hätten sie es nicht schon zuvor bei sich? Ist die sichtbare Präsenz der alten Altarbibel im Gottesdienst, die genau das unterstreichen sollte, nicht spätestens im Moment ihrer Wegnahme auch ein massives Diskontinuitätssignal? Und tragen schließlich die Lutherzitate nicht nolens volens doch dazu bei, dass dem Reformator das Prae vor der Schrift zukommt?

Immerhin sollten die Differenz der liturgischen Orte und Akteure, die Vermeidung einer direkten Übergabe und die Textauswahl deutlich machen, dass nicht etwa einige in der Kirche das Wort haben und über es verfügen, während andere es – womöglich entlang vertikaler Staffelungen und Hierarchien – empfangen. Die Kirche weiß und erfährt sich vor dem Wort stets als Ganze und als Empfangende.

4. Die Kirche der Wörter und die Vergleichgültigung des Wortes

Ein nicht minder gefährlicher Umgang mit der Schrift und dem Schriftwort scheint mir – neben der Vereinnahmung – in dem zu liegen, was ich in Anlehnung an das Gleichnis vom vierfachen Acker verbale Strangulation nennen möchte. Weniger drastisch ausgedrückt: Verbale Vergleichgültigung. Bekanntlich fällt nach Mk 4,7 von dem Samen des Wortes einiges unter die Dornen, und die „schossen auf und erstickten' s".

In manchen protestantischen Gottesdiensten und Predigten gewinnt man den Eindruck, an die Stelle der Dornen seien heute blumige Worte und pastorale Girlanden getreten, die das Wort und seine Frucht nicht weniger zuverlässig strangulieren. Ich will Ihnen ein Gottesdiensterlebnis schildern, das mich lange beschäftigt hat und das wohl keine Ausnahme darstellt. Was ich schildere, klingt wie eine Karikatur und war es leider auch. Wobei es mir wieder nicht um den Einzelfall und schon gar nicht um bestimmte Kollegen oder Gemeinden geht, sondern um die Haltung, die dahinter steht. Sie ist mir selbst ja nicht fremd. Und wer im Glashaus sitzt, muss eben manchmal mit Steinen werfen.

Also denn – ein Gottesdiensterlebnis: Das Orgelvorspiel ist verklungen. Bevor der Pfarrer uns das kleinste Gotteswort gönnt, freut er sich wortreich, dass wir trotz des herrlichen Wetters so zahlreich erschienen sind. Schließlich – so vermutet er mit komplizenhaftem Augenzwinkern – wären wir jetzt wohl lieber draußen in der Sonne unterwegs. Dafür hat er Verständnis. Vor der Lesung, vor den Chorälen, ja selbst vor den Gebeten erhalte ich jeweils beredte Hinführungen und Verständnishilfen. Nach der Predigt, die der Prediger selbst etwas zu lang fand, und für die er einen Alltagsgegenstand mit auf die Kanzel gebracht hat, würdigt der Mann meine Geduld: Alle Achtung, dass ich durchgehalten habe, und dies obendrein auf den unbequemen Bänken. Zum Fürbittengebet, wie bereits vorhin zum Glaubensbekenntnis, soll ich nur dann aufstehen, wenn mir dies möglich ist. Und die Worte des Segens verpasse ich um ein Haar. Kein Wunder: Es sind gar nicht die vertrauten

Worte, auf die ich gewartet habe. Nicht die alten, immer neuen Worte mit Macht, die ich so liebe. Auch der Segen kommt daher als redseliger menschlicher Wunsch. Harmlos. Und irisch vermutlich.

Seltsam: Diese Flut menschlicher Worte, um dem Wort Gottes auf die Beine zu helfen. Von ehrlichem Eifer beflügelt. Hier und da gewiss auch von Eitelkeit. Oft wohl auch von der Angst vor Sprachlosigkeit gehetzt. Aber doch immer mit der Absicht, die Macht des Wort Gottes zu unterstreichen, zu unterstützen; ihre gültige Kraft durch mein menschliches Zutun allererst zu erweisen – und wenn's gut geht, sogar zu verstärken. Es war alles gut gemeint in diesem Gottesdienst. Ohne Zweifel. Und ich frage mich – und nochmals, wirklich zuerst mich selbst –, welches Bild vom Wort und den Worten und welches Selbstbild vom Dienen am Wort hier begegnet. Wo ist es geblieben, das urreformatorische Urvertrauen ins Wort? Und woher kommt auf der anderen Seite jenes merkwürdige Selbstvertrauen, das meint, ich und meine Worten müssten und könnten und sollten und dürften sich vor das Wort stellen, ja sich zwischen das Wort und die Gemeinde drängen?

Es mag sein, dass wir es hier mit einer Deformation zu tun haben, die auch durch mediale Konventionen geprägt ist; namentlich durch den Habitus, der meint, alles und jeden an- und abmoderieren, über- und untermoderieren zu müssen, damit die Leute nur ja nicht abschalten. Aber es ist ebenso gut möglich, dass wir uns hier auf einem spezifisch protestantischen Irrweg wiederfinden. Auf einem Irrweg, der darauf zurückführt, dass es für die Reformatoren stets das gesprochene Wort, die ausgelegte und gepredigte Schrift war, die im vollen und eigentlichen Sinne als Wort Gottes gelten konnte und dem göttlichen Wort Geltung verschaffte. Praedicatio verbi divini est verbum divinum, so die berühmte Formel Heinrich Bullingers. Und insbesondere Martin Luther wollte das Bibelwort im Gottesdienst stets von der Predigt begleitet wissen – und damit eben auch von menschlichem Wort geschützt und eingehegt.

Die Reformation hat gegen das Bild das Wort gesetzt und das menschliche Vertrauen in dieses Wort. Sie tat gut daran. Jedoch – so der Liturgiker und Homiletiker Martin Nicol – „der […] Akzent auf dem Wort [erwies] sich als ambivalent. Denn der Konnex zwischen den Worten, die wir machen, und dem Wort, durch das wir ins Leben gerufen sind, wurde undeutlich.“ Einerseits führte die reformatorische Predigt „mit ihren Worten ins Wort. Andererseits aber führte die Predigt auch vom Wort weg […], drohte allein schon durch die Vielzahl der Worte das Wort zu ersticken, das sie eigentlich groß machen wollte.“ Und Nicol fügt hinzu: „Inzwischen ist es gar nicht mehr so sehr die Predigt allein, die den Weg ins Geheimnis des Wortes erschwert. Es ist generell die Dominanz pastoraler Worte, die […] Hürden errichtet.“[16] Das

---

16 Nicol, Martin, Weg im Geheimnis. Plädoyer für den Evangelischen Gottesdienst, Göttingen 2009, 73.

Wort, so könnte man es überspitzt beschreiben, soll und muss man reformatorisch betrachtet zwar „lassen stahn"; aber allein und für sich stehen soll und darf es dann doch lieber nicht. Ist es nur eine ungehörige Verzerrung, wenn man das Studium der Theologie und die Techniken des akademischen Arbeitens auch als die Einübung in die Taktiken und Praktiken eines solchen Einhegens des Wortes durch die Worte betrachtet?

Gewiss: Das ist gut und richtig. Es bleibt unverzichtbar angesichts neuer und alter Obskurantismen und Fundamentalismen. Zugleich aber, so scheint mir, ist es auch nötig, in aller philologischen Präzision und im vollen Wissen um die historische Bedingtheit der Schrift ein neues Gespür für das zu gewinnen, worin ältere Ausleger wie etwa Calvin als den besonderen „Anredecharakter der Schrift" erkannt haben.[17] Zuallererst müssen wir wohl lernen, die Anrede durch die Schrift auch vor der Flut eigener Wörter zu schützen.

Ich kehre ein letztes Mal zurück zu Gottesdienst und Liturgie. Die Reformation setzte gegen die Bilderflut und Bildermacht ihrer Zeit ihr ganzes Vertrauen ins gelesene und gehörte und verstandene Wort. Sie tat dies gegen ein magisches Missverständnis der Schrift. Gerade die protestantischen Konfessionen nehmen für sich in Anspruch, dieses Vertrauen ins Wort sogar bis in die Gottesdiensträume und allemal bis in die akademische Ausbildung hinein beherzigt zu haben. Der Protestantismus hat buchstäblich Platz geschaffen für das Wort. Er hat teils die Bilder und die bunten Fenster abgeschafft, den Altar vorgeholt und ihn zum Abendmahlstisch um- und aufgewertet. Die Reformierten haben hier und da gar die Sitzordnung verändert, damit die Gemeinde ihrer selbst als Leib Christi ansichtig werde. Vor allem aber ist die Liturgie konsequent auf das Wort, das biblische Wort, zurückgeführt. Ja, es entstand sogar die wunderbar treffende Bezeichnung für diejenigen, die in und für und mit diesem Wort-Raum wirken: V.D.M. verbi divini ministri – Diener und Dienerinnen des Wortes Gottes. Dieser Anspruch bringt große Verantwortung mit sich. Denn, so Peter Bukowski im Blick auf die Reformierte Liturgie: „Es gibt in der ganzen Christenheit kein liturgisches Konzept, welches den Verantwortlichen mehr Kompetenz abverlangt."[18] Ähnliches gilt meines Erachtens auch für unierte und lutherische Liturgien.

In der Konzentration auf das Wort drückt sich ein Urvertrauen in die Macht des Wortes aus, in die Macht dieses Wortes. Man lässt ihm Platz und gibt ihm Raum. So entstehen Wort-Wirk-Räume und Wort-Leer-Räume (zunächst mit Doppel-e, und dann auch mit h!). Diese Wort-Wirkräume müssen gepflegt und gestaltet werden. Ich halte es für eine Aufgabe der Theologie,

---

17 Vgl. Strohm, Christoph, Institutio Christianae Religionis I/6–9, in: Oda Wischmeyer, Oda (Hg.), Handbuch der Bibelhermeneutiken. Von Origenes bis zur Gegenwart, Berlin 2016, 363–370, 370.

18 Bukowski, Peter, Einführung, in: Ders. u. a. (Hg.), Reformierte Liturgie, Neukirchen-Vluyn 1999, 15–19,16.

Sensibilität für solche Wort-Wirk-Räume und Wort-Freiräume zu wecken. Denn Freiräume als Leer-Räume müssen zunächst und zuerst einmal ausgehalten und offengehalten werden, damit es sich einstelle, das Wort, das wir brauchen über das wir doch nicht verfügen. Darin liegt eine große Freiheit. Die freilich nicht einfach die Freiheit meines subjektiven Geschmacks ist, sondern eine Freiheit, die dem Wort dienen soll.

Ich schließe mit zwei Aussagen Martin Luthers:

> Das Wort Gottes ist eine Speise, wer sie isset, den hungert noch mehr danach. Deswegen soll das Wort Gottes reichlich unter uns sein; aber wir sollen desselben nicht satt werden […] Wir haben die gewisseste Verheißung und den Trost, daß sein Wort nicht müßig sein wird, wenn wir fleißig damit umgehen. (WA 25, 172, 45ff.)

> Je mehr man von Gottes Wort handelt, um so heller und neuer wird es und man sagt mit Recht, je länger – je lieber. (WA 17/1, 27, 29f.)

Literaturverzeichnis

Barth, Karl, Das Wort Gottes und die Theologie. Gesammelte Vorträge, München 1929.

Barth, Karl, Vorträge und kleinere Arbeiten 1914–1921, in: Barth, Karl, Gesamtausgabe III/48, hrsg. von Hans-Anton Drewes, Zürich 2012, 317–343.

Beckmayer, Sonja, Die Bibel als Buch. Eine artefaktorientierte Untersuchung zu Gebrauch und Bedeutung der Bibel als Gegenstand PTHe 154, Stuttgart 2018.

Bukowski, Peter, Einführung, in: Ders. u. a. (Hg.), Reformierte Liturgie, Neukirchen-Vluyn 1999, 15–19.

Engemann, Wilfried, »Unser Text sagt…«: Hermeneutischer Versuch zur Interpretation und Überwindung des »Texttods« der Predigt, in: ZThK 93 (1996), 450–480.

Engemann, Wilfried, Wider den redundanten Exzeß. Semiotisches Plädoyer für eine ergänzungsbedürftige Predigt, ThLZ 115 (1990), 786–800.

Gerber, Christine, Paulus. Apostolat und Autorität oder vom Lesen fremder Briefe Theologische Studien, NF 6, Zürich 2012.

Gregory, Brad, The Unintended Reformation and the Discovery of the Individual, in: Annette Kurschus u. a. (Hg.), Die Entdeckung des Individuums? Wie die Reformation die Moderne geprägt, Bielefeld 2017, 27–52.

Heine, Heinrich, Sämtliche Schriften hrsg. von Klaus Briegleb, München 1969ff.

Nicol, Martin, Weg im Geheimnis. Plädoyer für den Evangelischen Gottesdienst, Göttingen 2009.

Schwier, Helmut, Praktische Theologie und Bibel, in: Grethlein, Christian u. a. (Hg.), Praktische Theologie. Eine Theorie und Problemgeschichte, APTh 33, Leipzig 2007, 237–288.

Staats, Reinhart, „Ein feste Burg ist unser Gott“. Die Entstehung des Liedes im Abendmahlsstreit, ThLZ 123 (1998), 115–126.

Strohm, Christoph, Institutio Christianae Religionis I/6–9, in: Oda Wischmeyer, Oda (Hg.), Handbuch der Bibelhermeneutiken. Von Origenes bis zur Gegenwart, Berlin 2016, 363–370.

Thomke, Hellmut, Das Wort sie sollen lassen stahn. Überlegungen zur Sprache und zur poetischen Form von Luthers Liedern am Beispiel des Reformationsliedes „Ein feste Burg ist unser Gott.“, in: JLH 1985, 79–89.

Zukunftsperspektiven

Peter Wick

Die vier Beiträge von Stefan Alkier, Traugott Jähnichen, Hanna Roose und Annette Kurschus zeigen je auf ihre Weise, wie drängend das Anliegen dieses Buches ist. Alle nehmen Kernanliegen meiner Aufsätze auf, setzen eigene Akzente und stellen eigene Forderungen. Hier sollen weder diese Beiträge nochmals dargestellt werden, noch sollen Unterschiede ausdiskutiert werden. Dies kann in der Zukunft geschehen.

Stefan Alkier und ich haben unsere Argumente vorgebracht. Leserinnen und Leser können selber entscheiden, ob das „sola scriptura" Prinzip oder die Forderung nach einem „Prä" der Schrift in den verschiedenen Diskursen weiterführend ist. Jedenfalls ist die Schärfe der Kritik von Stefan Alkier an der Schriftvergessenheit der Theologie und an den Sackgassen der Exegese zu unterstützen. Er hat mit seiner Analyse des Problems recht und zeigt wichtige Schritte, die aus dieser Krise führen können. Die Exegese hat sich durch ihre allzu einseitige Fokussierung auf historische Fragen und vor allem auf Fragen der Entstehung des Textes selber irrelevant für die Theologie gemacht. Mit Gewalt ist die enge Bindung an orthodoxe Dogmen gelöst worden. Doch Destruktion, auch wenn sie wichtig war, ist leichter als der Aufbau von etwas Neuem und Positivem. Die durchaus konstruktive Frage nach dem historischen Jesus hat zu einer Aneignung von Jesus und Dienstbarmachung von ihm für eigene Ideale geführt, wie vor über hundert Jahren schon Albert Schweitzer gezeigt hat. Die neueren historischen Zugänge haben zwar Jesus als Juden in seiner sozialen Umwelt herausarbeiten können, doch sie konnten sich weder auf ein Profil von Jesu Wirken und Botschaft einigen, noch haben ihre Rekonstruktionsversuche einen wesentlichen Einfluss auf die ganze Theologie gehabt. Der hinter der Schrift rekonstruierte Jesus ist weiterhin schwächer, als der multiperspektivisch betrachtete Jesus des Neuen Testaments.

Die Auflösung von der zentralen Stellung der Schrift betrifft nicht nur die Exegese, sondern bildet zugleich die Grundlagenkrise der modernen evangelischen Theologie. Wenn es der Theologie nicht um die Schrift, sondern vor allem um die Sache hinter der Schrift geht, verliert sie nicht nur die Schrift, sondern auch „die Sache" verflüchtigt sich in „viele Sachen". Diese werden zuletzt irrelevant oder austauschbar. Eine andere Möglichkeit ist, dass das Evangelium so auf eine Kernbotschaft reduziert wird. Unter den Auswirkungen einer solchen Reduktion leiden viele Predigten heute. Pfarrerinnen oder Pfarrer predigen jeden Sonntag immer wieder dasselbe. Viele

Lebensthemen werden zwar irgendwo in den Tiefen der Schrift angesprochen, aber eben nicht in der Sache, um die es geht, und deshalb auch nicht mehr in den Gottesdiensten.

Doch nicht nur die Exegese und die gesamte evangelische Theologie steht oder fällt mit der Stellung der Schrift, sondern auch die Kirche. Dort wo Theologie, Ethik oder Kirche den Primat der Schrift verloren hat, dort hat sie auch ihre Identität verloren. Was anderes sollte ihr Identität geben? Eine eindimensionale Rede von der Liebe Gottes oder soziales Engagement sind keine Alternativen, sondern können diesen Identitätsverlust nur für eine gewisse Zeit überbrücken. Oder wie sollte sie ihre Mitglieder dazu bringen, in der Bibel zu lesen, wenn von dort her nicht wirklich Wesentliches zu erwarten ist oder wenn es dazu keine beständige Anleitung gibt? Martin Luther brauchte einen Johann von Staupitz, der ihn jahrelang auf die Gnade Gottes verwies und ihm das „Prä" der Schrift vermittelte, bis er sich dies selber aneignete und so verschärfte, dass er zum Reformator werden konnte. Wo und wie werden junge evangelische Christinnen und Christen so an die Schrift herangeführt, dass sie von dort her heute wieder notwendige Reformen in die Kirche tragen könnten?

Die Vorordnung der Schrift und die Pflicht zur Auslegung werden von allen vier Beiträgen unterstrichen. Stefan Alkier schreibt als letzte seiner Thesen: „Sola scriptura verlegt den Ort der Wahrheitsfrage von der Institution in den existenziellen Lebensvollzug. Die Schriftauslegung ist daher für jeden ein lebenslanger Prozess." (113) Traugott Jähnichen bringt zur stets notwendigen Auslegung einen wichtigen Aspekt ein. Er zeigt, dass Martin Luther unermüdlich die Mündlichkeit des Evangeliums betont hat. Das Mündliche ist der Schrift vorgeordnet. Das Geschriebene objektiviert das Gesprochene und ermöglicht auf diese Weise durch die Zeiten hindurch die Fortführung der Kommunikation des Evangeliums. Die Schrift ist das Medium des Wortes Gottes, doch dieses realisiert sich in der mündlichen Verkündigung. Deshalb will und muss das Evangelium zu jeder Zeit wieder mündlich werden. Die mündliche Kommunikation des Evangeliums ist immer an die Schrift gebunden, aber frei von jedem vorgegebenen Auslegungszwang.

In der Aneignung, Vermittlung und Predigt der Heiligen Schrift wird diese zum Wort Gottes. Erst dort, wo die Schrift gebraucht, ausgelegt und gelesen wird (die hebräische Konsonantensprache zeigt, dass jedes Lesen schon Auslegen ist), kann sich das Wort Gottes als lebendig und Geist gewirkt erweisen. Erst dort wo der Mensch wagt, sich mit der Heiligen Schrift zu verbinden und etwas von sich selber in sie hinein zu geben (denn das bedeutet Rezeptionsästhetik), kann er auf das lebendige Wirken des Geistes durch das Wort vertrauen. Doch die Mündlichkeit des Wortes Gottes bleibt grundlegend auf die Schrift angewiesen, der ein unbedingter Vorrang zukommt.

Mündlichkeit heißt Dialog. Diese Selbstverständlichkeit ist durch den protestantischen Gottesdienst Jahrhunderte lang in Bezug auf die Auslegung der Schrift in den Hintergrund gedrängt worden. Hier greift Hanna Roose ein. Wenn Kinder und Jugendliche an eine Sinn-offene Auslegung der Bibel im Religionsunterricht herangeführt werden sollen, dann muss das Gespräch über den Text ins Zentrum gestellt werden. Daraus resultiert eine weitere wichtige Forderung. In der Vielfalt der neuen Methoden und Herangehensweisen an den Text muss unterschieden werden, welche Fragestellungen offen sind, und welche geschlossene Antworten erwarten lassen. Wenn man diese Perspektive auf den klassischen historisch-kritischen Methodenkanon anwendet, dann findet sich das Postulat, dass diese Methoden präzise Fragestellungen implizieren, die geschlossene, eindeutige Antworten erwarten lassen. Doch die Ergebnisse dieser Methoden haben in der Regel eine Pluralität der Deutungen und damit offene Ergebnisse demonstriert, sobald mehrere Positionen miteinander verglichen worden sind. Wenn Texte weder in Kirche noch im Unterricht auf eine einzige, festgelegte und irgendwie gesicherte Botschaft hin ausgelegt werden, dann muss stets darüber reflektiert werden, welche methodisch verantworteten Fragen an den Text eindeutig zu beantworten sind, und welche prinzipiell keine abschließenden Antworten erwarten lassen. Offene Fragen mit offenen Antwortmöglichkeiten ermöglichen erst, dass eine dialogische Interpretation entstehen kann und dass die Auslegung der Experten nicht prinzipiell besser ist, als die von anderen Bibelleserinnen und Bibellesern. Geschlossene Fragen, die zu Analysen des Textaufbaus, seines Wortmaterials, seiner Stilformen, seiner grammatikalischen Verknüpfungen führen, lassen sich eindeutig überprüfen. Fragen nach semantischen Beziehungen eines Textes, nach seiner intendierten Wirkabsicht und seiner Einbindung in die Umwelt können je nach Text eher geschlossen oder eher offen sein. Auch hier braucht es immer wieder eine klärende Reflexion. Leerstellen im Text und Spannungen in der Erzählung werden sich meistens nur offen beantworten lassen. Doch auch die Auswertung geschlossener Antworten für die Gesamtaussage eines Textes kann schon zu einer Sinnvielfalt führen. So ist es eindeutig feststellbar, wie viele Adjektive ein Text hat. Doch hat eine Erzählung überhaupt kein Adjektiv, kann dies nicht nur auf einen einzigen Sinn hinweisen. So kommt es im Biblischen Gespräch, das auf genauen Textbeobachtungen beruht, zu einer Hermeneutik der Unabschließbarkeit der Interpretation, die gleichzeitig die Widerständigkeit des Textes stark macht. Hanna Roose schreibt: „Der biblische Text ist nicht nur offen für eine unendliche Anzahl an Deutungen, er ist auch widerständig, er kann sich – bei eingehender Analyse – eingeschliffenen Deutungsmustern widersetzen. Deshalb sind auch geschlossene, textorientierte Methoden wichtig.“ (147) Beachtenswert ist, dass wir hier schon ganz nahe bei traditionellen Wegen des jüdischen Lernens sind. Dort kommt der intensiven Diskussion um die Heiligen Schriften fundamentale Bedeutung zu. In einer Jeschiwa diskutieren Talmudschüler die Texte. Oft werden Zweiergespanne gebildet, die miteinander diskursiv die

Schriften und die Auslegungen eines Lehrers erarbeiten. Solche Gespräche verweisen auf die Offenheit und Unabschließbarkeit des Verstehens.

Wer mit anderen in den Dialog zur Bibel einsteigen will, der muss anderen, auch Jugendlichen und Kindern zugestehen, dass sie wichtige Sinnentdeckungen machen können. Annette Kurschus malt ein erschreckendes Bild davon, wie die Bibel immer mehr an die Exegeten delegiert und abgeben wird. Erschreckend ist dieses Bild besonders, weil es mit so vielen Erfahrungen gestützt werden kann. Wenn die Bibel wieder zu einem Buch aller Getauften werden soll, dann muss betont werden, dass die Bibel in Fragen des Lebens und Sterbens und in Fragen nach Gott und den Menschen nicht ein Buch ist, auf das Experten einen bevorzugten Zugriff haben sollten. Theologisch ist dabei fundamental wichtig, dass eine solche – heute wieder unbedingt notwendige – Demokratisierung der Schrift Hand in Hand geht mit der Erkenntnis der Fremdheit und Widerständigkeit der Schrift. Wenn die Schrift für alle fremd ist und ein Wort, das von außen gesagt wird, dann haben auch alle zuerst einmal denselben Zugang zu ihr. Das verbum externum und verbum alienum stellt die Bibelleserinnen und Bibelleser miteinander auf dieselbe Stufe. Dabei wird die Schrift zu einem für alle fremden „Gegenüber". Nur mit einem solchen ist ein Gespräch möglich. Nur mit einem solchen kann man existentiell ringen. Nur mit einem solchen kann man eine lebendige Beziehung führen. Nur die nicht vereinnahmte Bibel bietet eine lebenslange Beziehung zu ihr an und lässt uns ihren Anredecharakter erfahren. Deshalb geht es tatsächlich darum, „die Schrift aus ihren dogmatischen und ekklesialen Vereinnahmungen und Vereindeutigungen zu entlassen und somit ihrer Befremdungskraft neu ansichtig zu werden." (158) Nur so eröffnet sie uns einen Wort-Freiraum, in dem nicht *a priori* festgelegt ist, was die Schrift uns zu sagen hat, weil ihre Sache von vornherein bestimmt ist. Eine Vorordnung der Schrift verlangt danach, ihr eine personale Größe zuzugestehen.

Annette Kurschus zeigt, wie wichtig es ist, sowohl in Sprache als auch in der rituellen Gestaltung zu zeigen, dass nicht die Kirche oder die Theologie über die Schrift verfügt, sondern je dieser nachgeordnet ist. Hier müssen adäquate Wege neu gelernt und eingeübt werden. So kann uns die Bibel wieder zur Tür zu unserer fremden Heimat werden, dem Reich Gottes.

Mit einer Sinn-offenen und zugleich ganz textgebundenen Auslegung können wird die anstehende – vielleicht epochale – Herausforderung annehmen: In der Moderne wurde die große abendländische Sinnerzählung der Kirche(n) durch die der Wissenschaft ersetzt. Postmoderne bedeutet, dass nun die Wissenschaft selbst nicht mehr als die eine große sinnstiftende, wahrheitsgebende und handlungsleitende Erzählung anerkannt wird (Jean-François Lyotard). Auch die Wissenschaft muss sich nun im Wettbewerb mit anderen Erzählungen legitimieren. Dieser Wettbewerb wird aber nicht mehr nur von der Frage nach der wissenschaftlichen Wahrheit geleitet, sondern auch durch die kompetitiven Fragen nach Funktion, politischen Interessen,

Durchsetzungskraft, Macht, Erfolg und Wahrnehmbarkeit etwa in der Form von gesellschaftlicher Aufmerksamkeit. In den letzten 150 Jahren bedeutete eine theologische Bibelexegese immer auch zugleich eine vor der Leiterzählung „Wissenschaft" verantwortete Exegese. Die postfaktische Infragestellung der Wissenschaft in der Postmoderne verschiebt das Wahrheitsverständnis einer Gesellschaft und stellt die Bibelexegese vor Herausforderungen von ungeahntem Ausmaß. Die Exegese wird sich mit ihren Resultaten und Zielen den oben genannten kompetitiven Fragen nach Funktion, politischen Interessen, Durchsetzungskraft, Macht, Erfolg und Wahrnehmbarkeit immer mehr stellen und deshalb auch mehr über eine *Ethik der Auslegung* nachdenken müssen. Wir gehen auf eine Zeit zu, in der wir wahrscheinlich weniger als im letzten Jahrhundert über die Wissenschaftlichkeit und Vernunft der biblischen Lehre gegenüber der Gesellschaft Rechenschaft ablegen müssen, sondern mehr von der Kraft des Wort Gottes. Dafür sind wir vom Evangelium her vielleicht besser gerüstet, als die Kirche und die Theologie das für die rationalen Herausforderungen des letzten Jahrhunderts waren. So schreibt Paulus in Röm 1,16: „Denn ich schäme mich des Evangeliums nicht; denn es ist eine Kraft Gottes, die selig macht alle, die glauben, die Juden zuerst und ebenso die Griechen."